## 豊かな環境や貴重な文化遺産を次の世代に伝えるために

**パリノ・サーヴェイ株式会社**
PALYNOSURVEY Co.

当社は、我が国で初めて花粉の調査・研究を目的して設立された会社で、社名も Palynology(花粉学)に由来します。1972年の設立以来、調査実績は全ての都道府県、世界30カ国以上におよびます。考古発掘の層序解析や古環境調査、遺物や遺構の分析に加え、最近では、発掘調査、遺物整理、保存処理など新たな分野の開拓も行っています。

| | |
|---|---|
| 本社<br>東京支店 | 〒112-0011 東京都文京区千石1-15-5<br>千石文化苑ビル 2F<br>TEL: 03-6386-4018  FAX: 03-6386-4020 |
| 研究所<br>関東支店 | 〒375-0011 群馬県藤岡市岡之郷 559-3<br>TEL: 0274-42-8129<br>FAX: 0274-42-7950, 7955 |
| 大阪支店 | 〒564-0044 大阪府吹田市南金田<br>2丁目 3-26 ファーイースト 21  502号<br>TEL:06-6193-9885  FAX:06-6193-9886 |
| 沖縄支店 | 〒901-2226 沖縄県宜野湾市嘉数<br>1-18-17<br>TEL:098-942-8030  Fax:098-942-8031 |

<発掘調査>  <土壌剥ぎ取り>  <14C年代測定>

<古環境解析>

花粉化石

ハンノキ属　カバノキ属　コナラ亜属　ブナ属

<遺物整理>　　<保存処理>

遺物実測作業　　ウマの歯　木質遺物

---

## 雄山閣　新刊案内

| | | |
|---|---|---|
| 「西海」の海域交流誌 | 野上建紀 編著・賈　文夢 著 | 定価4,180円 |
| 江戸東京の下町と考古学【第三版】 | 谷口　榮 著 | 定価2,860円 |
| 遼東半島将軍山積石塚の研究 | 宮本一夫 編 | 定価13,200円 |
| 東国の群集墳 | 広瀬和雄・太田博之・田中　裕・日高　慎 編 | 定価6,600円 |
| 古墳時代須恵器生産史の研究 | 白石耕治 著 | 定価13,200円 |
| 「わだつみ」の歴史社会学<br>　人びとは「戦争体験」をどう紡ごうとしたのか | 那波泰輔 著 | 定価3,300円 |
| 縄文の衣【新装版】　日本最古の布を復原 | 尾関清子 著 | 定価3,300円 |
| 博物館の収蔵庫問題と新たなコレクション管理 | 金山喜昭 編 | 定価2,640円 |

ARCHAEOLOGY QUARTERLY

# 季刊 考古学 171

## 特集 骨角製装身具類からみえる縄文社会

### 骨角器研究と骨角製装身具類研究
―社会集団様相へのアプローチ― ……………………川添和暁 14

### 骨角製装身具類の地域様相

北海道島（縄文・続縄文期） ……………………………青野友哉 19

東北地域（骨角牙製品） …………………………………川添和暁 23

東北地域（貝輪） …………………………………………山田凜太郎 28

西関東・長野 ………………………………………………吉永亜紀子 32

新潟・北陸・関西地域 ……………………………………川添和暁 36

東海地域―渥美半島の着装資料を中心に― …………増山禎之 41

中国・四国地域 ……………………………………………田嶋正憲 45

九州島 ………………………………………………………中尾篤志 49

### 特定素材・器種からみる装身具類

鹿角製装身具類からみえる地域間関係 …………………川添和暁 53

関東地方におけるベンケイガイ製貝輪の生産と流通 ……阿部芳郎 57

サメ椎骨製耳飾 ……………………………………………中沢道彦 61

骨角器に利用された動物質素材の使われ方― ………樋泉岳二 65

### 他素材から見る装身具類

緑色系石材の位相 …………………………………………栗島義明 69

口絵　骨角器研究と骨角製装身具類研究／北海道島／
　　　東北地域／西関東・長野／新潟・北陸・関西地域／
　　　東海地域／中国・四国地域／九州島／
　　　鹿角製装身具類からみえる地域間関係／
　　　ベンケイガイ製貝輪の製作技術の復元／装身具素材石材の多様性／
　　　土製大珠／土製耳飾り／装身具着装人骨の埋葬属性

貝輪（連着）形土製品 ………………………………………………高橋　満　73

土製垂飾—関東地方の縄文時代中期の土製大珠を中心として— ……宮内慶介　77

土製耳飾り …………………………………………………………吉岡卓真　81

# 装身具共伴・着装人骨

装身具着装人骨の埋葬属性 …………………………………… 山田康弘　85

装身具着装人骨の食生活からみた縄文社会の階層性
……………………………………米田　穣・水嶋宗一郎・佐宗亜衣子　89

骨角製装身具類における痕跡学的研究 …………………………鹿又喜隆　93

**最近の発掘から**

横穴式石室の２人の被葬者—島根県出雲市上塩冶築山古墳—
………… 坂本豊治・奥山誠義・北井利幸・河﨑衣美・中尾真梨子・小倉頌子　97

若宮大路周辺遺跡群出土の木造人物像
　　—神奈川県鎌倉市若宮大路周辺遺跡群— ………………………小野田宏　99

**リレー連載・考古学の旬　第 29 回**
石人石馬はなぜ壊されたのか
　　—群像を樹立する葬送儀礼の背景— …………………………河野一隆　105

**リレー連載・私の考古学史　第 20 回**
ただひたすらモノを見る …………………………………………石川日出志　113

**連載・現状レポート　これからの博物館と考古学—博物館法改正を受けて—　第 2 回**
遺跡と博物館とまちづくり（宮坂　清）　119／
兵庫県立考古博物館—ふれる・体感する　考古学のワンダーランド—（岡本一秀・山本　誠）　121

書評　123／論文展望　125／報告書・会誌新刊一覧　127／考古学界ニュース　131

カット／ダン・ヨシコ

# 文化財発掘出土情報

歴史・考古・世界遺産の情報誌

- 全国の新聞（103紙307版）に報道される発掘情報を収集し収録
- 最新の発掘調査の成果を巻頭グラビアで紹介
- 歴史や考古に関連する博物館等の特別展案内やシンポジウム、研究会開催情報も満載
- 遺跡の活用に向けた史跡整備や、世界遺産情報も掲載

◆1983年1月創刊 ◆毎月1日発行 ◆B5判
◆定価 2,200円+税（※年間購読の場合送料無料）

## 2024年4月号（通巻515号）

◆収録遺跡・記事
　聖寿寺館跡
　塚穴古墳
　富雄丸山古墳
　ペルー 他
◆巻頭グラビア
　岩手県北上市
　広表遺跡

## 2024年7月号（通巻518号）

◆収録遺跡・記事
　初代門司駅関連遺跡
　法貴古墳群
　網野銚子山古墳
　黒橋貝塚 他
◆巻頭グラビア
　山梨県北杜市
　垈場遺跡

## 2024年5月号（通巻516号）

◆収録遺跡・記事
　富雄丸山古墳
　平城京跡
　尾長谷迫遺跡
　エジプト 他
◆巻頭グラビア
　長野県飯田市
　五郎田遺跡

## 2024年8月号（通巻519号）

◆収録遺跡・記事
　西塚古墳
　平等院
　法隆寺金堂
　城南福井洞遺跡 他
◆巻頭グラビア
　和歌山県新宮市
　八反田遺跡

## 2024年6月号（通巻517号）

◆収録遺跡・記事
　富雄丸山古墳
　吉野ヶ里遺跡
　普天満洞穴遺跡
　ベスビオ山北麓 他
◆巻頭グラビア
　長野県飯田市
　五郎田遺跡

## 2024年9月号（通巻520号）

◆収録遺跡・記事
　三内丸山遺跡
　長岡京跡・淀水垂大下津町遺跡
　吉野ヶ里遺跡
　スラウェシ島 他
◆巻頭グラビア
　兵庫県明石市
　三番割古墳群

株式会社 ジャパン通信情報センター　〒150-0066 東京都渋谷区西原3-1-8 Tel. 03-5452-3243 Fax. 03-5452-3242
https://j-tsushin.co.jp/　E-mail staff@j-tsushin.co.jp

# 1 骨角器研究と骨角製装身具類研究

☞ 本誌 14 頁

**1 イノシシ雄下顎犬歯製品**（北海道入江貝塚）（洞爺湖町教育委員会所蔵）
北海道島では，イノシシの棲息はなかったと言われているので，素材もしくは製品が搬入されたものと考えられる。本資料は，ヒト歯列を模した特異な製品である。

**2 ヒト切歯製垂飾**（上，岩手県大洞貝塚）
　**ヒスイ製垂飾**（下，愛知県保美貝塚）
（上：大船渡市立博物館保管　下：個人蔵）
装身具類では，同一意匠のものが他素材に反映される場合もある。上のヒト切歯製垂飾は，現在，宮城県里浜貝塚，徳島県三谷遺跡で同様の垂飾の出土が確認されている。下のヒスイ垂飾の末広がりの平面形状，先端側がシャベル形を呈する形状など，上のヒト切歯を意識しているものと考えられる。また，端部の刻目は叉状研歯を意識しているものと考えられる。

**3 貝輪**（上：熊本県轟貝塚，縄文前期・下：岡山県津雲貝塚，縄文晩期）
（大阪府立近つ飛鳥博物館所蔵）
いずれも人骨着装資料である。両遺跡ともフネガイ科素材が使用されているものの，表面の加工の程度が著しく異なる。地域・時期による同一素材に対しての完成品の差を示す好例といえる。●構成：川添和暁

# 2 骨角製装身具類の地域様相
## 北海道島　☞ 本誌 19 頁

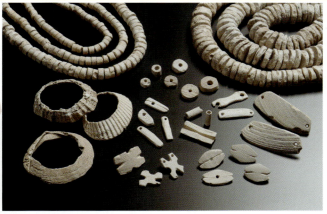

**1 多様な形態の貝製品**（礼文町船泊遺跡，縄文後期）
（礼文町教育委員会所有）

縄文後期の北海道船泊遺跡の縄文人はムラで貝製平玉を大量に作るとともに，自らも着装して墓に葬られた。大半がビノスガイ製の平玉のみを数百個連ねるが，稀にヒスイの大珠1点を加える例もある。続縄文前半期も貝製や琥珀，碧玉，滑石の玉類はそれぞれ同一素材で連なっており，異なる素材が連なる例は少ない。その中で有珠モシリ遺跡2022年1号墓はクマ骨，鳥骨，貝，石を連ねた玉類であり，被葬者の特異な性格を表している。
●構成：青野友哉

**2 多様な材質の玉類**（伊達市有珠モシリ遺跡，続縄文前半期）

## 3 東北地域

**骨角製装身具類の地域様相**

☞ 本誌 23・28頁

**2　サメ歯製品**（上，宮城県北小松遺跡）
　　**軍配形骨器**（中，岩手県中沢浜貝塚）
　　**男根状製品**（右，宮城県沼津貝塚）
（上：東北歴史博物館提供　中：陸前高田市立博物館所蔵，右：東北大学大学院文学研究科所蔵）
骨角製装身具類には，儀器的な資料も含まれる。上はサメ歯の歯根部が木質の棒に埋め込まれ，さらにウルシなどで表面が固められているものである。ほかに複数個が直線的に埋め込まれているものもあり，棒状の儀器の装飾の一部であることがわかる。

**1　鹿角製櫛**（青森県二ツ森貝塚）
（青森県埋蔵文化財調査センター提供）
二ツ森貝塚では，縄文前期の骨角製装身具類がまとまって出土している。この鹿角製櫛は，鹿角幹部分を半截状態にした素材から製作されているものである。透かし孔などの加飾性に富み，同時期に盛行する櫛の代表的事例といえる。

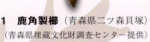

**3　イノシシ雄下顎犬歯製の垂飾**（青森県薬師前遺跡）
（五戸町教育委員会所蔵）
青森県薬師前遺跡では，後期初頭の土器棺再葬墓内からイノシシ雄下顎犬歯製の垂飾13点と貝輪が出土した。垂飾は連結させるものと考えられ，一部のものにはエナメル質側に細い線刻による装飾が施されている。

●構成：川添和暁

タマキガイ科

アカガイ

フネガイ科

サルボウ

イタボガキ

タマキガイ科

オオツタノハ

オオツタノハ

1cm

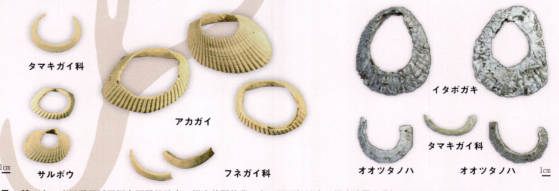

**4　貝　輪**（左：宮城県里浜貝塚台囲風越地点，縄文後期後葉　右：同西畑地点，縄文晩期中葉）（東北歴史博物館提供）
東北地方の縄文時代に形成された貝塚からは，多数の貝輪が出土する。図示したのは，東北地方を代表する貝塚である宮城県東松島市里浜貝塚から出土した貝輪である。本資料は後期〜晩期に属しており，フネガイ科やタマキガイ科，イタボガキ製のほか，南海産貝類であるオオツタノハ製のものも含まれる。資料状態は非常に良好であり，西畑地点から出土した資料は重要文化財に指定され，宮城県東北歴史博物館にて展示活用されている。

●構成：山田凛太郎

## 4 西関東・長野

**骨角製装身具類の地域様相**　☞本誌32頁

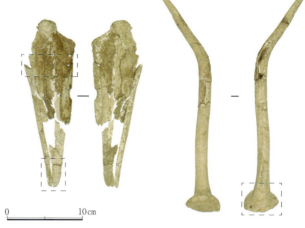

仰臥伸展葬の40代男性人骨の検出状況（北から，左）と腰飾・棒状鹿角製品（右）（東京都市谷加賀町二丁目）（新宿区教育委員会所蔵）

市谷加賀町二丁目遺跡は，武蔵野台地東端にあたる台地上に位置する。縄文時代中後期の人骨が計16体出土した。仰臥伸展葬の12号人骨はほぼ全身の骨格が残っており，頭部には陥没骨折が治癒した痕跡がみられたという。頭部付近から1歳程度の若獣に由来する棒状鹿角製品，腰部からは先端に細かな列点状の文様が施されたマイルカ下顎骨製腰飾りが検出された。頭部付近には加曽利EⅡ式の深鉢土器も伴っており，頭部に被せられていたと考えられる。

●構成：吉永亜紀子

## 5 新潟・北陸・関西地域

**骨角製装身具類の地域様相**　☞本誌36頁

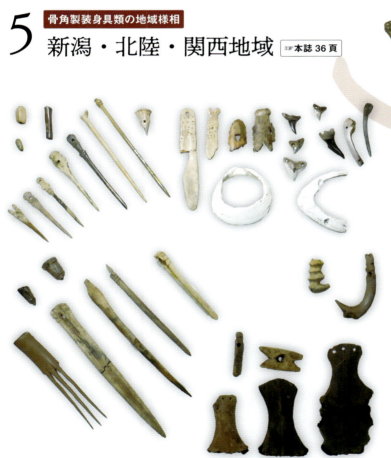

**1　骨角製装身具**（富山県小竹貝塚）（富山県埋蔵文化財センター所蔵）

北陸地域では，縄文早期から前期の資料で目を見張るものがある。とくに，近年調査・報告の出た，小竹貝塚は前期の骨角器の様相がうかがえる基本資料となっている。ツキノワグマやオオカミ製垂飾など，人骨着装資料の存在も注目されている。

**2　ヒト下顎骨製腕輪**（大阪府森の宮遺跡）
（大阪市教育委員会所蔵）
装着例

大阪府森の宮遺跡では，縄文晩期から弥生時代前期にかけての骨角器資料が出土している。そのなかでも，8号人骨として報告された女性下顎は突起部を除去し，全面が丁寧に研磨されており，腕輪であったと考えられている。

●構成：川添和暁

## 6 東海地域 多様な装身具類をもつ渥美半島の縄文人

骨角製装身具類の地域様相

☞本誌41頁

渥美半島貝塚群では装身具が着装された埋葬人骨の例が多く確認されている。しかし古い調査のため，その状況が不明瞭であったが，近年の調査で着装例をはじめ貝層の悉皆調査によって多種多様な骨角製装身具が確認された。腰飾り，棒状製品など縄文人にとって象徴的な装身具が多く出土するのも渥美半島半島貝塚群の特徴である。

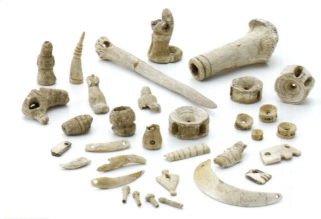

**1 骨角製装身具類**（愛知県保美貝塚，縄文晩期）
（田原市教育委員会提供）
左端腰飾りは2009年8号人骨に着装されていた。

**2 伊川津貝塚2010年5号人骨**
（愛知県伊川津貝塚，縄文晩期後葉）（田原市教育委員会提供）
胸に叉状骨器，腰飾りを着装する。さらに墓坑内頭部近くからは，棒状製品が副葬されている。

●構成：増山禎之

## 7 中国・四国地域

骨角製装身具類の地域様相

☞本誌45頁

中国・四国地域では，貝塚や洞窟遺跡を主体に25遺跡で骨角製装身具が出土している。縄文海進後の前期前葉から増加傾向になり，後期が最も多い。鹿，猪と海辺の縄文人が特に拘ったサメ・エイ類を主に海と山の多様な生物由来の素材（希少種含む）を選択した。一方，装身具の製作技術は高くシンプル意匠が主体的だが稀に凝った装飾を施す。後晩期に見られる鹿角製玦状耳飾・腰飾，鹿肩甲骨製鋸歯状骨器は当地域に特徴的な器種である。

**1 鳥管状骨製垂飾**（広島県名越岩陰遺跡，縄文後期）
（庄原市教育委員会提供）
小型鳥管状骨を組合せた好例。切断面を研磨して使用。異なる切創数は大小の目印か。1966年－第2号人骨に伴う。

**2 猪左下顎犬歯製垂飾**（岡山県彦崎貝塚，縄文中期前葉）
（岡山市教育委員会提供）
透光する厚さ2mmに研磨後，紐通し穴直下16個の盲孔と側面2ヵ所の抉りで勾玉風に仕上げた優品。

●構成：田嶋正憲

## 8 九州島 〔骨角製装身具類の地域様相〕 ☞本誌49頁

九州西北部地域から中部地域にかけて出土する貝面は，朝鮮半島南岸の東三洞貝塚からも類例が出土することから，両地域の交流の可能性を示す遺物として議論の対象となってきた。長崎県白浜貝塚出土貝面はイタヤガイ製で，東三洞貝塚出土貝面と素材が共通する点で注目される。

貝　面（長崎県白浜貝塚）（五島市所蔵）

●構成：中尾篤志

## 9 鹿角製装身具類からみえる地域間関係 〔特定素材・器種からみる装身具類〕 ☞本誌53頁

**2　鹿角製腰飾り**
（山形県蟹沢遺跡）（個人蔵／東の杜展示）
東海を含む西日本域でよく知られている晩期腰飾りの類例が，関東・東北地域でも散在的に出土している。埋葬人骨との共伴資料は，より小型のものが多いようで，加飾性の高い資料は，人骨に伴わない場合が多い。身部を貫く穿孔や環状の作り出しなどに注目して部位構造を比較すると，類似のものが広域に点在している状況を見ることができる。

**1　鹿角製腰飾り（左上）・頸飾り（左下）とイノシシ雄下顎犬歯製半環状製品の足輪（右）**
（大阪府国府遺跡）（藤井寺市教育委員会所有）
大阪府国府遺跡では，藤井寺市教育委員会の調査で，男性人骨に伴って装身具類が一括して出土した。腰飾りは，岡山県津雲貝塚・中津貝塚の事例に酷似する。

●構成：川添和暁

## 10 ベンケイガイ製貝輪の製作技術の復元

特定素材・器種からみる装身具類

☞本誌 57 頁

ベンケイガイ製の貝輪は縄文後期になると増加し、海浜部に大量生産遺跡が出現するが、硬質なベンケイガイの貝殻を加工するために特定の形態の加工用石器が出現する。ベンケイガイの加工技術を復元することは、貝輪の生産と流通を考える際の重要な手がかりを与えてくれる。出土品の観察に基づいた製作実験は、仮説を検証するために重要だ。

**1 八木原貝塚の貝輪内面**

**2 八木原貝塚の素材ベンケイガイ**(表・裏)

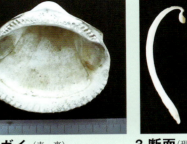
**3 断面**(現生)

**4 製作実験**

ⓐ 内面からの打ち割り
ⓑ 第1工程の打ち割りによりあいた孔
ⓒ 第1工程で打ち割った破片

ⓓ 両極敲打技法による孔の拡大状況
連続した作業によって大量の砕片が生じるが、最大殻厚部の外套線付近まで打ち割ることが出来る。
ⓔ 打ち割りによって生じた破片

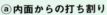

ⓕ 腔腹部の打ち割り
腹縁の打ち割りにより輪幅を細くする技術は後期中葉以降に顕著になる。この技術は貝刃の製作技術の転用と考えることができる。
ⓖ 腹部の打ち割りで生じた破片

ⓗ 孔の内面と外縁を立体有溝砥石により研磨すると細形の貝輪は滑らかな着装面を形成し、蝶番部分の歯舌部まで研磨が及び、八木原貝塚の細形貝輪(写真1最下段)が再現できる。

●構成：阿部芳郎

## 11 装身具素材石材の多様性 〔☞本誌69頁〕

**他素材から見る装身具類**

縄文時代前期末以後，装身具素材として軟質石材である滑石に加えて硬質のヒスイが加わる。だが，硬質で加工が容易でない点はもとより，糸魚川周辺にのみ産出するヒスイの入手は各地集団も苦慮していたようで，後期以後は縄文時代の人々は加工がし易い軟玉利用と共に，ヒスイに替わる在地石材の開発も進めていたようである。山形県最上町材木遺跡では（大洞A～A'式）在地の緑色石英を素材とした勾玉・小玉等の製作が確認された。また，福島県会津坂下町北川前遺跡では深鉢（大木9式）の中から蛍石製垂飾りが発見されている。いずれも緑色を基調とした石材であることから，ヒスイの代替石材として在地石材が開発されていた可能性がたかい。

ブラックライトでの発光

蛍石製垂飾品（福島県北川前遺跡）
（会津坂下町教育委員会所蔵）

●構成：栗島義明

## 12 土製大珠 〔☞本誌77頁〕

**他素材から見る装身具類**

埼玉県飯能市の加能里遺跡の墓坑と考えられる土坑から着装もしくは副葬品と考えられる状態で，鰹節形の土製大珠が出土した。硬玉製大珠の代替品と想定されるが，硬玉製と同様の取り扱いを受け得る装飾品であったことを示唆する。硬玉製大珠のもつ社会的な意味合いが集団内で共有されており，土製品であっても硬玉製大珠を身に着けたのと同様の効果を示すことができたのだろう。

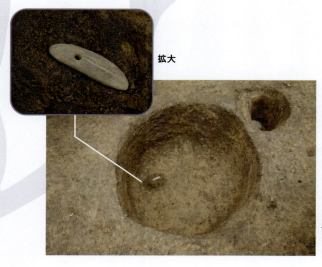

拡大

土製大珠出土状況
（埼玉県加能里遺跡第74次調査）
（すべて飯能市教育委員会提供）

加能里遺跡出土土製大珠（上：表　下：裏）
1：74次，2・3：11次

●構成：宮内慶介

## 13 土製耳飾り
**他素材から見る装身具類**
☞本誌81頁

縄文時代後期前葉以降に出土する耳飾りは、無文で小形サイズを主体とする。材質は土製を中心に、木製、骨製が見られる。後期後葉以降、有文品が登場し、多様な形態装飾のものが作られるようになる。サイズも1cm前後のものから7cmを超える大形品まで多サイズ化する。後期後葉以降、成長に合わせて小さなものから大きなものへと付け替え、ライフステージに応じて、特定の文様装飾を身につける着装習俗に変容を遂げる。

**1 木製耳飾り**（埼玉県大木戸遺跡、縄文後期前葉）
（2点とも埼玉県教育委員会提供）

**2 土製耳飾り**（埼玉県原ヶ谷戸遺跡、縄文後晩期）

●構成：吉岡卓真

## 14 装身具着装人骨の埋葬属性
**装身具共伴・着装人骨**
☞本誌85頁

この人骨の腰部左側からは左前腕部と挟まれる形でイルカ下顎骨製装身具が、さらに左腕付近からイモガイを輪切りにし、孔を開けた環状の装身具が出土している。両方とも腰飾りであったと推定されている。本例は、いわゆる甕被葬であること、当該人骨の身長が縄文人男性の平均値を大きく上回る180cmとなることも合わせて、特別な人物の埋葬例であったことは確実である。

**装身具着装人骨**（千葉県有吉南貝塚）（千葉県教育委員会所蔵）

●構成：山田康弘

# 季刊 考古学 171
*ARCHAEOLOGY QUARTERLY*

## 骨角製装身具類から
## みえる縄文社会

特集　骨角製装身具類からみえる縄文社会

# 骨角器研究と骨角製装身具類研究
## 社会集団様相へのアプローチ

川添和暁　KAWAZOE Kazuaki
愛知県埋蔵文化財センター

骨角器研究の中でも装身具類の研究は未解明な部分が多く，これからは多角的な分析が求められる

　先史時代，土製や石製，木製とさまざまな素材の道具を組み合わせて諸活動を営んでいた。その中でも動物性の素材による骨角器は，動物資源利用の一端を示すものであるが，考古遺物の分類としては，さまざまな機能・用途・状態のものが一括された概念である。筆者は骨角器を製品器種と製作関連器種に二大別し，製品器種をさらに利器・工具類と装身具・儀器類に分けて整理する（図1）。

　骨角器の分析では，動物性素材を使用していること，遺物の保存上，貝塚など漁撈活動に適応した遺跡からの出土が多いことから，従来から漁具の研究が主体となってきた。実際には漁撈活動を伴わない活動でも，普段から骨角製の道具を使用していたことは想像に難くない。本特集では，これまでの骨角器研究の中では主体となる機会が多くなかった，装身具・儀器類について注目する。これらの資料は，石製遺物でいえば実用利器としての石器に対しての石製品に対応するもので，端的にいえば，当時の社会性・精神性が表出される象徴的なものに位置づけられるという想定からである。この資料群を多方面から分析・検討することで，時期および地域的異同を把握し，社会的様相とその変遷を考える極めて有効な糸口になることが期待できる。本特集では動物性素材の装身具・儀器類全体の総称として，骨角製装身具類という名称で呼ぶこととする。

　資料分析には，使用素材・部位の選択をも含めた個別資料の型式学的検討，出土状況の精査，さらには器種の組み合わせなど包括的な検討の上に，これらを集成して各時期・地域別に詳細な様相の解明を行うことが望ましい。一方で，装身具類では，さまざまな属性レベルで広域的な共通性あるいは時期的系統性が認められる場合もあるため，少なくとも大別時期による特定地域の詳細な検討に加えて，特定器種（群）を起点とした広域的検討も併行して実施する必要がある。さらに，骨角器の実用利器とされる，狩猟具・漁具との関係は絶えず考慮する必要がある。

## 1　骨角製装身具類の研究方針

　筆者は，骨角製装身具類の分析研究方針を図2のように整理している。研究には「製作状況の分析」，「使用状況の分析」，「一遺跡あるいは特定地域内の遺物群としての理解」の三大方向性があり，常にこれらを包括的に意識する必要がある。これまでの研究を継続するために，装身具類自体の分析と動物素材特定を継続する必要がある。それに加えてこれまでの研究で及ばなかった「①着装・共伴した埋葬人骨の分析」および「②器面に残された使用痕分析」にとくに焦点を当て，骨角製装身具類研究全体の深化を図る必要がある。

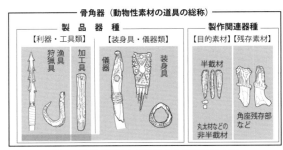

図1　日本列島先史時代の骨角器器種の大別

本特集では，骨角製装身具を基軸とした分析によって，縄文時代の社会様相および集団関係の変遷の検討を目的とする。筆者のこれまでの研究では，㋐当時の資源史利用の復元や型式学的検討による社会集団の復元，㋑当時の社会における男性・女性のあり方の追究，㋒当時の隣接した社会集団間あるいは遠隔地の社会集団間の関係の復元を目指してきた。今後もこの研究の方向性は堅持しつつ，さらに以下の3点も追加して検討すべきと考えている。

　1点目は，骨角製装身具類の着装人骨の詳細な属性情報を明らかにすることである。一般的に，埋葬段階での装身具着装者は，非着装者に対して何か特別な意味や立場を有するものであった可能性が想定される。縄文時代の事例に関しては，治療的な意図が想定されてはいるものの，北海道カリンバ遺跡や，福岡県山鹿貝塚などでは社会複雑化の兆しともいえそうな埋葬事例も指摘されている。身体的な特徴の検討に加えて，食性などの属性を加えることで，装身具着装人骨の特性を検討する材料とする。

　2点目は，骨角製装身具類の実年代を明らかにすることである。骨角器の中でも，装身具類はとくに同一の類例が存在するわけではない上に，装飾性が豊かな資料が多く，指定文化財となっている場合も散見される。このため，資料自体を直接用いて分析試料を抽出することは現実的ではない。したがって，着装・共伴している埋葬人骨からの年代測定データを援用することで，装身具類が使用・埋納された実年代を明らかにする方法がより現実的である。また，骨角器の形状および器面に施されている文様装飾から導き出されている年代と実年代の対比が可能となれば，装身具類の伝世問題にも一石を投じることが期待される。

　3点目は，骨角製装身具類の使用の実態を，形態のみならず考古遺物の使用痕から推定することである。これまで考古資料の使用痕研究は，主に石器について実施されてきた。今回の課題では，棒状形態の器種について，ヤスや針といった実用利器として使用されたものか，ヘアピンなどの装身具として使用されたものかを，使用痕跡から明らかにすることを目的とする。そもそも日本列島の資料について，骨角器に対する使用痕研究の実績事例は極めて少なく新規開拓研究分野であり，骨角器研究全体に寄与する成果が期待される。

　本特集は，上記の方針のもとに構成したものである。総合的研究は始まったばかりであり，まだすべての課題に対応できているわけではない。本特集は研究の姿勢方針を明示して，その実践の現状を状況を提示することを目的とする次第である。

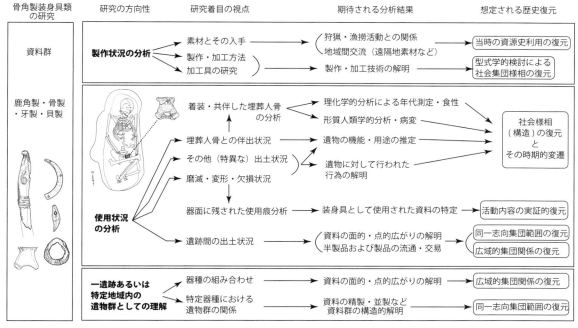

図2　骨角製装身具類研究のフローチャート

## 2 骨角製装身具類分析の視点

最後に，上述した以外の特筆すべき点について，項目別に列記しておく。

### (1) 器種分類名

骨角製装身具類について，製品器種分類としては，以下の大別方針による器種名があると，筆者は考えている。

　A．身体着装位置による器種名
　　【頭飾り，耳飾り，頸飾り，胸飾り，腰飾り，腕輪，足輪など】
　B．機能・用途推定による器種名
　　【ヘアピン，櫛，垂飾，玉類など】
　C．形状・形態による器種名
　　【環状製品，半環状製品，棒状製品，管玉状，弭形製品，剣形，人形，貝輪など】

この方針は，Aが出土状況による器種名，Cが製作状況による器種名，そしてBが製作状況と器種に残された使用状況から推定される器種名である。骨角製装身具類では，この三者の方針に基づく器種名が混在している状況といえる（図3）。

骨角器の総合的分類が提示された『骨角器の研究　縄文篇Ⅰ・Ⅱ』[1] では，BとCの方針によるもので画期的であった。加えて装身具類では，使用素材を分類上位に位置づけているのも注目すべき点であろう。しかし，各資料群の歴史的経緯がやや軽視された点や，表層の類似による分類となっているところもあり，現在の研究状況と照らし合わせると，どうしても乖離している部分が生じている状況は否めない。

骨角製装身具類研究の指針としては，製作状況を基軸にした型式学的検討を行う一方（C），機能推定（B）と人骨との出土状況（A）と勘案して，整合性を図る検討を経るという，地道で継続的な作業が必要であることがわかる。とくに注意が必要なのは，(A) の器種名を，拡大適用する場面である。この手続きは広域検討する際には必要となる手続きではあるものの，その際には徹底した（C）による検討が必要となるといえよう。とくに腰飾りについては，誤解が多いのではないかと考えているところである。

なお，本特集では，器種名は各執筆者に委ねており，厳密な意味での統一は，あえて図っていない。器種分類名は，研究者自身の学問体系を表出するものであるという，編者の姿勢からである。ただし，各執筆者が対象としている地域・時期によるものであるということを念頭に置くことが重要であるとも考えている。換言すれば，地域・時期を跨いで広域に資料を分析する際には，その都度器種名の適用の是非を検討する必要があろう。

### (2) 器種と使用素材・部位との関係

利器・工具類でも同様であるが，骨角製装身具類についても，器種と使用素材・部位との対応関係の明確なものが多い。その代表的器種は貝輪であろう。鹿角製の場合では，腰飾りといわれる1群では角座部分および二叉部分の使用が顕著であるなども好例である。ⓐ主となる素材・部位と，ⓑそれ以外の素材・部位の種類幅の特定を，各器種で検討することが必要となろう。

### (3) 素材と加飾性との相関関係

素材の希少性と加飾性とは，貝輪資料などで見ると，逆相関関係になっている場合が認められる。東海地域の後晩期資料では，ベンケイガイ，フネガイ科，イタボガキ右，イタボガキ左，オオツタノハの順で資料数が少なくなる一方で，腹縁部への抉入などの加飾性の程度も低くなる。これは，とくにオオツタノハが南海産貝種と稀少であることから，その素材自体ですでに希少性が重宝されているからと推定される。また，鹿角など一般的

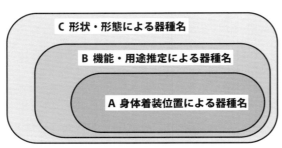

図3　大別方針による器種名の関係

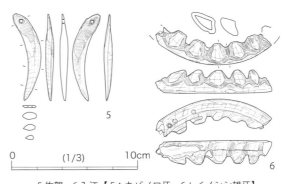

5佐賀，6入江【5：キバノロ牙，6：イノシシ雄牙】
図4　搬入素材の牙製品

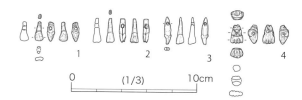

1 大洞、2 里浜、3 三谷、4 保美【1〜3：ヒト切歯、4：ヒスイ】
図5　ヒト切歯製垂飾とヒスイ製品

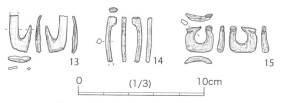

13・14 吉胡、15 津雲【13：イノシシ雄牙、14・15：鹿角】
図6　釣針形状の装身具類

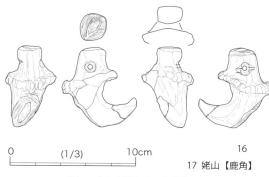

17 姥山【鹿角】
図7　鹿角奇形を用いた装身具類

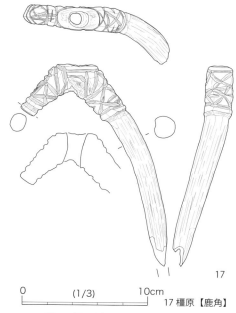

17 橿原【鹿角】
図8　橿原文様が施された装身具類

に入手できる素材でも，大きい成獣個体由来か，幼若獣個体由来かによっても異なる。このような傾向は，使用素材に意味合いが強く表出される牙製垂飾でも認められる。図4はその一例で，長崎県対馬島の佐賀貝塚では，日本列島には棲息しないキバノロの牙を用いた垂飾が見つかっている。一方，ツキノワグマに関しては，縄文時代前期に青森県の二ツ森貝塚，富山県の小竹貝塚，福井県の鳥浜貝塚では，加飾性の高い垂飾が確認されている。

**（4）広域展開器種の型式学的分析**

骨角製装身具類について，使用素材を起点に見ると，素材獲得，部位選定，分割・加工・塗布などの製作・使用，および再加工という各段階を見通すことができる。検討を進めると，各器種（さらには細別の分類群）によって，盛行時期や地域が見えてくる。最もわかりやすい事例として貝輪を取りあげておこう。貝輪は先史時代，貝種以外，特徴ない様相を呈しているような印象にとらえ

れがちであるが，実は同様の貝種であっても，製作・使用に相違点が表出していることがある。例えば，同じようなフネガイ科貝種を使用している，愛知県の吉胡貝塚【晩期】，岡山県の津雲貝塚【晩期】，熊本県の轟貝塚【前期】で比較してみる（口絵1-3）。図9に挙げたのはいずれも人骨着装事例で，いわば使用状況を示しているもので，放射筋の処理や腹縁側の加工など，その差は明らかである。これは，一見類似の器種が共通して展開している場合であっても，型式学的検討によって資料群の分別が可能であることを示している。

**（5）形状の写し**

動物製素材を用いて，別の意匠の造形を表現している場合がある。代表的なものに，動物形意匠がある。岩手県の貝鳥貝塚【後期〜晩期】ではオオカミ頭部を模した棒状，カエル形がよく知られている。人形を示した事例には，北海道の戸井貝塚【後期】や，宮城県の沼津貝塚【後期〜晩期】が知られている。また，北海道の入江貝塚【後期】ではイノシシ雄牙製のヒト歯を模した製品が知られている（図4-6・口絵1-1）。素材自体，本州島からの搬入と考えられる。また，骨角製が他素材に写されることもある。事例として，ヒト切歯製垂飾について挙げておいた（図5・口絵1-2）。

**（6）土器や石製品からの文様写し**

三叉文様など大洞系文様を，骨角製装身具類に

17

表現した事例もある。亀ヶ岡式土器の精製土器装飾に見られる彫去技法は、骨角製装身具類のそれと類似しているとして、山内清男以来指摘されているところである[2]。また、橿原文様の表現は、石棒石刀類同様に、確認されることが多い（図8-17）。

### (7) 文様・意匠の広域展開

　土器文様とは別に、骨角製装身具の中で広域に展開した装飾表現として回転動作による小さな凹みで文様を表現する列点文が知られている。縄文時代早期末には佐賀県の東名遺跡で定着化が認められ、前期以降中期にかけて日本列島の各地で同様の装飾が広く盛行する。

### (8) 利器・工具類との関係

　利器・工具類形状が装身具類に転化される事例として、釣針が挙げられる。千葉県の下太田貝塚で埋葬区域から出土した釣針形を呈した製品は非半截素材から作られたもので、釣針としての実用性は低いと思われる。また、岡山県の津雲貝塚・中津貝塚、そして愛知県の吉胡貝塚で出土した鹿角製耳飾りは、外アグの単式釣針形状を呈していることが知られている（図6-15）。

### (9) 特定のヒト（群）との関係

　埋葬人骨との共伴関係は、装身具の用途を直接的に示す根拠となることから、最も重要視すべき事例とする位置づけは、従来より変わらない。

　着装装身具素材との関係で見た場合、鹿角製と牙製は男性と、貝輪は女性との相関性が高いことがよく知られている。また、着装人骨の病変痕跡などから治癒目的の可能性が古くから指摘されていた。今後は、着装人骨が生前以来担っていたとされる社会的役割について、改めて迫る必要があろう。

＊本特集は、科学研究費 研究基盤（C）「骨角製装身具類の包括的検討からみた縄文から弥生への時代変遷の解明」【研究課題20K01080】、および研究基盤（C）「骨角製装身具類着装原理からみた縄文／弥生社会の解明」【研究課題24K04355】（いずれも研究代表者　川添和暁）によるものである。

註
1)　金子浩昌・忍澤成視『骨角器の研究　縄文篇Ⅰ・Ⅱ』慶友社，1985・1986

2)　山内清男ほか「山内清男先生と語る」『北奥古代文化』3，北奥古代文化研究会，pp.59-80

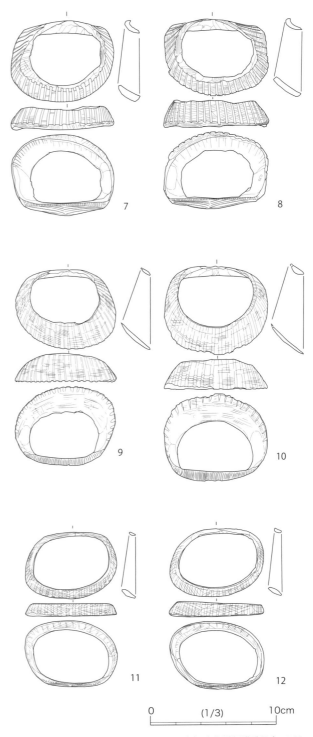

7・8轟5号、9・10津雲7号、11・12吉胡文化財保護委員会19号
**図9　フネガイ科 人骨着装貝輪**

特集　骨角製装身具類からみえる縄文社会

# 骨角製装身具類の地域様相

骨角製装身具類の地域的・時期的様相を概括する。広域的共通性と地域的特徴を探る

北海道島（縄文・続縄文期）／東北地域（骨角牙製品）／東北地域（貝輪）／西関東・長野／新潟・北陸・関西地域／東海地域／中国・四国地域／九州島

## 北海道島（縄文・続縄文期）

青野友哉　AONO Tomoya
東北芸術工科大学教授

北海道島の装身具は多様な形態と素材からなることを特徴とし，とくに縄文後期に種類が増加する。続縄文期における骨角製装身具と石製玉類の出土例は，異なる素材の組み合わせを示す好例である

### 1　北海道島の装身具の特徴

北海道島は，オホーツク海沿岸や釧路湾，噴火湾など日本有数の貝塚地帯が存在し，墓と貝塚が同一箇所に設けられる場合が多いことから骨角牙貝製品が遺存しやすい環境といえる。また，墓への副葬品や遺体への着装品が多いという葬墓祭制上の文化伝統があり，元来の装身具の種類と量が多いことも特徴である。

石製や木製の装身具を除いても，平玉（貝・魚骨），垂飾（サメ歯・キツネ歯・オットセイ歯・トド歯・鳥類末節骨・クマ末節骨・陸獣指骨・貝），管玉（マクラガイ・ツノガイ），ボタン状製品（貝），櫛（鯨骨），かんざし（鹿角・鳥骨），首飾り（猪牙），腕輪（貝）など，多様な形態と素材からなっている（図1）。

また，北緯41〜45度の日本列島北端に位置しながら，南海産貝製品の出土が多く，希少財の入手と使用を重視した社会が長く続いたことを示している。一方で，縄文後期の礼文町船泊遺跡では，貝製平玉の製作が行われており，物流の起点ともなっていることが特筆される。

### 2　骨角牙貝製装身具の時期的傾向

北海道島の旧石器時代の遺跡からは石製玉類の出土はあるものの，現時点では骨角牙貝製装身具は出土していない。縄文草創期の遺跡は発見例が少ないことに加えて有機物が遺存しにくい遺跡立地にあるため出土例はない。縄文早期に関しては，貝塚中から鹿角製銛などの利器が出土する遺存環境でありながら骨角牙貝製装身具の出土はない。ただし，本州島の事例から見ると元来は存在した可能性がある。

縄文前期になると，貝輪やタカラガイ製品，鹿角製ヘアーピン（かんざし）が出土する。ベンケイガイ製貝輪の製作地は青森県つがる市田小屋野貝塚であることが未製品の存在から明らかになっており，そこから北海道島の伊達市北黄金貝塚や洞爺湖町入江貝塚へ運ばれたと考えられている。また，巻貝製腕輪が網走市大曲洞窟から出土している（図2-6）が，製作地や流通経路に関しては不明である。

縄文前期の鹿角製ヘアーピンは北黄金貝塚，白老町虎杖浜2遺跡，苫小牧市静川22遺跡で出土しており，頭部には円形の穿孔・刺突や側面への刻みによる装飾が施される。北黄金貝塚例では頭部中央部に擦り切りによる透かし模様が入っており，同時期の鹿角製匙形製品と共通した模様となっている。

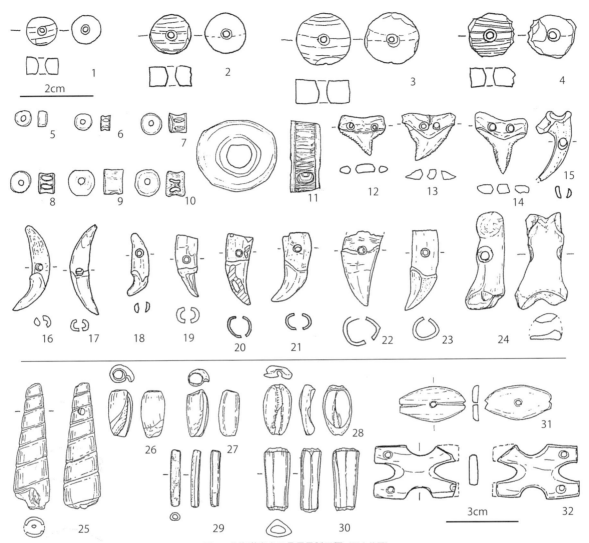

**図1　北海道出土の骨牙貝製玉類**（縄文後期）
1～4：ビノスガイ製　5～11：魚骨製　12～14：サメ歯製　15：鳥骨製　16・17：キツネ歯製　18～23：海獣歯製　24：獣骨製
25：巻貝製　26・27：マクラガイ製　28：タカラガイ製　29・30：骨製　31：タカラガイ模倣玉類　32：花弁形玉類
（1～4・25～28・31・32：礼文町船泊遺跡　5～11・24：函館市戸井貝塚　12～23：浜中2遺跡　29・30：八雲町コタン温泉遺跡）

　縄文中期になるとビノスガイ，ウバガイ，エゾタマキガイを素材とした貝製平玉が出現する。室蘭市鷲別貝塚，泊村茶津洞窟，函館市戸井貝塚出土の縄文中期の例が古い。この時期は他の装身具の出土量が少ない。

　縄文後期になると北海道島での骨角牙貝製装身具の種類と出土量が急激に増加する（図1）。理由の一つは礼文町船泊遺跡において貝製平玉の製作が行われており，貝製品に対する需要の増加と各地における生産・流通の活発化がある（口絵2-1）。墓坑に多数の副葬品・着装品を用いる多副葬墓の出現も関連している。

　後期の貝製平玉は八雲町コタン温泉遺跡，余市町フゴッペ洞窟，洞爺湖町入江貝塚でも出土しているが，船泊遺跡からはビノスガイ製貝玉を製作する作業場が検出されている。平玉のサイズについて小林園子は「小形，中形，大形の3タイプ」[1]があるとし，直径が約5mm～約9mm未満を小形，約9mm～約16mm未満を中形，約16mm以上を大形とした。これらは同遺跡の墓坑内から人骨の首・腰・手首・足首に装着状態で出土した。小林は出土位置とサイズの関係を検討し，腰が大形，首が中形，手首・足首が小形と人体の装着部位の太さと平玉の直径に相関関係があることを示した[2]。

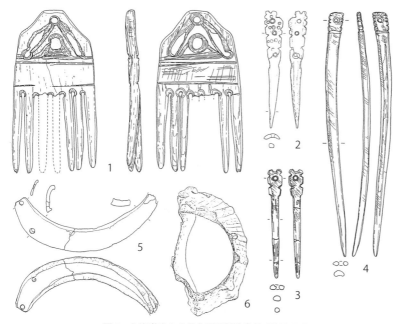

図2　北海道出土の骨角牙貝製装身具（縮尺不同）
1：鯨骨製櫛（縄文後期）八雲町コタン温泉遺跡　2：鹿角製かんざし（縄文前期）白老町虎杖浜2遺跡
3：鹿角製かんざし（縄文前期）苫小牧市静川22遺跡
4：鹿角製かんざし（縄文後期）八雲町コタン温泉遺跡
5：猪牙製装飾品（続縄文前半期）釧路市幣舞遺跡　6：貝製腕輪（縄文前期）網走市大曲洞窟

るため，骨角牙貝製装身具も出土例が少ない。伊達市有珠モシリ遺跡16号墓は縄文晩期の女性2体の左腕にオオツタノハガイ製貝輪（刳抜式），ベンケイガイ製貝輪（刳抜式・連結式）が装着されていた。貝輪の表裏や組合せ，装着順など装着方法がわかる好事例である。

続縄文前半期になると釧路市幣舞遺跡で猪牙製のネックレス（図2-5）が遺体に装着状態で出土しており，元来北海道島に生息しないイノシシの牙を用いる希少財であるとともに，腕輪ではなくネックレスとして使用されたことを示す事例である。

また，船泊遺跡13号人骨の左右の足首からは，アホウドリの橈骨を加工した鳥骨製管玉（142個）が4連に巻かれて出土し，アンクレットとして使用されていたことが判明している。

髪飾りは，後期においても鹿角製の棒状のかんざしが出土している（図2-4）が，新たに鯨骨製竪櫛が登場する（図2-1）。同時期の竪櫛は植物製の漆塗櫛が八雲町野田生1遺跡や余市町安芸遺跡，小樽市忍路土場遺跡，恵庭市カリンバ遺跡などで出土しており，量的に圧倒することから，鯨骨製竪櫛は植物製を模倣したものと考えられる。

サメ歯製品（図1-12〜14）は穿孔のないものと，歯根部に1ないし2つの穿孔を有するものがある。カリンバ遺跡では遺体の頭部付近から弧状に複数が列になって出土しており，植物性の冠や鉢巻に縫い付けられていたと考えられる。ただし，エナメル質のみの残存であるために穿孔の有無は確認できない。

ちなみに宮城県大崎市北小松遺跡からは，縄文晩期の包含層から木製の棒に漆を用いて穿孔のないサメ歯を埋め込んだ製品が出土していることから，サメ歯には単に垂飾として用いるだけではない，様々な使用法を想定する必要がある。

縄文晩期になると全国的に貝塚自体が少なくな

## 3　南海産貝類を用いた装身具

北海道島には縄文前期から続縄文前半期まで関東地方・北陸地方以西に棲息する貝類のほか，南西諸島や伊豆諸島南部に棲息する南海産貝類を用いた製品が出土する。

縄文前期には，タカラガイの背面を穿孔した玉類が道央部太平洋側で見られる。貝種はメダカラガイ（北黄金貝塚，静川22遺跡）とチャイロキヌタガイ（静川22遺跡）で，近年は渡島半島でも採取できるというが一般的には房総半島以南に棲息する貝種である[3]。

また，北黄金貝塚の縄文前期中葉の貝層からは，加工はされていないがカズラガイが出土しており，タカラガイの殻口に似た形状で，北陸地方・関東地方以西の遠隔地で棲息する種を珍重したものと思われる。

縄文後期には道北部の船泊遺跡からタカラガイとともにイモガイ類のカバミナシ[4]の殻頂部に穿孔した垂飾や，マクラガイ製，アマオブネガイ製の玉類も出土するなど，元来生息しない貝類が流通している。これにより，貝製平玉の製作遺跡でもある船泊遺跡においてイモガイ類の模造品が製

21

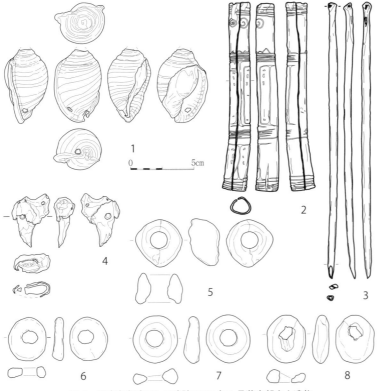
図3 伊達市有珠モシリ遺跡2022年1号墓底部出土遺物

作されることになる。模造品は，大・中・小の3つのサイズの平玉を重ねて接着して円錐状にしており，自らの製作技術を応用して，希少財を製作・使用している点が特筆される[5]。

同様にビノスガイ製のボタン状製品（図1-31）も，楕円形の長軸中央に線刻を施すことでタカラガイ製玉を模倣している。

### 4 石製玉類との組合せ

骨角牙貝製玉類の使用事例で，石製玉類と一連となることを示す事例は少ない。縄文晩期の釧路市幣舞遺跡第3号貝塚からは，貝製平玉とともに琥珀製平玉および琥珀原石が出土しており，この時期に貝製平玉の製作技術が琥珀に応用されたことがわかっている[6]。続縄文前半期の幣舞遺跡第89号墓では両玉類が共伴している。

北海道島の縄文時代の装飾品の傾向としては単一の素材が連なることが最も多く，次にメインとなる素材の中に，少数の希少財（ヒスイなど）や大形の玉がセットとなる例が存在する。例えば，船泊遺跡は基本的に数百個の貝製平玉のみで使用されるが，稀にヒスイの大珠1点が加わる例がある。

この傾向は続縄文前半期も同様で，基本的には琥珀製平玉，碧玉製管玉，滑石製玉類，貝製平玉はそれぞれ単一素材で連ねられている[7]。

そのような中で，有珠モシリ遺跡2022年1号墓からはカズラガイ製玉（図3-1），鳥骨製針入の転用玉（2），コアホウドリ製垂飾（3），クマ末節骨製玉（4），泥岩・砂岩製玉（5～8）が連なった状態で出土した[8]（口絵2-2）。これは骨角牙貝製品と石質の素材が一連となる使用法があることと，泥岩・砂岩製玉類のみの出土事例の中には有機質の腐朽により失われた玉類がある可能性を考慮すべきことを示している。また，単一素材で作られるネックレスが主流な中で，海・山・川・空を象徴する素材を連ねた製品は単に身を飾るだけの用途ではない可能性も十分に考慮すべきであろう。

### 註

1) 小林園子「第4節 貝製品」西本豊弘 編『礼文島船泊遺跡発掘調査報告書』礼文町教育委員会，2000，pp.273-303
2) 前掲註1に同じ。青野友哉「貝製玉類製作のムラ―船泊遺跡―」『縄文時代の考古学』6，同成社，2007，pp.141-146
3) 佐藤一夫「北海道における南海産貝類について」明治大学文学部考古学研究室 編『地域と文化の考古学』Ⅰ，2005，pp.547-569
4) 忍澤成視『貝の考古学』同成社，2011，pp.1-430
5) 西本豊弘・新美倫子・大谷茂之「北海道の骨角貝製品」『日本考古学協会2014年度伊達大会研究発表資料集』pp.241-448
6) 木下尚子「東亜貝珠考」『白木原和美先生古稀記念献呈論文集 先史学・考古学論究』Ⅲ，龍田考古会，1999，pp.315-354。青野友哉「続縄文文化の貝製装飾品」『考古学ジャーナル』521，2004，pp.6-9
7) 青野友哉「碧玉製管玉と琥珀製玉類からみた続縄文文化の特質」『北海道考古学』35，1999，pp.69-82
8) 青野友哉・永谷幸人・三谷智広「有珠モシリ遺跡発掘調査概要報告3」『歴史遺産研究』17，東北芸術工科大学，2023，pp.63-74

# 東北地域（骨角牙製品）

**川添和暁** KAWAZOE Kazuaki
愛知県埋蔵文化財センター

> 時期ごとの様相を概観し，その上で人骨共伴資料の特異性を検討する

　本稿では，東北地域の資料のうち，骨角牙製品について取りあげる。紙面の制約もさることながら，筆者の管見に及んでいない資料もいまだ多数あることも想定されるため，ここではごく概略を示す程度に留ってしまうことをご容赦願いたい。
　まず，資料全体を縄文時代早期〜中期，縄文時代後期〜晩期と大きく二分して見ていくこととする。その上で，人骨共伴資料についても可能な限り触れて，東北地域の事例では装身具類の中で人骨共伴資料がどのような位置にあるのかということについて簡単に私見を述べることとする。

## 1　縄文時代早期〜中期の様相

　縄文時代早期の事例としては，青森県長七谷地貝塚出土資料など，早期でも後葉の事例が知られている（図1-1〜5）。鹿角製と管状骨製の両者あるが，ヘアピンと考えられる細い棒状の製品が主体である。頭部の装飾では，製品側面への連続した刻みが共通した意匠として認められる。
　前期の事例として，青森県二ツ森貝塚（同10〜14，口絵2-1），岩手県崎山貝塚（同6〜9），宮城県大木囲貝塚（同15・16），東要害貝塚（17〜21）を提示しておく。広域的に認められる文様として，回転動作による小さな凹みで文様を表現する列点文が挙げられる（6・9・10・15）。当該時期に顕著な器種として，竪櫛（6・10・15・16）がある。鹿角製が主体であるが，加飾性に富むものが多い。また，報告によると15・16は大木1〜3式に属するとされており[1]，出現期の様相を示している可能性が高い。前期に特徴的な器種としては，玦状耳飾もある。7は鹿角製であるが，上述した大木囲貝塚の調査でも獣骨製が報告されている。12は大型陸棲獣の牙製垂飾で，ツキノワグマ製の可能性が高い。複数箇所穿孔のものは，別稿で紹介するように，富山県小竹貝塚や福井県鳥浜貝塚でも確認されている（本誌37頁参照）。これも広域に展

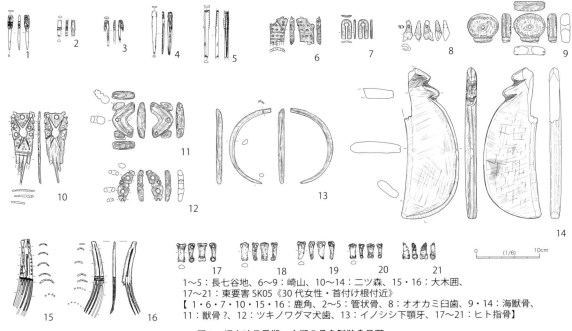

1〜5：長七谷地，6〜9：崎山，10〜14：二ツ森，15・16：大木囲，17〜21：東要害 SK05《30代女性・首付け根付近》
【1・6・7・10・15・16：鹿角，2〜5：管状骨，8：オオカミ臼歯，9・14：海獣骨，11：獣骨?，12：ツキノワグマ犬歯，13：イノシシ下顎牙，17〜21：ヒト指骨】

**図1　縄文時代早期〜中期の骨角製装身具類**

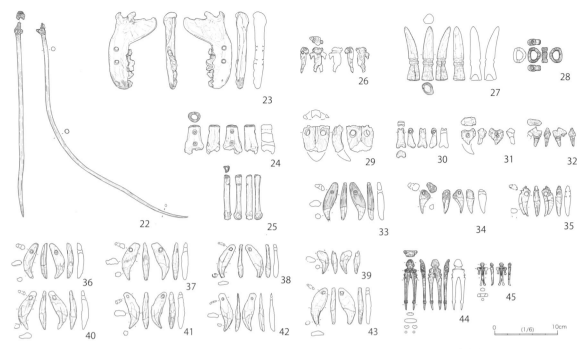

22〜28：貝鳥，29：白浜，30：大洞，31：北小松，32：田柄，33〜35・44・45：沼津，36〜43：近内中村
【22・26〜28・44・45：鹿角，23：オオカミ下顎骨，24：オオカミ脛骨，25：オオカミ中手・中足骨，29：タイ科頭頂骨，30・31：ツキノワグマ指骨，32：オオカミ臼歯，33・34・36〜43：ツキノワグマ犬歯，35：オオカミ犬歯】

図2　縄文時代後晩期の骨角製装身具類1

開した器種であると言えよう。9は海獣骨製の資料で，列点文のほか中央に穿孔が認められるこの器種は，側面に沈線が上下に貫き，断面形状では一方が凸状を呈するなど，表裏のある製品のように見える。中央穿孔のある円形部分を頭部（もしくは顔部）表現とする岩偶との関連性が考えられる資料かもしれない。

縄文時代中期の装身具類としては，岩手県門前貝塚や宮城県青島貝塚，川下り響貝塚，南境貝塚で出土した装飾性のある鹿角製の儀器はよく知られている。福島県大畑貝塚では，B地点第4号人骨（壮年男性）に伴って棒状の鹿角製品が2点出土している[2]。春成秀爾は，有鉤短剣の初源として位置づけている[3]。

その他，人骨との共伴関係が報告されている事例について，見ていくこととする。宮城県東要害貝塚では中期の土坑墓SK05から，ヒト指骨製の垂飾5点と琥珀玉1点が出土している（図1-17〜19）[4]。頸飾りと考えられるこの一連の資料は，30代女性の被葬者に対して，別個のより男性的形質を呈する一個人由来であるとされている。

また，岩手県宮野貝塚では，B区・BL-001土坑墓（101号人骨・成人男性）の右寛骨・大腿骨の間から鹿角製の指貫状の製品が出土し，さらに頭蓋骨をとりあげた際の土を篩掛けしたところイノシシ牙製の垂飾が検出されたという。出土土器は大木9式としているが，埋葬遺構の形態からC区（縄文時代晩期）に類似する可能性が示されている[5]。

## 2　縄文時代後・晩期の様相

縄文時代後晩期の資料については，図2〜4に示した。図2は22・27・45以外は，いわゆる垂飾に当たるものと考えられる。22〜28は岩手県貝鳥（蝦島）貝塚出土資料である。動物意匠が表れているものとして，オオカミ（22）やカエル形（26）がよく知られているが，陸棲哺乳類の中ではオオカミに関連する資料がまとまって認められる（23〜25）。27は離頭銛頭ともされているものであるが，弭形製品（角形）の製作途上資料にも見える。28は鹿角製の垂飾（玉類）で，瘤付のような装飾が認められる。29は貝鳥貝塚にほど近い白浜貝塚出土のタイ科頭頂骨の垂飾である。30・31はツキノワグマの指骨製垂飾で，32〜43はツキノワグマおよびオオカミの歯牙製垂飾を示した。東

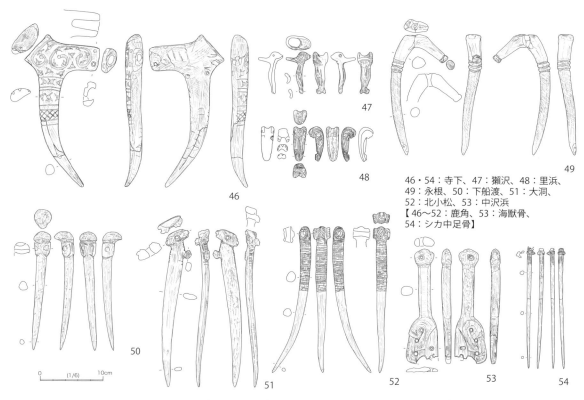

図3 縄文時代後晩期の骨角製装身具類2

北地域では，下顎を含めた牙製垂飾などに赤彩を施すものが多く認められる。36～43は岩手県近内中村遺跡の遺物集積から出土したもので，一地点から最もまとまって出土した事例と考えられる。歯牙製の装身具については，さまざまな動物性素材が使用されている。サメ類歯については，宮城県北小松遺跡で，木の棒に植刃されたような状態の儀器の出土が知られている（口絵2-2上）。また，ヒト切歯製の垂飾も，大洞貝塚と里浜貝塚で出土している[6]。44・45は人形で，44は26同様に頭部側面に横穿孔が認められる。

図3-46～52には鹿角製装身具類を集めた。46は装飾製二又鹿角製で，鹿角の一平面にのみ精緻な装飾が施されている。47・48は東海地域などに認められる腰飾に相当するもの考えられ，表面に玉抱き三叉文様が付されている。49の二又状製品は，東日本域に点在していることが知られているもので，秋田県柏子所貝塚，千葉県下ヶ戸貝塚，長野県天狗岩岩陰遺跡のほか，奈良県橿原遺跡でまとまって出土している。50・52は棒状鹿角製品で，50は動物意匠が付されているもの

と考えられる[7]。51は，棒状鹿角製品とは別系統の儀器の可能性がある。

53はクジラを含めた海獣骨製の儀器で，従来より軍配形と言われているものである（口絵2-2中）。穿孔とそれをつなぐ直線・弧線と，両平面ともに同様な精緻な装飾が施されている。これは海獣骨製の骨刀の一種と考えられる。

54は，頭部の装飾および赤彩のあるヘアピンである。シカの中足骨製で，このような管状骨製あるいは鹿角製のヘアピンは，針や刺突具などと分類されているものにも含まれているものがあると考えられ，実際は多く存在していた可能性が高い。

図4には，埋葬人骨との共伴関係が知られる資料をまとめた。岩手県門前貝塚で見つかった55は，中期末～後期初頭とされるもので，共伴人骨は再葬の可能性が指摘されている[8]。

青森県薬師前遺跡第3号棺からは，再葬墓内の貝輪着装人骨とともにイノシシ雄下顎製垂飾が11点出土し[9]（口絵2-3），このうちの4点を示しておく（56～59）。両端部は平坦に加工した上に，

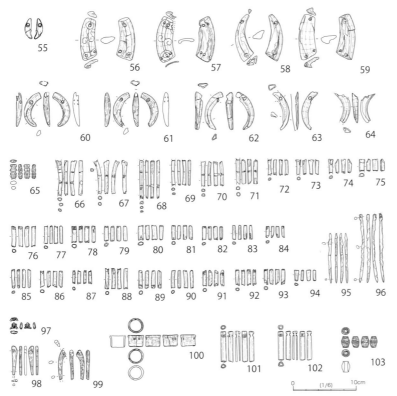

【55：イヌ科下顎犬歯，56～64：イノシシ雄下顎犬歯，65・95～100・103：鹿角，66～94：鳥管状骨（一部小型陸棲獣管状骨含むか），102・103：小型陸棲獣管状骨】

図4 縄文時代後晩期の骨角製装身具類3

穿孔が施されている。穿孔部縁には紐ズレによる磨滅が観察される。埋葬人骨には，第3腰椎体に軽度の変形があると報告されている。

岩手県宮野貝塚では，先に述べたB区出土資料とは別に，F地区でも埋蔵人骨の頭部からイノシシ歯10点と骨器1点の計11点が出土したという。このうち筆者が調査し得た5点のみを提示しておく（60～64）。F地区自体，出土土器は中期大木8a・8b式を主体としつつ，晩期大洞 $C_1$・$C_2$・A・A′式も出土していたようである。一方，地元では「縄文時代後期」として長く展示されてたようで，ここでは後晩期の資料として扱うこととした。報告書写真で見るとイノシシ歯は，雄下顎犬歯のほかに切歯も存在するほか，雄下顎犬歯も大小個体のものが素材として使用されていたようであるが，長さを切りそろえていた可能性がある。この埋葬人骨にも，頸椎の椎間関節に障害があったことが報告されている。

岩手県貝鳥貝塚では，人骨共伴装身具事例がまとまって知られている。骨角製のみを取りあげると，65は貝鳥45号，66～75は貝鳥52号，76～94は貝鳥62号，95・96は貝鳥63号と共伴した資料で，詳細は別稿[10]を参照願いたい。数珠つなぎをした足輪とされる66～75と76～94とでは，後者は使用時に現状の形状に近かったことに対して，前者は後世に破損状態となった資料が多く，当時の形状は現状とは異なってより長いものであったと考えられる。また，時期は縄文時代晩期に属するものが主体であったことも注目できる。

宮城県里浜貝塚台囲地点では，人骨共伴資料が2点，埋葬遺構と考えられる土坑内出土資料が1点知られている。土器棺墓内から出土した資料は鹿角製の小型品で，細かい装飾の上に赤彩が施されている（97）。98はSK9（1号骨）に共伴するもので，穿孔のある小型の鹿角製品である。土坑内出土の99も同様の形状を呈しており，同一器種であると考えられる。

福島県三貫地貝塚でも，人骨共伴資料がまとまって知られている。100は第1次調査の22号

東北地域（骨角牙製品）

人骨と共伴した資料で，腰飾りと考えられる。筒形を呈する鹿角製で，東海西部に認められる筒形の腰飾りとの関連性が考えられるかもしれない。この22号人骨は，報告によると検出時には頭部に骨角製ヘアピンの共伴も確認されているものであった。なお，22号人骨は石鏃が射込まれた人骨としても知られた資料である。101・102は側面から穿孔のある管玉状の資料で，113号（若年女性）と114号（壮～熟年男性）の頭部付近からの出土資料である。123号の頸部から出土したとされる103は鹿角製の小玉状の垂飾である。口唇状の装飾が浮文されているもので，全面に赤彩が施されているものである。

　上記以外では，宮城県田柄（たがら）貝塚の事例が知られている。第2土坑墓でオオカミ橈骨製垂飾が，第3土坑墓でマダイ頭骨・ウミガメ頭骨の垂飾が出土している【いずれも壮年～熟年男性】。後者は頸飾りと推定されている[11]。また，岩手県中沢浜貝塚には，鳥骨および小型哺乳類の管状骨など管玉状の製品45点が数珠つなぎとなったものがあり，埋葬人骨との共伴関係から腰飾りとされる。着装人骨は，C点第三貝層第一号人骨とされているが詳細は不明である[12]。なお，「宮戸島十五号人骨腰部付近」からも類例が出土したとあるが，本資料の詳細も不明である[13]。

## 3　まとめ

　人骨共伴関係が認められる資料と，それ以外の資料を比較した場合，前者の資料数は限られているものの，①一個体の法量に10cmを越える大型の資料は知られていないこと，②垂飾あるいは数珠つなぎをしたものが多いこと，が挙げられよう。東北地域のとくに後晩期事例では，このような共伴人骨に障害などが認められるものが多く，とくにこれら数珠つなぎの使用例に関しては，治癒的効果を図ったものが主体であったかもしれない。

＊謝辞　下記資料所蔵機関のほか，以下の方々からご教示などを賜った。謝意を表する次第である
鹿又喜隆・金子昭彦・熊谷　賢・髙橋　満・髙橋怜士・菅原弘樹・村本恵一郎・山田康弘

**註**
1)　八巻正文・岩渕康治ほか『大木囲貝塚―昭和53年度環境整備調査報告―』七ヶ浜町文化財調査報告書5，1980
2)　馬目順一 編『大畑貝塚調査報告』いわき市教育委員会，1975
3)　春成秀爾「鉤と霊―有鉤短剣の研究―」『国立歴史民俗博物館研究報告』7，1985，pp.1-62
4)　三好秀樹・西村　力『東要害貝塚』宮城県大崎市文化財調査報告書3，2008。ヒト指骨製垂飾は，菅原弘樹らの分析による。
5)　林　謙作・山口　敏・百々幸雄・平本嘉助『宮野貝塚B・C地区調査概要―特に埋蔵人骨を中心として―』宮野貝塚調査団，1983
6)　本誌17頁に図を掲載している。
7)　川添和暁「北海道島における続縄文期の棒状鹿角製品について」『三河考古』32，三河考古学談話会，2022，pp.71-77
8)　佐藤正彦ほか『門前貝塚―県道広田半島線の改修に伴う緊急発掘―』陸前高田市文化財調査報告16，1992
9)　市川金丸 編『薬師前遺跡―縄文時代後期集合改葬土器棺墓調査―』青森県三戸郡倉石村埋蔵文化財調査報告書1，1997
10)　川添和暁「岩手県一関市蝦島貝塚（貝鳥貝塚）第2次調査出土装身具類について」『古代文化』75-4，公益財団法人古代学協会，2024，pp.31-39
11)　手塚　均 編『田柄貝塚Ⅰ』宮城県文化財調査報告書第111集，1986
12)　小田島禄郎　『岩手考古圖集』岩手縣教育會江刺郡部會編輯，1926
13)　菅原弘樹によると，里浜貝塚では第15号人骨は特定できないとのことである。

**引用・参考文献**
市川金丸ほか『長七谷地貝塚』青森県埋蔵文化財調査報告書57，1980
葛西　勵「薬師前遺跡出土の牙製垂飾品」『海と考古学とロマン』市川金丸先生古稀を祝う会，2002，pp.101-108
森　幸彦 編『三貫地貝塚』福島県立博物館調査報告17，1988

**資料の所在・引用**
1～5：市川ほか1980，6～9・36～43：宮古市教育委員会，10～14：七戸町教育委員会，15・16：註1，17～21：註4，22～26：一関市博物館，27・28：蝦島コミュニテイセンター，29：岩手県立博物館，30・51・60～64：大船渡市立博物館，31・32・44・45・52：東北歴史博物館，33～35：東北大学考古学研究室，46・54：階上町教育委員会，47・50：九州国立博物館，48・97～99：奥松島縄文村資料館，49：多賀城市埋蔵文化財調査センター，53：陸前高田市立博物館，55：註9，56～59：五戸町教育委員会（八戸市博物館），65～96：国立科学博物館，100：福島県立博物館，101～103：東京大学総合研究博物館

# 東北地域（貝輪）

## 山田凜太郎　YAMADA Rintaro
東北歴史博物館

> 東北地域では，貝輪は縄文時代を通じて普遍的に使用された。利用された貝種や地域ごとの様相を概観する

本稿では，縄文時代の東北地方で出土した貝輪[1]について概観する。

### 1　概　略

筆者の集成[2]によると105遺跡から4,000点以上の貝輪が出土しており，東北地方で出土した動物を素材とする装身具類では最も数が多い。また早期後葉〜晩期末葉まで出土報告があり，貝輪は縄文時代を通じて利用された器種であるといえる。

大半の貝輪は貝塚から出土しているが，洞穴遺跡からの報告もある。地域別にみると太平洋側からの出土事例が多いが，これは貝輪のような有機質の資料が出土する貝塚が当地に集中していることと強く関連しているとみられる。

### 2　貝輪に利用される主要な貝類

#### (1)　タマキガイ科

74遺跡で1,653点の報告がある。種まで同定された事例では，ほぼベンケイガイのみが同定されている。縄文時代を通じて東北地方の全域から出土しているが，北東北や日本海側，いわき地方では未加工品（素材貝）や，穿孔・敲打・研磨といった各種加工段階の資料が出土するのに対して，三陸北部〜仙台湾では研磨の施された資料のみが出土し，未加工貝や穿孔・敲打のみの資料がみられないという地域差がある。

これは素材となるベンケイガイの入手が関連しているとみられる。ベンケイガイは外洋の影響を受ける水深10mより深くの砂浜に生息しており，縄文時代に生貝の入手は困難であったと考えられている[3]。そのため浜辺に打ち上がった貝を利用していたと推定されるが，筆者らの調査によると三陸北部〜仙台湾南部ではベンケイガイの打ち上げ地が，岩手県綾里湾を除いて見つかっていない[4]。また綾里湾の打ち上げ貝も少数であり，この状況が縄文時代と共通するならば，ベンケイガイの素材入手が困難な地域であったと解釈される。そのため，北三陸〜仙台湾ではいわゆる完成品も

しくはその直前段階のものが他地域から搬入されている可能性が高い。

#### (2)　フネガイ科

63遺跡で2,157点の報告がある。種まで同定された事例ではアカガイ，サルボウ，サトウガイが同定されているが，サトウガイは南東北（福島県域）および日本海側のみで利用されており地域性がみられる。タマキガイ科とは異なり，時期・地域問わず沿岸部の各遺跡で素材貝や各種加工段階の貝輪がみられることから，集落ごとに製作・利用していたとみられる。

#### (3)　イタボガキ科

45遺跡で401点の報告がある。ほかの主要な貝輪と比較して分布の地域性が強く，南三陸以南で多数出土する一方で，北東北や日本海側ではほとんど出土しない。同定された貝種はイタボガキとマガキで，イタボガキの利用比率が高い。

#### (4)　オオツタノハ

12遺跡で34点の報告がある。本州に分布しない南海産貝類であり，すべて他地域からの搬入品であるとみられる。非常に分布の地域性が強く，南三陸から仙台湾北部（内陸部の湖沼地帯含む）にのみ分布し，北東北・南東北（福島県域）・日本海側の出土事例はない。未加工品や加工途中のものはなく[5]，研磨が施された段階のもののみ出土する。また完形品の報告はほぼなく端部に穿孔された事例が非常に多いことから，破損品の修繕率が高かった，あるいは組み合わせて使用する貝輪であったと考えられる。

#### (5)　小型カサガイ類

23遺跡で583点の報告がある。同定された貝種はほとんどがユキノカサで，マツバガイ，ベッコウカサなども少数利用される。南三陸以南が主な出土地域である。殻頂部付近を除去し貝輪に加工しているが，自然状態の破損・摩耗と区別できない資料も多く，人為的な加工以外に浜辺で拾ってきた死殻がそのまま利用されているものも含まれている可能性が高い。

## 3 地域別の傾向

すべての地域で前期(一部地域では早期後葉)から晩期まで，縄文時代を通じて貝輪が出土する。一方で時期による貝種の移り変わりといった使用貝の変遷はみられず，基本的に各地域の傾向が縄文時代を通して維持されるという特徴がある。

### (1) 北東北 (青森県域)

貝種のバリエーションは少ないが，タマキガイ科製貝輪が主に出土する。田小屋野貝塚(前期中葉)は60点，東道ノ上(3)遺跡(前期中葉)では42点と比較的多くのタマキガイ科製貝輪が出土しており，なおかつ未成品が多数を占めることから，これらの貝塚が貝輪の生産遺跡として機能していた可能性がある。後晩期は貝塚が少数であることもあってその様相には不明な点が多いものの，ドウマンチャ貝塚(晩期)や寺下遺跡(晩期中葉)からタマキガイ科製貝輪が出土しており，当地で貝輪製作が続けられていたものと考えられる。

### (2) 三陸沿岸 (岩手県北部～宮城県男鹿半島)

前期以降，南三陸を中心として各遺跡でタマキガイ科，フネガイ科，イタボガキ科などが出土する。貝輪が出土する遺跡は多いものの，明確な貝輪の生産遺跡は確認されていない。地域的な特徴として，三陸中央部の岩泉町や南部一関市(旧東山町)などに分布する洞穴遺跡から，タマキガイ科製貝輪が中心となって出土することが挙げられる。時期幅のある遺跡も多く実態は十分あきらかではないが，少なくとも当地では沿岸部だけではなく内陸部まで貝輪が広く流通していたものとみ

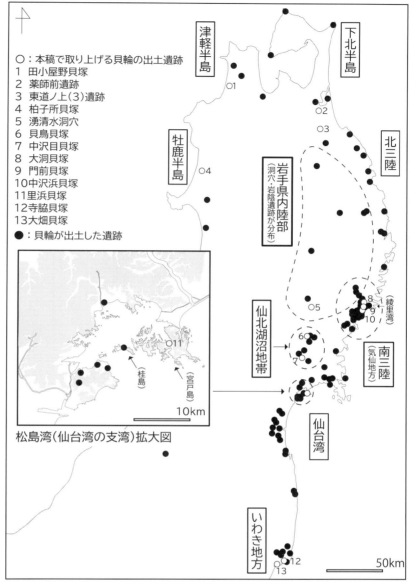

図1　東北地方の貝輪出土遺跡分布図

られる。

### (3) 仙台湾 (宮城県域)

他地域とは異なり，沿岸部では明確にフネガイ科やイタボガキ科製貝輪の出土点数がタマキガイ科製貝輪より多く，地域独自の貝輪製作が盛んであったことをうかがわせる。貝輪の生産遺跡としては里浜貝塚(後期後葉)が知られており，アカガイ・サルボウを用いた貝輪が1,000点以上出土している。また仙台湾北部の仙北湖沼地帯に分布する内陸部貝塚からも貝輪が多数出土しており，沿岸部・内陸部含め貝輪の利用が盛んであったことを示す。中でも貝鳥貝塚は貝輪出土総点数が96

点と卓越しており，北上川流域における流通の拠点として機能していた可能性がある。

### (4) 南東北 （福島県域）

ほとんどが浜通り北部およびいわき地方からの出土である。明確な貝輪の生産遺跡は見つかっていない。仙台湾と同様，フネガイ科やイタボガキ科製貝輪の出土点数がタマキガイ科製貝輪より多く出土するが，仙台湾におけるタマキガイ科製貝輪の多くが他地域からの搬入品と目されるのに対して，南東北では各遺跡での製作が想定されることから状況が異なると考えられる。また地域特有のものとして，アカニシ，ボウシュウボラといった大型巻貝製貝輪が比較的多い傾向にある。

### (5) 日本海側

秋田県域で3遺跡から出土報告があり，すべて晩期である。山形県域からの報告は管見ではない。柏子所貝塚からは1,000点以上のタマキガイ科製貝輪が出土しており，貝輪の生産遺跡であると考えられる。

## 4 生産遺跡の様相

本稿でいう貝輪の生産遺跡とは，卓越した出土点数が確認される，未製品が主体となっている，貝輪の製作に適した道具（鹿角製ハンマー，小型砥石）が共伴するといった点から，集落外へ貝輪を供給した生産元になっていると解される遺跡をいう。東北地方では宮城県里浜貝塚（後期後葉），秋田県柏子所貝塚（晩期前葉）の2ヵ所が生産遺跡として把握されている（口絵3-4）。

### (1) 里浜貝塚

里浜貝塚では，アカガイ・サルボウの2種を用いた貝輪製作が行われている。台囲風越地点から出土した資料を対象とした加工段階の分析[6]によると，頂部に穿孔し孔を拡げ整形する段階が約65%，研磨により表面を平滑にする段階が約35%みられることから，遺跡内である程度，完成品あるいはそれに近い形まで作り上げていたとみられる。また全面を研磨し完成品と目される貝輪の観察結果によると[7]，アカガイはいずれも殻長8.5〜9cm，内径5〜6cm程度に整形されていることから，成人女性が装着する想定で規格品が流通したのではないかと指摘されている。これらに加えて筆者による分析では[8]，より小型のフネガイ科であるサルボウも5〜6cm程度の貝輪に加工されることがあきらかとなっていることから，本遺

跡では大人から子供まで様々な年齢段階を対象とした貝輪が製作されていたとみられる。

里浜貝塚におけるアカガイ・サルボウの入手は不明な点が多く，とくにアカガイは内湾の水深10mより深い砂泥に生息することから，台風などのイベントによる打ち上げ以外での入手は困難であると想定されていた[9]。近年，筆者による踏査によって里浜貝塚の所在する松島湾内の桂島から，まとまった量のアカガイ・サルボウが季節によらず打ち上がることが確認されており[10]，里浜貝塚の人々が安定した素材供給を背景として貝輪製作を行っていた可能性が指摘されつつある。

### (2) 柏子所貝塚

柏子所貝塚はベンケイガイを主としつつ，サトウガイなどフネガイ科製貝輪も少数製作が行われている。加工段階は研磨の施されているものが約10%と少ないほか，貝輪が紐を通したように連なった状態で出土している事例が複数報告されている[11]ことから，貝輪はある程度整形した段階でまとめて搬出されたものとみられる。貝輪に使用されるベンケイガイは殻長8cm程度と規格性がみとめられるが，同時に出土するフネガイ科製貝輪の平均的な殻長が5cm程度であることから，貝種によって大人用・子供用と作り分けられていた可能性が指摘されている[12]。貝輪素材の入手先としては，遺跡周辺の浜辺，もしくは遺跡北部の牡鹿半島周辺が想定される。

## 5 内陸部の様相

宮城県中沢目貝塚は当時の海岸線から10km以上離れた内陸部に所在するが，後期後葉〜晩期前葉の貝層から多数のフネガイ科を中心とする貝輪が出土する。中沢目貝塚の所在する仙北湖沼地帯は，土器の共通性などから仙台湾，とくに松島湾と深い関係性があったことが指摘されており[13]，これらの貝輪は里浜貝塚を中心とする地域から搬入されたものと考えられる。フネガイ科製貝輪はほとんどが丁寧に研磨されているが，少数ながら穿孔・整形途中のものや未加工品も出土していることから，完成品を中心としつつも加工途中の貝輪も含め供給されていたとみられる。

中沢目貝塚より湾奥に所在する貝鳥貝塚から出土する貝輪は，タマキガイ科を中心とする点，アカガイ製がみられない点などが中沢目貝塚とは異なっており，別個の流通ルートをもっていた可能

**表1 東北地方から出土した貝輪装着埋葬人骨一覧**

| 遺跡名 | 時期 | 年齢 | 性別 | 貝輪 | 個数 |
|---|---|---|---|---|---|
| 薬師前遺跡 | 後期前葉 | 成人 | 女性 | タマキガイ科 | 11 |
| 柏子所貝塚 | 晩期前葉 | 幼児 | 不明 | フネガイ科 | 5 |
| 大洞貝塚 | 晩期(前葉) | 幼児 | 不明 | イタボガキ科 | 1 |
| 中沢浜貝塚 | 不明 | 不明 | 不明 | 不明 | 不明 |
| 門前貝塚 | 中期末葉～後期前葉 | 成人 | 男性 | タマキガイ科 | 2 |
| 湧清水洞穴 | 後期 | 成人 | 不明 | フネガイ科 | 1 |
| 里浜貝塚 | 晩期 | 成人 | 男性 | 不明 | 2 |
| 里浜貝塚 | 晩期中葉以降 | 幼児 | 不明 | 不明 | 2？ |
| 寺脇貝塚 | 後期中葉～晩期後葉 | 成人 | 不明 | イタボガキ科 | 1 |

性が高い。タマキガイ科製貝輪の生産遺跡である柏子所貝塚との関係性は不明だが，貝鳥貝塚は後期の貝層からも多数のタマキガイ科製貝輪が出土するなど時期差があるため，関東以南も視野に入れた供給先を想定する必要がある可能性がある。

## 6 埋葬人骨の装着事例

東北地方からは膨大な埋葬人骨が出土しているが，そのうち貝輪を装着した人骨は可能性が高いものや真偽に若干の疑問を呈するものを含めても[14] 9例と少ない。年齢構成は成人5体・幼児3体・不明1体であり，性別は男女とも含まれる。全国的に貝輪装着の埋葬人骨はほとんど女性が占めるとされる中で，東北地方の事例はそれに該当しないようにもみえるが，性別査定がなされていない人骨が多数である点や，古い調査の分析も含まれる点から評価には慎重でありたい。装着された貝輪は，タマキガイ科製・フネガイ科製・イタボガキ科製のいずれかに該当し，東北地方で利用されている主要な貝輪が埋葬時にも使用されているとみられる。

埋葬時期は後晩期に集中しており，中期後葉以前にさかのぼる事例は見つかっていない。なお，中期中葉に福島県大畑貝塚でアカニシ製貝輪を伴う女性人骨が出土しているが，出土状況から胸に置かれた（あるいは垂飾）と判断されることから，貝輪装着の埋葬人骨であるとは評価されていない。

## 7 まとめ

東北地方から出土した貝輪の貝種・分布・生産遺跡と内陸部遺跡の様相・貝輪装着人骨を概観した。本地域において貝輪は縄文時代を通じて普遍的に使用された装身具であったと考えられるが，生産遺跡を除く遺跡における貝輪製作・利用のあり方や流通ルート，埋葬人骨との関係性など基礎情報には不明な点も多い。今後はいっそうの分析が望まれる。

## 註

1) 本稿では，一個の素材を用いた環状を呈する貝製品を貝輪と定義し，小型のカサガイ類を含む。
2) 報告書，論文，図録の記載を基に集成した。時期不明の遺跡を含む。紙面の都合上個々の文献は割愛した。
3) 忍澤成視『貝の考古学』同成社，2011
4) 山田凜太郎・山田晃弘・菅原弘樹「東北地方太平洋沿岸域における打ち上げ貝の調査とその展望」『日本動物考古学会第7回大会プログラム・抄録集』2019，p.28
5) 報告書でオオツタノハの未加工品が提示されている事例もあるが，すべてイタボガキ左殻などの誤同定である。
6) 前掲註3に同じ
7) 菅原弘樹「里浜貝塚が明らかにした縄文人の暮らし」『奥松島縄文村講座縄文を語る！記録集』2023，pp.56-84
8) 山田凜太郎「縄文時代後期におけるフネガイ科製貝輪の研究」『東北歴史博物館研究紀要』26，2025，pp.11-24
9) 前掲註3に同じ
10) 投稿中
11) 秋田県教育庁社会教育課・能代市教育委員会 編『柏子所貝塚—第2次・第3次発掘調査報告書』秋田活版印刷株式会社，1966
12) 川添和暁「秋田県柏子所貝塚出土骨角製装身具類について」『関西縄文時代研究の泉を拓く—泉拓良先生縄文研究50年記念・関西縄文文化研究会20年記念—』真陽社，2020
13) 須藤隆編『縄文時代晩期貝塚の研究2 中沢目貝塚Ⅱ』篆集堂，1995
14) 湧清水洞穴は，調査者が出土状況から装着していた可能性が高いとして報告している事例。里浜貝塚は，調査者自身の報告ではなく調査者からの伝聞として掲載されている事例だが，現在国立科学博物館にて保管されている元資料に貝輪は装着されていない。貝輪が外れた可能性もあるため本稿では集成に含めている。

# 西関東・長野

吉永亜紀子 YOSHINAGA Akiko
総合研究大学院大学連携研究員

神奈川県・東京都・埼玉県と長野県の様相を
概観し，早・前期から中・後期の変遷を示す

本稿では西関東・長野の様相について概観する。器種と素材の分類は各資料が掲載されている発掘調査報告書の記載に準拠し，記載がない場合は金子浩昌・忍沢成視の集成[1]を参照した。紙幅の都合上，引用した発掘調査報告書は一部を記載した。

## 1 縄文時代早期

当地域では縄文時代を通して多くの遺跡が知られているが，草創期の骨角製装身具類は確認されていない。遺跡数が増加する早期に入り，山間部の洞窟遺跡や海浜部の貝塚遺跡において出土がみられるようになる。

沿岸部の神奈川県吉井城山貝塚では，尖頭樋状骨角器と報告されている鹿角製髪針が出土している（図1-1・2）。線刻と穿孔によって装飾加工が施されている。図1-2の線刻内にはわずかに赤彩が認められる。図1-3・4も鹿角製髪針である。図1-5・6は大中型陸獣四肢骨製髪針である。環状垂飾としては，シカ中手骨または中足骨遠位端の側面に穿孔がある製品（図1-7），鹿角の角坐中央に穿孔した製品（図1-8）がある。図1-9はサメ類歯製垂飾である。夏島貝塚においてもサメ類歯製垂飾が出土しており，基部を半円状に抉り両端に穿孔がみられる（図2-10）。

山間部の埼玉県妙音寺洞穴遺跡，長野県湯倉洞穴洞窟遺跡，栃原岩陰遺跡においてもサメ類歯製垂飾が出土している点は注目される（図3-11，図4-12，図5-21）。図4-13・14は中型陸獣四肢骨製の管状製品であり，図4-12と共に埋葬人骨に伴って出土した。図5-15～19は器種不明であるが，大中型陸獣の四肢骨が扁平に加工され穿孔や線刻が施された製品である。図5-20はオオカミ，22はツキノワグマ犬歯歯根部に穿孔した牙製垂飾である。

## 2 縄文時代前期

貝塚から散発的に出土し報告されているが，神奈川県羽根尾貝塚ではまとまった資料が得られている。図9-29は大中型陸獣長管骨を縦に割り削平，研磨し製作された髪飾りである。頭部の側面には刻み目が施されている。類例は三内丸山遺跡にみられ，早期末～前期における東日本の文様意匠と指摘されている[2]。図9-27は大中型陸獣四肢骨製髪飾り，39は基部縁辺に刻み目が施されているシカ中手骨製髪飾り，28・30・32・36・37は鹿角または骨製垂飾，40はイヌ下顎犬歯製垂飾，33・35・41・42はイノシシ下顎犬歯製垂飾，43はツキノワグマ犬歯製垂飾，38は鯨骨製の環状製品である。図9-31は垂飾であり，福井県鳥浜貝塚において太刀型とされる類例がみられる。図9-34は類例がなく器種不明であるが髪飾りの可能性が考えられている。基部に薄い突出部を作り出し，軸部の断面は円形を呈し磨かれている。

神奈川県菊名貝塚（図6-23・24）では，全体がよく磨かれ光沢を帯びる髪飾りが出土している。下組東貝塚では，基部に線刻が施され穿孔のある髪飾り（図7-25，長さ5.1cm），基部に格子目状の線刻が施され，半円形の抉りや刻み目のある髪飾りが出土している（図7-26，長さ9.8cm）。万田貝殻坂貝塚では，よく研磨されたイノシシ腓骨製髪飾りが2点確認されている（図8-43・44）。図8-45はメジロザメ科歯製垂飾，46はサメ科椎骨製垂飾，47は器種不明のイルカ類椎骨製でである。関節面は研磨され，側面は削られ露出した海綿骨に赤彩が施されている。北川貝塚では，基部に刻みと穿孔のある鹿角製髪飾りが出土している（図10-48）。東京都四枚畑貝塚においても鹿角製髪飾りが出土している（図11-49）。

## 3 縄文時代中期

神奈川県中区 No.2（元町貝塚）遺跡では，突起をもち四隅に穿孔がある扁平な鹿角製垂飾が出土している（図12-50）。図12-51は鹿角製髪飾りで光沢を帯びる。中央部が凹み縦長の穿孔があり，外縁部には刻み目が施されている。東京都西ヶ原貝塚では，溝を巡らせている鹿角製髪飾り（図13-52・53），鹿角製玉製品が出土している（図13-54）。東京都では埋葬人骨に伴う事例が2例挙げられる。千鳥久保貝塚から出土した鹿角製叉状製品（図14-55）は，側臥屈葬の埋葬男性人骨の右腕に抱えられ

西関東・長野

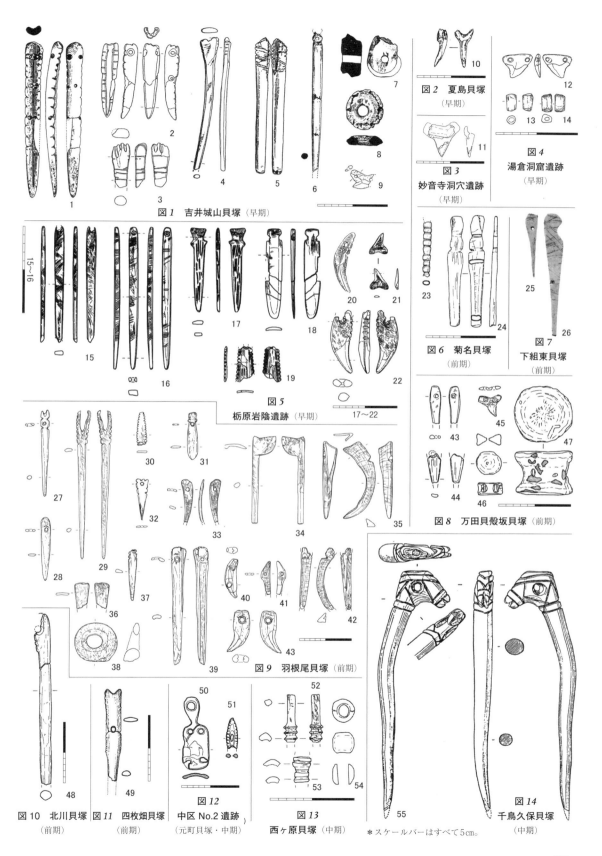

図1 吉井城山貝塚（早期）
図2 夏島貝塚（早期）
図3 妙音寺洞穴遺跡（早期）
図4 湯倉洞窟遺跡（早期）
図5 栃原岩陰遺跡（早期）
図6 菊名貝塚（前期）
図7 下組東貝塚（前期）
図8 万田貝殻坂貝塚（前期）
図9 羽根尾貝塚（前期）
図10 北川貝塚（前期）
図11 四枚畑貝塚（前期）
図12 中区No.2遺跡（元町貝塚・中期）
図13 西ヶ原貝塚（中期）
図14 千鳥久保貝塚（中期）

＊スケールバーはすべて5cm。

33

骨角製装身具類の地域様相

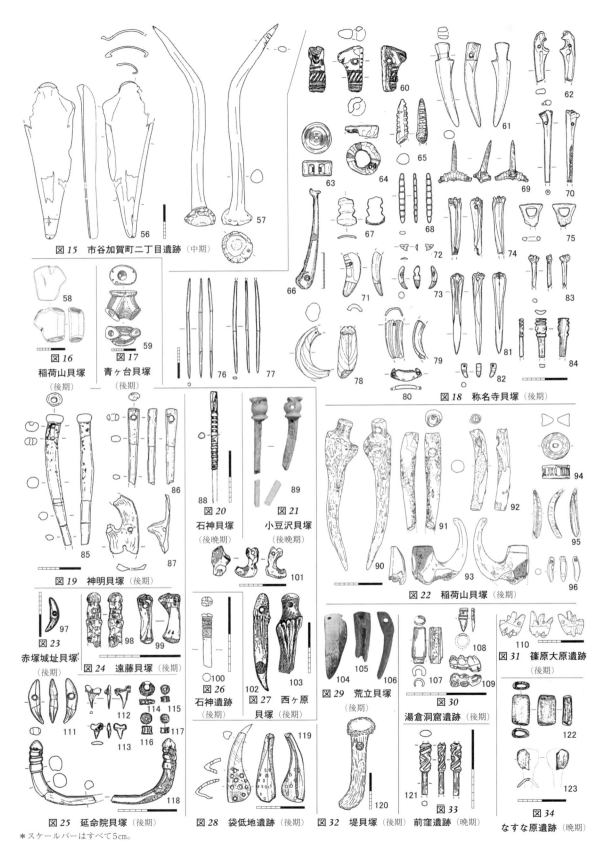

図15 市谷加賀町二丁目遺跡 (中期)
図16 稲荷山貝塚 (後期)
図17 青ヶ台貝塚 (後期)
図18 称名寺貝塚 (後期)
図19 神明貝塚 (後期)
図20 石神貝塚 (後晩期)
図21 小豆沢貝塚 (後晩期)
図22 稲荷山貝塚 (後期)
図23 赤塚城址貝塚 (後期)
図24 遠藤貝塚 (後期)
図25 延命院貝塚 (後期)
図26 石神遺跡 (後期)
図27 西ヶ原貝塚 (後期)
図28 袋低地遺跡 (後期)
図29 荒立貝塚 (後期)
図30 湯倉洞窟遺跡 (後期)
図31 篠原大原遺跡 (後期)
図32 堤貝塚 (後期)
図33 前窪遺跡 (晩期)
図34 なすな原遺跡 (晩期)

＊スケールバーはすべて5cm。

34

西関東・長野

た状態で出土した。鳥形短剣，有鉤短剣とも呼称される[3]。全長25.8cm，最大厚2cmを測り，線刻によって装飾が施されている。基部の端部と側面の二箇所の穿孔は内部で貫通する。市谷加賀町二丁目遺跡では，仰臥伸展葬の40代男性人骨腰部からマイルカ下顎骨製腰飾（図15-56），頭部付近から棒状鹿角製品が見つかっている（図15-57）[4]（口絵4）。

## 4　縄文時代後期

　神奈川県稲荷山貝塚（図16-58），青ヶ台貝塚（図17-59）では，鹿角の叉状部に縦位の穿孔を施した垂飾が出土している。称名寺貝塚は，骨角製漁撈具が多く出土していることで知られているが，D貝塚第3地点の調査では装身具類も多く出土した（図18-60～84・66のみA貝塚出土）[5]。図18-60は棒状角器の頭部で，鹿角の叉状部が利用されている。穿孔と線刻によって装飾が施されている。図18-61は土坑墓出土人骨頸部付近から見つかった鹿角製垂飾である。図18-62・70は，ニホンザル尺骨製垂飾で穿孔と入念な研磨が施されている。図18-76・77はシカ中手骨または中足骨製笄である。図18-63・64はメジロザメ科椎骨製垂飾である。図18-65・68は刻みが巡る鹿角製装飾品である。図18-67は側面に抉りのあるイノシシ下顎犬歯製装飾品，78・79はイノシシ上顎犬歯製垂飾である。図18-80は両端に穿孔のある鹿角製垂飾である。図18-69は鹿角の角坐部分を素材としたT字状の髪飾りで類例をみない。彫刻により装飾が施されている。図18-71は縦に半裁したオキゴンドウの歯に穿孔した垂飾である。図18-72はメジロザメ科歯製垂飾，73はイルカ類歯製垂飾である。図18-74・81はイサキ科コロダイの臀鰭第一血管間棘に穿孔した魚骨製垂飾である。類例は富山県小竹貝塚のマダイ製垂飾がある。図18-82はコブダイの歯に穿孔した垂飾である。図18-75は鹿角製笄で赤彩されている。図18-83は，頂部に穿孔のあるキツネ中手骨製の棒状製品である。図18-84は，シカ中手骨製笄で被熱により黒色化している。図18-66は，オットセイ陰茎骨製で穿孔のある垂飾である。

　鹿角製棒状製品，垂飾は埼玉県（図19-85・86），東京都（図21-89，図27-102・103），神奈川県（図22-90・91・92，図24-98，図29-105・106，図32-120），長野県（図30-107・108）の各遺跡から出土しており当地域一帯に分布する。図22-91は2ヵ所の穿孔が内部で貫通する。図19-85は赤彩のある腰飾で2ヵ所の穿孔が内部で貫通する。

　鹿角の枝部を利用した製品は延命院貝塚（図25-118），稲荷山貝塚でみられ図22-93は赤彩されている。図26-100は鹿角製髪飾りで基部に赤彩が認められる。図22-94，図25-114～117はサメ類椎骨製，図25-112・113はサメ類歯製の垂飾である。図22-96はマイルカ科歯製垂飾である。図24-99は海獣類製と考えられる垂飾である。図22-95はイノシシ犬歯製垂飾，図30-109，図31-110はイノシシ臼歯製垂飾である。図29-104は，貝層直下の仰臥屈葬人骨の左上腕に装着され出土したイノシシ犬歯製腕輪である[6]。図28-119は，イノシシ下顎犬歯製の垂飾で12ヵ所の穿孔がある。図23-97はイヌ犬歯製垂飾である。東京都西ヶ原貝塚，延命院貝塚ではオオヤマネコ製装身具類がみられ，赤彩された尺骨製垂飾（図27-101），犬歯製垂飾が出土している（図25-111）。図19-87は全体に研磨がみられるシカ下顎骨製垂飾である。

## 5　縄文時代晩期

　遺跡数が減少する時期のため事例が少ない。埼玉県石神貝塚ではシカ中手骨または中足骨製髪飾りが出土している。溝を巡らせ，中央にV字状の文様を刻み装飾を施している（図20-88）。前窪遺跡では，三叉状文様がらせん状に施された髪飾りが出土している（図33-121）。東京都なすな原遺跡では，シカ橈骨の骨幹部を利用した管状装身具が出土している（図34-122）。図33-123は，シカ中手骨または中足骨製で薄く扁平に加工された髪飾りである。

## 6　まとめ

　各時期を通じて鹿角，歯牙が利用されている。早・前期は穿孔，縁辺の刻み，直線的な線刻を施す装飾が多くみられた。中・後期では鹿角を利用した棒状製品が増加するほか，素材となる分類群と部位が多様化する傾向が看取される。

#### 註
1)　金子浩昌・忍沢成視『骨角器の研究　縄文篇Ⅰ・Ⅱ』慶友社，1986
2)　玉川文化財研究所 編『羽根尾貝塚』2003
3)　大田区教育委員会『大田区の縄文貝塚』大田区教育委員会，1997
4)　新宿区 編『市谷加賀町二丁目遺跡』2014
5)　株式会社斉藤建設『称名寺D貝塚第3地点発掘調査報告書』2019
6)　酒詰仲男「腕輪を嵌めた石器時代人骨」『科學知識』17—10，科学知識普及會，1937，pp.56-57

# 新潟・北陸・関西地域

川添和暁　KAWAZOE Kazuaki
愛知県埋蔵文化財センター

近年の調査成果を受け，各地の様相を概観する。地域の特徴的な状況がみえてきた

　本稿では，新潟・北陸地域・関西地域の資料を取りあげる。先に，新潟・北陸地域について触れ，続けて関西地域について概要を述べる。

## 1　新潟・北陸地域の様相

　当地の骨角器研究については，町田賢一によって精力的に進められており[1]（図1），本稿もそれをもとに追記する形をとることとする。近年の調査では，やはり富山県小竹貝塚の調査・報告が大きな成果としてあげられよう[2]。紙面に限りがある上，筆者の調査途上のところもあり，概要を述べるに留めておく。

### (1) 新潟・北陸地域の縄文時代早期～中期の様相

　当地で最も古い資料としては，草創期～早期に属するとされる新潟県室谷洞窟出土資料であろうか（図2-1）。扁平な骨素材に線刻が施されている。骨素材はカモシカとされる[3]。

　当地では，石川県三引遺跡や富山県上久津呂中屋遺跡など縄文時代早期末以降の事例からまとまって認められるようになる（図1）。一方，前期後半を中心とした資料として，富山県小竹貝塚や福井県鳥浜貝塚出土資料が位置づけられる。

　小竹貝塚では70体以上にも及ぶ埋葬人骨が調査され，人骨周辺からは様々な資料が出土している。その中で人骨との共伴資料が確実視される資料はより限定的であるようで，報告書刊行後，さらに整理をした論考が出されている[4]。ここではこれを参考に人骨共伴関係のある骨角製装身具類について見ていくこととする（口絵5-1）。

　図2-2～5（以下図2省略）は14号（成人男性）の下顎骨下から胸部にかけての出土資料で，報告[2]では頸飾りとしての着装があったと推定されている。2・3はオオカミ犬歯製垂飾で，素材先端・前面側が著しく削がれた状態で最終的に研磨が施されている。4は鹿角奇形を用いた垂飾で，しの字状を特徴としたもので，素材となった個体は幼獣・若獣であろう。5はカンザシゴカイの棲管の両端を整えたものである。6・7は26号（青年男性）

の下顎骨下から胸部にかけての出土資料で，一緒に出土した石匙を含めて，頸飾りであったと推定されている。先端を削るなどして大きさを揃えたとされる。8は29号（成人女性）の下顎骨下にあったとされるもので，頸飾りとしての使用が想定されるものである。点列文装飾のある骨製品で，素材の内側（髄側）に装飾が施されている。この素材と点列装飾の関係については，68号人骨付近から出土した同器種も同様である（9）。10は70号人骨（老年男性）とともに出土した資料であるが，その後の論考では記載から除外されており[4]着装・共伴関係を保って出土したわけではなさそうである。サメ類歯垂飾である。11～29は71号（老年女

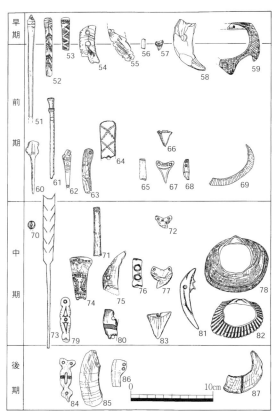

51・55・58・59：三引遺跡　52～54・56・57：上久津呂中屋遺跡　60：刈羽貝塚　61・64・66：鳥浜貝塚　62・63・65・67～69：小竹貝塚　70～72：堂の貝塚　73：朝日貝塚　74～78：上山田貝塚　79～82：藤塚貝塚　83：赤浦遺跡　84～87：三宮貝塚

**図1　新潟・北陸地域の骨角製装身具類変遷**（註1）

新潟・北陸・関西地域

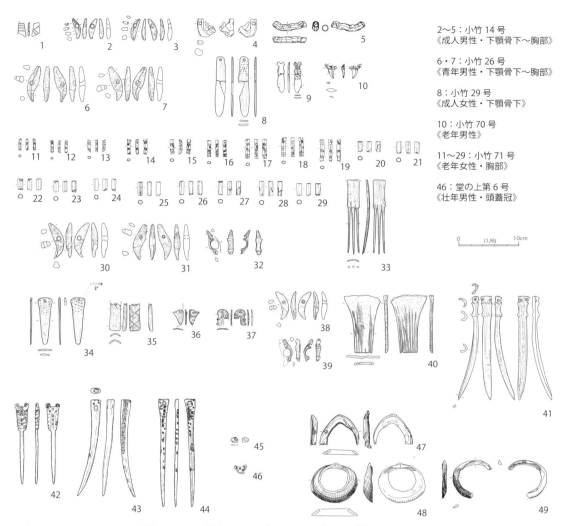

図2 新潟・北陸地域 縄文時代早期〜中期の骨角製装身具類

性)の頸部から出土したもので，数珠つなぎをした頸飾りであったと推定される。線刻加工のあるものも認められるが，同貝塚出土資料では特異であることから，特殊な装身具として位置づけられている[4]。左橈骨・尺骨変形性関節症が見られるという。

そのほか，ツキノワグマ牙(犬歯)製垂飾(30〜32)と鹿角製櫛(33)を提示しておく。32・33は，鳥浜貝塚にも認められる縄文時代前期を特徴づける資料である。

34〜41は鳥浜貝塚出土資料である。34〜37は点列文の装飾が施されたもので，34では装飾の凹みにタイ科歯が埋め込まれていたことが報告されている[5]。35〜37では，いずれも素材の内面(髄側)に点列装飾が認められる。38はオオカミ犬歯製垂飾，39はツキノワグマ牙(犬歯)製垂飾で加工の程度の著しいものである。40は竪櫛の加工途上品と推定される。素材は不明であるが，ウミガメなど海棲獣由来の骨製ではないかと推測される。鳥浜貝塚では刺突器具状の装身具類が10点ほどとまとまって出土している。シカ管状骨製と鹿角製(41)があるが，管状骨製が主体であったようだ。

縄文時代中期の資料としては上山田貝塚の資料がよく知られている(図1)。ここでは富山県朝日

37

骨角製装身具類の地域様相

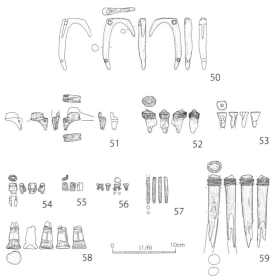

50：笠舞B、51：中道、52：御経塚、53：岩内、
54〜58：藤江C、59：大境
【50〜52・54・55・59：鹿角、53：サル橈骨、
56：ヒトもしくはツキノワグマ指骨、57：シカ管状骨、
58：土製品】

図3　新潟・北陸地域 縄文時代後・晩期の骨角製装身具類

貝塚(42〜44)，新潟県町上遺跡(45)[6]，同県堂の貝塚(46)の資料をあげておく。46は6号人骨(壮年男性)共伴資料で，石鏃とともに出土したことで著名な資料である。

貝輪については，現在までのところ，人骨着装状態での出土例は知られていない。ベンケイガイ製貝輪の製作などで上川名貝塚でのまとまった出土が知られている。ここでは，小竹貝塚の49号人骨付近で出土したオオツタノハ(47)およびベンケイガイ(48・49)についてのみ示しておく。

(2) 新潟・北陸地域の縄文時代後晩期資料

後・晩期の資料を図3にまとめた。図3-50(以下図3省略)は石川県笠舞B遺跡出土で，幼獣・若獣素材を用いたものである。千葉県大倉南遺跡出土事例に類似しているかもしれない。51は新潟県中道遺跡の資料である。晩期の鹿角製腰飾りの一部と考えられる。52は石川県御経塚遺跡出土資料で，幼獣・若獣由来の鹿角を用いた装飾品である。53は石川県岩内遺跡出土資料で，サル橈骨製の垂飾である。54〜58は石川県藤江C遺跡出土資料で，54・55は鹿角製の装飾品，57は骨製ヘアピンの可能性がある。56はヒトもしくはツキノワグマ指骨製の加工品と考えられる。58は弭形鹿角製品(角形)を模した土製品と考えられ

るものである。59は富山県大境洞窟出土資料で，晩期末から弥生時代にかけての棒状鹿角製品である。そのほか，縄文時代中期から晩期の事例として石川県真脇遺跡出土事例もある。

## 2　関西地域の資料

関西地域の資料を図4にまとめた。当地では，縄文時代早期末からの資料が知られており，滋賀県石山貝塚(図4-60〜70，以下図4省略)ではとくにまとまった資料の出土が知られている。60・61は加飾性のある骨製品である。62〜66は垂飾である。ウミガメ類の腹甲板(62)，オオカミの部分骨(63)とともに，ツキノワグマ犬歯(65)が出土している。シカ中手中足骨遠位端の滑車部分を用いた垂飾(64)は神奈川県吉井城山第一貝塚でも出土しており，広域で共通した志向があったかもしれない。66はフネガイ科蝶番部分を使用したものである。貝輪の貝種は，ベンケイガイが多く(67〜70)，フネガイ科・イタボガキ製も認められた。腹縁部に加飾の加えられているもの(67)もある。

縄文時代中期前葉を主体する事例として，滋賀県粟津湖底第3貝塚の事例が知られている[7]。管状骨半截材製の頭部装飾のあるヘラ状製品は，上述した鳥浜貝塚での刺突具状の装身具(41)と同器種と思われる。そのほかタヌキとされる牙製垂飾，イタボガキ製貝輪などがある。また，鹿角第一枝と角座部分を用いた資料が2点あり，いずれも鹿角斧と報告されている。そのうち1点は，角幹側端部に横方向の穿孔が施されており，一般的に知られている鹿角斧と比べて異質である。儀器類の可能性が考えられよう。

縄文時代晩期の事例は，比較的まとまって知られている。滋賀県滋賀里遺跡(71・72)，奈良県橿原遺跡(73〜79)，大阪府国府遺跡(本誌54頁図2参照)，同水走遺跡(80〜83)，同森の宮遺跡(84・85)などである。とくに橿原貝塚は晩期前半の様相を示す好資料として知られており，ここでは牙製垂飾(73〜76)と，鹿角製装身具類をあげておく(77〜79，本誌53頁参照)。大阪府森の宮遺跡資料は，晩期全般から一部弥生時代前期をも含む資料群である。ここでは，鹿角製装身具類(84)とヒト下顎骨製腕輪(85)をとりあげる。84は鹿角二又部の半截材を用いたもので，愛知県雷貝塚・枯木宮貝塚，大阪府国府遺跡出土資料と同類で，腰飾りであると考えられる。側面に施された連続す

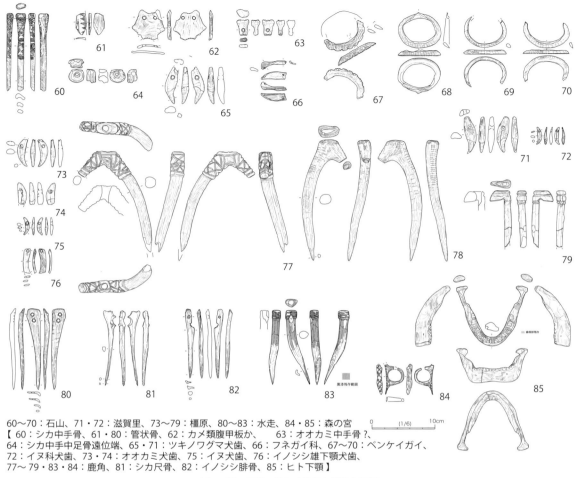

60〜70：石山、71・72：滋賀里、73〜79：橿原、80〜83：水走、84・85：森の宮
【60：シカ中手骨、61・80：管状骨、62：カメ類腹甲板か、63：オオカミ中手骨？、
64：シカ中手中足骨遠位端、65・71：ツキノワグマ犬歯、66：フネガイ科、67〜70：ベンケイガイ、
72：イヌ科犬歯、73・74：オオカミ犬歯、75：イヌ犬歯、76：イノシシ雄下顎犬歯、
77〜79・83・84：鹿角、81：シカ尺骨、82：イノシシ腓骨、85：ヒト下顎】

図4　関西地域の縄文時代骨角製装身具類

る×印が特徴的である。85は8号人骨（女性）として報告されていたもので[8]，そののち弥生時代前期末の腕輪である可能性が指摘されていた[9]（口絵5-2）。本誌で山田康弘はこれを縄文時代の所産である可能性を指摘している（本誌87頁参照）。この資料は下顎骨表面に全面研磨で調整が施されたもので，筋突起が除去され，下顎角側が大きく削られて緩やかな弧状を呈する形状となっている。歯槽の閉塞がないため，個体自体には生前に抜歯の施術は行われていなかったようである。しかしその後の加工の際に歯はすべて除去されており，左側臼歯の一部には除去しきれなかった歯根部がそのママ残存していた。水走遺跡出土資料は，河内潟周辺の縄文時代晩期末から弥生時代への移行期にあたる資料群として，注目される。骨製（80〜82）でも鹿角製（83）でも刺突具状の装身具類がまとまって出土しており，そのほかカサガイ科に

穿孔を施した製品も出土している。83は棒状鹿角製品であり，表面にウルシによる加飾が加えられている。

### 3　まとめ

新潟・北陸地域では，鳥浜貝塚・小竹貝塚を代表として，縄文時代前期後半の資料が良好である。竪櫛（33・40）や加飾性のあるツキノワグマ牙製垂飾（32・39）を見ると，東北地域など類例が広域に展開している様子を見ることができる。点列装飾が施さている資料は石山貝塚でも出土しており，関西地域も含めるならば，早期末から前期にかけての資料群が豊富である地域といえる。小竹貝塚74号人骨例で見ると，とくに数珠つなぎの装身具には治癒的効果が期待されていたようにも見受けられるが，その意味については，さらに検討を深める必要があろう。

関西地域に関しては，貝輪をはじめとする腕輪の在り方についてとくに述べておきたい。当地では，縄文時代中期までと，晩期とでは様相が大きく異なるようである。早期末から中期前葉までは，ベンケイガイ・フネガイ科・イタボガキという海産性素材による貝輪の使用が一般的であったと考えられる。一方，縄文時代晩期では様相が大きく異なる。かつての橿原遺跡の報告書では，貝輪の出土が言われていたものの，近年の検討の結果，当該資料は貝輪ではないことが報告された[10]。加えて，ほかの遺跡でも貝輪の出土は現在までのところ未確認である。これは晩期の滋賀里遺跡の近隣ながら，早期の石山貝塚では貝輪資料がまとまって出土していることとは好対照である。関西地域では，現在，縄文時代後期の様相は不明であるものの，縄文時代晩期は腕輪は木製が主体で，東海西部地域および中国地域とは様相が異なっていた可能性を別稿で論じたところである[11]。今回，森の宮遺跡例(85)が縄文時代晩期の事例とするならば，当該地域・時期では貝輪の使用が広く（面的に）低調であったことをさらに裏付けるものとなった。この傾向は，愛知県枯木宮貝塚・大西貝塚のほか，吉胡貝塚・伊川津貝塚・保美貝塚や三重県大築海貝塚を中心として，貝輪製作・使用が顕在化する，東海西部地域の傾向とは著しく異なるといえよう。

腕輪は貝輪を代表として，やはり女性に関連する装身具類と位置づけられる。一方で，男性に関係する鹿角製装身具類については東海西部地域との点在的な関係性が認められ，その様相は好対照を呈しているといえよう。

### 註

1) 町田賢一「続・北陸地方における貝塚のあり方―骨角器について―」『富山考古学研究』10，財団法人富山県文化振興財団埋蔵文化財調査事務所，2007，pp.1‐12 など

2) 町田賢一 編『小竹貝塚』富山県文化振興財団埋蔵文化財発掘調査報告書60，2014

3) 中村孝三郎・小片　保『室谷洞窟』長岡市立科学博物館，1964

4) 町田賢一「定住化に伴う副葬品の顕在化―富山県小竹貝塚―』身を飾る縄文人―副葬品から見た縄文社会―』雄山閣，2019

5) 鯵本眞由友美「鳥浜貝塚出土の「装飾付骨製垂飾」について」『館報（令和元年度）』福井県立若狭歴史博物館，2020，pp.1‐6

6) 骨角器報告は山崎健による。

7) 伊庭　功・瀬口眞司ほか『粟津湖底遺跡第3貝塚（粟津湖底遺跡Ⅰ）』滋賀県教育委員会，1997

8) 八木久栄 編『森の宮遺跡 第3・4次発掘調査報告書』難波宮址顕彰会，1978

9) 春成秀爾「人骨製腕輪」『考古学雑誌』76―4，日本考古学会，1991，pp.87‐96

10) 前掲註6に同じ

11) 川添和暁「東海地方の貝塚に残された副葬品」『身を飾る縄文人―副葬品から見た縄文社会―』雄山閣，2019，pp.71‐88

12) 倉澤麻由子「旧長瀞綜合博物館からの寄贈資料―富山県氷見市朝日貝塚の骨角器―」『埼玉県立さきたま史跡の博物館紀要』埼玉県，2016，pp.1‐10

13) 川添和暁「東海地域・関西地域における縄文時代早期骨角器の様相」『考古学フォーラム』24，考古学フォーラム，2018，pp.33‐51

### 引用・参考文献

相羽重徳・藤田　登ほか『町上遺跡』新潟県埋蔵文化財調査報告書240，2013

小島俊彰ほか『氷見市史7 資料編五 考古』氷見市，2002

駒形敏朗『中道遺跡 第3次発掘調査概報』長岡市教育委員会，1997

田辺昭一ほか『湖西線関係遺跡調査報告書』湖西線関係遺跡発掘調査団，1973

坪井清足ほか『石山貝塚』平安学園，1956

原田　修・若松博恵・曽我恭子『水走・鬼虎川遺跡発掘調査報告』東大阪市教育委員会，1998

松田真一 編『重要文化財　橿原遺跡出土品の研究』橿原考古学研究所研究成果11，2011

中川成夫ほか『新潟県佐渡三宮貝塚の研究』立教大学博物館学講座，1963

本間嘉晴・羽生怜吉ほか『堂の貝塚』金井町教育委員会，1977

吉永亜紀子「石川県笠舞B遺跡出土「釣針」の再検討」『動物考古学』36，日本動物考古学会，2019，pp.35‐44

### 資料の所在・引用（図2～4のみ）

1：註3より，2～33・47～49：富山県埋蔵文化財センター（引用図は註2より），34～41：福井県立若狭歴史博物館，42～44：註12，50：石川県立歴史博物館，51：長岡市教育委員会，52～58：石川県埋蔵文化財センター，59：東京大学総合研究博物館，60～70：註13より，71・72：滋賀県文化財保護課，73～79：奈良県立橿原考古学研究所付属博物館，80～83：東大阪市文化財課，84・85：大阪市教育委員会文化財保護課

# 東海地域
## 渥美半島の着装資料を中心に

**増山禎之** MASUYAMA Tadayuki
田原市教育委員会

> 渥美半島の貝塚からは多くの骨角製装身具が出土している。とくに埋葬人骨に着装された事例が多く報告され、縄文人の多様な装身具の在り方を見ることができる

　東海地域は貝塚の密集地帯で、多種多様な骨角製装身具の出土例がある。とくに縄文時代後晩期の渥美半島の三大貝塚である吉胡貝塚、伊川津貝塚、保美貝塚では埋葬人骨が大量に発見され、埋葬人骨に伴う装身具も多く確認されている。

　この地方の装身具の研究は、1922・23(大正11・12)年の小金井良精・清野謙次の報告例に始まる[1]。また春成秀爾は抜歯・装身具、埋葬姿勢を分析し、社会構造にまで踏み込んだ研究を行った。吉胡貝塚の装身具の共伴事例の果たした役割は大きい[2]。

　本稿は、東海地域の事例を報告しこの地方の地域性について、その出土例のまとまりから渥美半島の事例を紹介する。資料数も研究蓄積も豊富なため、資料の詳細は、参考文献を参照されたい。

**図1　東海地域の縄文時代後晩期の主な装身具出土遺跡**

## 1　装身具の概要

　図2の表は、伊川津貝塚・保美貝塚の近年の調査で得た器種と骨角素材の関係を集計したものである。骨角器をはじめ、骨角製装身具で最も使用される素材は鹿角で、歯牙素材、とくにイノシシの雄の下顎犬歯(猪牙と呼称)、食肉類の犬歯、魚骨椎骨が選ばれている(図6-1)。各遺跡では未成品もあり、製作されていたことがわかるが、貝輪のように他地域へ供給していたかは不明である。また貝類・海生哺乳類、軟骨魚類の素材が多いのは、海に囲まれた渥美半島の地勢の特色である。

## 2　器　種　(図2)

　**ヘアピン・頭飾り**　鹿角・骨などを針状・棒状に加工し先端を尖らし、頭部に突起、線刻などで装飾を施すもの、頭部を肥厚させ石棒状を呈するものなどがある。着装例では、頭部に接しイノシシ雄の牙を縦割りし弧状に成形したもの(吉胡清野130号)が出土した。

　**耳飾り**　猿の橈骨の近位部の骨端を切断し、橈骨突起を削り取り赤色顔料を塗布したものがある。吉胡清野40号では、「切れ目のある鹿角製耳飾り」が確認されている。

　**玉類(垂飾)**　主に胸飾り・首飾り用と考えられ、装着例では腕・足の使用例がある。なお、ここでいう玉は、紐などを通すため穿孔されたものの総称である。

　a. 椎骨製(サメ・エイなど)：中央の神経穴を穿孔したもので直径、穴径のバリエーションがある。なお耳飾りも含まれるだろう。
　b. 歯牙製：イヌなど食肉類の犬歯などの歯根部に穿孔・刻みを施したもの。猪牙を成形し、端部に穿孔又は鉤状に加工した非半截材のもの、半截材を札状に加工し穿孔、刻みを施したものがある。海獣類の歯、ほかの歯種のものもある。吉胡ではクマ、伊川津ではオオカミ製が見つかっている。
　c. 鹿角製：鹿角を輪切りにして両端を整えたもの、角先端部を切断し基部を横方向に穿孔したものがある。
　d. 獣骨・そのほか鹿角製：骨・角幹を管状に切断し、穿孔・装飾の線刻や刻みを施したものがある。

　**腰飾り**　主に鹿角製で男性に装着例が多い。代表的な形態として、鹿角の分岐を「く・イ」状に成形し、一方を環状、他方に穿孔した(川添A類)[3]にするもの。角座をくり貫き、分岐した先端部に作出するもの(川添D類)、分岐部の中央を横方向に穿孔し、一方を環状、一方を作り出しするもの(川添E類)。分岐部の髄を刳りぬき、断面U字状とし横方向に穿孔、端部に突起があるもの(川添B類)がある。

A・D・E類は晩期前葉，B類は晩期後葉である。

**棒状製品**　若い個体の鹿角を棒状に研磨し先端を尖らせ，基部に穿孔，装飾を施したもの。穿孔は角座から，斜め下方，基部に横方向に行うものがある。角座周辺に線刻，刻みなどで装飾を加えるものと，段差を付けて頭部を作出するものがある。人骨に伴うものとして伊川津2010年5号の例は唯一の例である（口絵6-2）。

**弭形製品**　鹿角の先端部の基部をくり貫き体部に装飾を施し，体部に横方向の穿孔・頭頂部を二又にする角型と，角幹の髄を刳りぬいてダルマ状にした臼型がある。利器の部品とも思われるが，赤彩されるものもある。

**貝製腕輪**　ベンケイガイ，サトウガイ，イタボガキ，アカニシ・オオツタノハ製があり，オオツタノハを除き半島で生産されている。素材のベンケイガイ・サトウガイは渥美半島の表浜海岸で採集する打ち上げ貝を利用し，日本有数の貝輪生産地である。2,000点以上出土した渥美半島の貝輪資料のほとんどは製作過程のもので，晩期後半にベンケイガイの貝輪生産が爆発的に増加している。使用後廃棄された研磨された精製品の破片数は，晩期前半はサトウガイが卓越し，後半はベンケイガイが卓越する傾向がある。

　これらの装身具の素材のうち，貝・海生哺乳類，軟骨魚類の素材が多いのは渥美半島の地勢の特色である。さらに未成品もあり，各遺跡で装身具を製作していたが，貝輪をのぞき装身具を他地域へ供給していたかは不明である。そんな中クマ・オオカミの牙，オオツタノハは社会的に貴石に準じた価値を持つ物で他地域から持たされたもので，素材が豊富なこの地においても別格扱いとなる。

## 3　装身具の出土傾向

　装身具類は多種多様であり，本文紹介以外にも細く分類が可能である。装身具は器種ごとに出土数，着装例の偏りがある。出土数は貝輪以外では，魚骨製の玉が最も多く，続いて歯牙製（食肉類・猪牙）が多い。また，針状の髪飾りは保美に多く，吉胡には少ない。鹿角棒状製品も保美（多），伊川津から出土するが吉胡では未見である。

　部位は腕，腰に集中し，そのほかの定型的な着装例は猿橈骨製耳飾りである。すでに指摘されているが原則腰飾りは男性，貝輪は女性と性差がある。

　着装傾向は半島内でも異なる。魚椎骨・歯牙製玉類の出土数は多いが着装は吉胡清野271号例のみである。例外として川地貝塚（縄文時代後期前葉）の首飾りの玉類は，「最低でも魚骨製20点，小型哺乳類骨製21点」が確認された[4]。特殊事例か渥美三大貝塚との時期差であろうか。

　腰飾りの出土数と着装例はこの地方の特徴であり，吉胡26点が突出する。川添分類A類が最も多く，B類・D類のほか多様な器種が出土する。保美ではE類が多く，伊川津は吉胡と保美の中間的要素を持ち，遺跡間で違いがある。腰飾りの地域的な標章の違いとも想定できるし，細かな時期差とも考えられる。

　耳飾りは猿橈骨製耳飾り3例の着装例があり，土製耳飾りが少ない渥美半島独特のものである。

　腰飾りの出土位置は，骨盤内（腸骨窩・仙骨前面など）で見つかっているのは注目される。つまり腰飾りは，埋葬時に体の前面で目視できる状態であった。装身具の出土位置は，体の一部として埋葬される場合と，埋葬時に見えるように配置した場合が考えられ，装身具の役割を特定するための参考となる。原位置だった保証はないが遺構・埋葬人骨との位置関係の記録は重要になる（図3）。

　腰飾りの一部には，破損した状態で一部機能に支障があるものさえ埋納される。紐ずれや，穿孔し直したもの，ベンケイガイ・サトウガイの半環状のものは，破損後も修理され引き続き使用されたものである。一方玉類は着装例が少なく，埋葬遺構外から見つかる完形品も多い。これらの出土状況は縄文人の死生観，モノに対する考え方を反映している。ただ埋葬時に着装されたものが，生前の使用法と一致しない場合もある。また，装身具が個人，集団どちらに属するものなのかも問題である。その中で，腰飾り・棒状製品は象徴的な装身具であり，集団内・集団間の中で果たした役割は大きいはずだ。

　吉胡文化庁19号人骨は，丁寧に研磨されたサトウガイ製貝輪の右貝4個を右腕，左貝7個を左腕に形を揃えて嵌め，他例でも着装される場合，貝も表を手側に統一している。また，着装は手首の印象があるが肘関節に近い位置の例も多い。研磨されない粗製の貝輪も着装されるなど多様なため，意味付けは難しい。

## 4　おわりに

　渥美半島内でも装身具の着装・出土状況は，一

東海地域

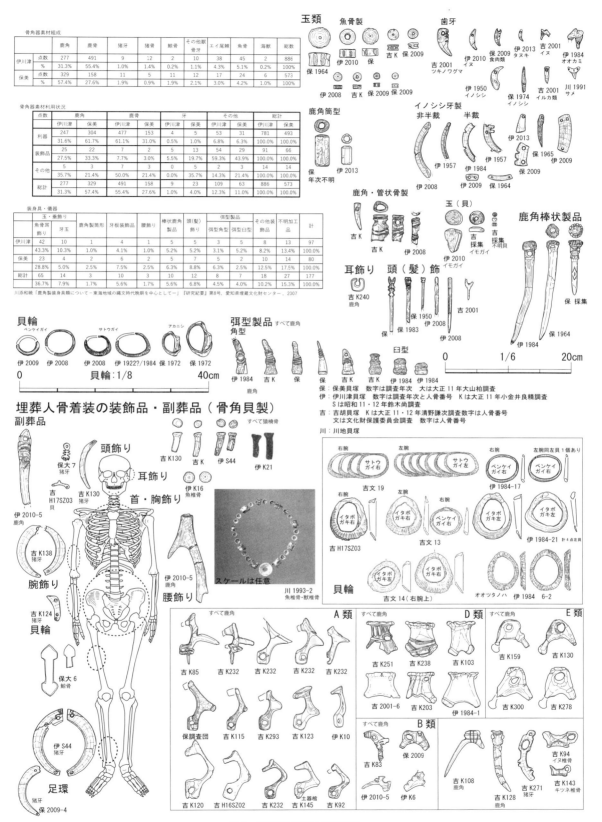

図2 装身具の種類と着装部位

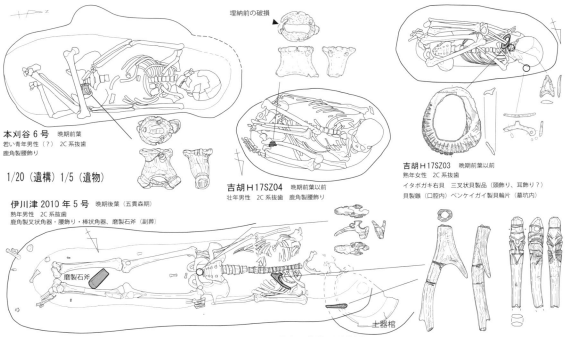

図3 埋葬人骨の装身具着装・副葬例

様ではない。視覚を意識した加工・装飾は，縄文社会における個人・集団の在り方を如実に表すものとして，今後も注目されるであろうし，その点では着装例・器種が豊富な渥美半島を基礎として研究が行われだろう。そのためには器種・形式の地域間の類似性の研究も必携だ。

近年では縄文人骨の年代測定，ストロンチウム同位体分析（人の移動），炭素窒素安定同位体分析（食性），DNA分析（遺伝）などの進展により，これまで課題であった縄文人骨の年代の問題をはじめ，「個」の情報が充実し精度の高い親族関係が明らかになっている。概要は山田康弘[5]，太田博樹・日下宗一郎によって[6]でまとめられている。科学的分析は考古学では解決できない成果が期待されるが，優れた考古学的な情報があってこそ発揮される。そのためにも，出土資料，遺構を含めた出土状況の記録・分析を丁寧に行っていくことが肝要である。渥美半島の装身具は，着装例も多くこれらの資料は研究の基礎資料として重要である。

註
1) 小金井良精「日本石器時代人の埋葬状態」『人類学雑誌』38—1，1922
2) 春成秀爾「鉤と霊—有鉤短剣の研究—」『国立歴史民俗博物館研究報告』7，1985
3) 川添和暁「鹿角製装身具類について—東海地域の縄文時代晩期を中心に—」『研究紀要』8，愛知県埋蔵文化財センター，2007
4) 愛知県埋蔵文化財センター『川地遺跡』1995
5) 山田康弘「縄文晩期渥美半島における親族組織」『何が歴史を動かしたのか』第1巻 自然史と旧石器・縄文考古学，雄山閣，2023
6) 田原市教育委員会『渥美半島貝塚群Ⅰ』2024

**引用・参考文献**
渥美町教育委員会『伊川津遺跡』1988
刈谷市『愛知県指定史跡 本刈谷貝塚確認調査報告書』2021
川添和暁「狩猟具・漁具と骨角製装身具類からみた移行期の社会」『縄文／弥生移行期の社会論』2011
川添和暁「第Ⅰ章第4節 東海地方の貝塚に残された副葬品」『身を飾る縄文人—副葬品から見た縄文社会—』雄山閣，2019
清野謙次『日本原人の研究』岡書院，1929
清野謙次『古代人骨の研究に基づく日本人種論』岩波書店，1949
田原市教育委員会『保美貝塚』2017
田原市教育委員会『国指定史跡吉胡貝塚Ⅰ』報告編，2007
文化財保護委員会『吉胡貝塚』1952
＊川添の研究論文は多数あるが，紙幅の都合で割愛させていただいた。

# 中国・四国地域

**田嶋正憲** TAJIMA Masanori
岡山シティミュージアム

> 中国・四国地域では，25遺跡で骨角製装身具が出土し，その着装部位は，頭部・耳部・首部・胸部・腕部・指部・腰部である。本稿では，器種・素材を部位と時期別に概観して特徴を示す

　装身具は，人口多寡によらず縄文人に受け入れられたが，時期ごとの異同，他地域の影響や性差も認められる。また，すべての部位で生物由来の素材を選択している（表1）。殊に海の縄文人は，サメ・エイ椎骨に拘った。この点にも適宜ふれる。

## 1　頭飾り

　簪と髪針が目久美，寄倉，観音堂，磯ノ森，津雲，上黒岩，平城で出土している。素材は，鹿角と四肢骨である。針部先端が尖頭とへら状がある。棒状品が主体だが，稀に柄部に段成形や刻みを施し，1・2ヵ所紐通し穴を穿孔する（図1-1〜4）。

## 2　耳飾り

　鹿角製玦状耳飾[1]は，津雲と中津の土壙墓（女性）から（図1-7・8），同製管玉状耳飾が上黒岩で出土している（図1-5・6）。サメ・エイ椎骨製（大中小有）は，神田（土器棺？），陽内・彦崎の土壙墓（女性）から出土している（図1-9〜14）。二個一対が基本である（陽内と上黒岩は人骨無，神田と津雲は片方）。玦状耳飾はシンメトリーと釣針をデフォルメしたバッグクロージャー形が特徴的で，後晩期に出現する。渥美半島の愛知県吉胡貝塚からも出土している。

## 3　首飾り

　管玉，平玉，臼玉の垂飾は連珠や胸飾りとセットで機能した。管玉は，名越，磯ノ森，百間川沢田，船倉，涼松，三谷で出土し，大・小型鳥管状骨製（図1-15〜20・口絵7-1），鹿角製（図1-21），四肢骨製（図1-22）である。船倉は，1号土壙墓（女性）右側頭部付近で出土した。平玉は，弘法滝，馬取，彦崎，福田，船倉，三谷，江口，上黒岩で出土し，サメ・エイ椎骨製で最多出土数の素材である（図1-23）。鹿角製臼玉が三谷で出土している。研磨極小仕上げは製作技術の高さを示している（図1-24）。小型鳥管状骨は，大小組合せて使用されたと考えられる。船倉の管玉は，大型鳥類が児島地域に飛来したことを示している。

## 4　胸飾り

　多様な素材による1点ものの垂飾。サメ歯製が栗谷と磯ノ森（図1-25・26），鹿角製が里木，磯ノ森（図1-27），福田（図1-39），三谷，ツキノワグマ牙製が佐太講武（図1-30）と寄倉，猪牙製が観音堂，彦崎（図1-28・口絵7-2），津雲，三谷，江口，上黒岩，平城（図1-29），ヒト・イヌ科歯牙製が三谷（図1-31〜33），コブダイ歯牙製が佐太講武（図1-34），四肢骨製が猿穴，観音堂（図1-37・38），彦崎，磯ノ森，三谷，上黒岩，平城で出土している。彦崎の猪牙製は，勾玉意匠である。観音堂と彦崎の鹿肩甲骨製鋸歯状骨器は，当地の特徴的な器種である。福田の鹿角製は，韓半島起源の仮面形貝製品の模倣で三谷でも出土している。三谷のヒト歯製は，近隣で類例のない東日本系儀礼の受容を示す。

## 5　腕飾り

　鹿角製組合せ式腕輪が，津雲の清野11号人骨（女性）の左手関節上部で1点出土している。全体は逆さゴンドラ舟形を呈する。右側軸部に囲繞する3条の線刻を施す。中央に紐通し穴を2ヵ所穿孔し表にはW字状の線刻を施す。側面観は釣針のチモト様である（図1-40）。目久美からも同製腕輪？が出土している。普遍的な貝製と対照的である。

## 6　指飾り

　鹿角製指輪が，百間川沢田から1点出土している。全面を丁寧に研磨した円環部に舟形の台座を作出している（図1-41）。また，中部高地の離山I式も出土しており注目される。しかしながら，石製・貝製品を含めても全国的に稀な器種に違いない。

## 7　腰飾り

　未成品を含め彦崎，福田，中津，津雲，百間川沢田，三谷で出土している。素材はすべて鹿角製である。形態は，叉状と長叉・棒状の3種がある。①類：鉤形（図2-2〜5），②類：V字形（同図

表1 中国・四国地域骨角製装身具出土遺跡一覧

| 県名 | 番号 | 遺跡名 | 器種 | 素材 | 装着部位 | 草創 | 早期 | 前期 | 中期 | 後期 | 晩期 | 不明 | 出土遺構 |
|---|---|---|---|---|---|---|---|---|---|---|---|---|---|
| 鳥取 | 1 | 栗谷遺跡 | 垂飾 | メジロザメ歯 | 胸 | | | | | 1(前) | | | 包含層 |
| | 2 | 目久美遺跡 | 簪 | 鹿角 | 頭 | | | 2 | | | | | 包含層 |
| | | | 腕飾? | 鹿角 | 腕 | | | 1 | | | | | 包含層 |
| 島根 | 3 | サルガ鼻洞窟 | 牙玉 | 猪牙 | 胸 | | | | | 2 | | 1 | 包含層 |
| | 4 | 佐太講武貝塚 | 牙玉 | ツキノワグマ牙 | 胸 | | | | | | | 1 | 表採 |
| | | | 垂飾 | コブダイ歯 | 胸 | | | 1(前中) | | | | | 包含層 |
| 山口 | 5 | 神田遺跡 | 耳飾 | サメ椎骨 | 耳 | | | | | | | | 土器棺? |
| 広島 | 6 | 寄倉岩陰 | 牙玉 | ツキノワグマ犬歯 | 胸 | | | | | 1(後) | | | 包含層 |
| | | | 簪 | ニホンジカ中手・足骨・猪脛骨 | 頭 | | | | | | 5 | | 包含層 |
| | 7 | 猿穴岩陰 | 垂飾? | 獣四肢骨 | 胸 | | | | | | | | 包含層 |
| | 8 | 観音堂洞窟 | 簪 | 獣四肢骨 | 頭 | | 1(末) | 1(前) | | | | | 包含層 |
| | | | 簪 | 猪腓骨・鹿角 | 頭 | | | 4(前) | | | | | 包含層 |
| | | | 簪 | 猪脛骨 | 頭 | | | | 1 | | | | 包含層 |
| | | | 簪 | 四肢骨・猪脚骨 | 頭 | | | | | | 4 | | 包含層 |
| | | | 垂飾 | ノウサギ脛骨・猪上顎切歯・上腕骨 | 胸 | | | 2(前) | | | 2 | | 包含層 |
| | | | 鋸歯状骨器 | ニホンジカ肩甲骨 | 胸 | | | | | 1(後) | | | 包含層 |
| | 9 | 弘法滝洞窟 | 平玉・牙玉 | 骨・牙 | 首・胸 | | 1(前) | | | | | 1 | 包含層 |
| | 10 | 名越岩陰 | 管玉 | 四肢骨 | 首 | | | | | 1 | | | 包含層 |
| | | | 管玉 | 鳥管状骨 | 首 | | | | | 8 | | | 第2号人骨 |
| | 11 | 馬取遺跡 | 首飾 | サメ椎骨 | 首 | | | | | | | | 不明 |
| | 12 | 陽内遺跡 | 耳飾 | ネズミザメ科椎骨 | 耳 | | | | 2(中) | | | | SK4 |
| 岡山 | 13 | 彦崎貝塚 | 耳飾 | ネズミザメ科椎骨 | 耳 | | | | 1(中) | | | | 土壙墓他 |
| | | | 耳飾 | サメ・エイ椎骨 | 耳 | | | 1(後) | 2(初) | | | 1 | 土壙墓他 |
| | | | 平玉 | サメ・エイ椎骨 | 首 | | | 9(前1・後8) | 6(前4・中1・後1) | 27(中3・後24) | 11(中) | | 包含層 |
| | | | 不明 | イノシシ犬歯 | 不明 | | | 3(後) | 1(前) | | | | 包含層 |
| | | | 鋸歯状骨器 | ニホンジカ肩甲骨 | 胸 | | | | | 1(後) | | | 包含層 |
| | | | 腰飾 | 鹿角 | 腰 | | | | | 1 | | | 包含層 |
| | 14 | 里木貝塚 | 垂飾 | 鹿角 | 胸 | | | 1(末) | | | | | 包含層 |
| | | | 簪 | 鹿角 | 頭 | | | 1(末) | | | | | 包含層 |
| | 15 | 磯ノ森貝塚 | 胸飾 | 鹿角 | 胸 | | | 2(中) | | | | | 包含層 |
| | | | | イタチザメ歯 | 胸 | | | 1(中) | | | | | 包含層 |
| | | | | 獣牙 | 胸 | | | 1(中) | | | | | 包含層 |
| | | | 管玉 | 鳥管状骨 | 首 | | | 3(中) | | | | | 包含層 |
| | 16 | 福田貝塚 | 垂飾 | 鹿角 | 胸 | | | | | 1(前) | | | 包含層 |
| | | | 腰飾 | 鹿角 | 腰 | | | | | | 1 | | 包含層 |
| | | | 平玉 | サメ椎骨? | 首 | | | | | 1(前) | | | 包含層 |
| | 17 | 津雲貝塚 | 簪 | 鹿角 | 頭 | | | | | | | 1 | 包含層 |
| | | | 玦状耳飾 | 鹿角 | 耳 | | | | | | | 3 | 土壙墓 |
| | | | 腰飾 | 鹿角 | 腰 | | | | | | | 8 | 土壙墓 |
| | | | 腕飾 | 鹿角 | 腕 | | | | | | | 1 | 土壙墓 |
| | | | 垂飾 | 猪牙 | 胸 | | | | | | | 2 | 包含層 |
| | 18 | 中津貝塚 | 玦状耳飾 | 鹿角 | 耳 | | | | | 2 | | | 土壙墓 |
| | | | 腰飾 | 鹿角 | 腰 | | | | | 1 | | | 土壙墓 |
| | 19 | 百間川沢田遺跡 | 管玉 | 鹿角 | 首 | | | | | 1(後) | | | 河道1(貝塚) |
| | | | 指輪 | 鹿角 | 指 | | | | | 1(後) | | | 河道1(貝塚) |
| | | | 不明 | 鹿角 | 不明 | | | | | 1(後) | | | 河道1(貝塚) |
| | 20 | 船倉貝塚 | 管玉 | 大型鳥脛骨 | 首 | | | 2(末) | | | | | 1号土壙墓 |
| | | | 平玉 | エイ椎骨 | 首 | | | 6(末) | | | | | 1号土壙墓 |
| | 21 | 涼松貝塚 | 管玉 | 鹿角 | 首 | | | | | 1(前) | | 1 | 包含層 |
| 徳島 | 22 | 三谷遺跡 | 管玉 | 鹿骨 | 首 | | | | | 2(後) | | | 貝塚SQ01 |
| | | | 臼玉 | 軟骨魚類椎骨 | 首 | | | | | 2(後) | | | 貝塚SQ01 |
| | | | 牙玉 | 猪牙 | 胸 | | | | | 1(後) | | | 貝塚SQ01 |
| | | | その他 | シカ中手・足骨 | 胸 | | | | | 1(後) | | | 貝塚SQ01 |
| | | | 牙玉 | イヌ科犬歯 | 胸 | | | | | 1(後) | | | 貝塚SQ02 |
| | | | 牙玉 | 猪牙 | 胸 | | | | | 1(後) | | | 貝塚SQ02 |
| | | | 管玉 | 鹿骨 | 首 | | | | | 1(後) | | | 貝塚SQ03 |
| | | | 臼玉 | 軟骨魚類椎骨 | 首 | | | | | 29(後) | | | 貝塚SQ03 |
| | | | 垂飾 | 猪牙 | 胸 | | | | | 4(後) | | | 貝塚SQ03 |
| | | | 歯牙玉 | 猪犬歯 | 胸 | | | | | 2(後) | | | 貝塚SQ03 |
| | | | | イヌ科犬歯 | 胸 | | | | | 15(後) | | | 貝塚SQ03 |
| | | | | イヌ科臼歯 | 胸 | | | | | 1(後) | | | 貝塚SQ03 |
| | | | | ヒト門歯 | 胸 | | | | | 2(後) | | | 貝塚SQ03 |
| | | | | 管状骨 | 胸 | | | | | 1(後) | | | 貝塚SQ03 |
| | | | | 小型獣臼歯 | 胸 | | | | | 1(後) | | | 貝塚SQ03 |
| | | | 腰飾 | 鹿角 | 腰 | | | | | 2(後) | | | 貝塚SQ03 |
| | 23 | 江口貝塚 | 平玉 | サメ椎骨 | 首 | | | | 2(後) | | | | 包含層 |
| | | | 牙玉 | イノシシ犬歯 | 胸 | | | | 1(前) | | | | 配石遺構 |
| 愛媛 | 24 | 上黒岩岩陰 | 髪針 | 鹿角 | 頭 | 1(後) | | | | | | | 包含層 |
| | | | 耳飾 | 鹿角 | 耳 | | 2(中) | | | | | | 包含層 |
| | | | 平玉 | サメ椎骨 | 首 | | 1(中) | | | | | | 包含層 |
| | | | 垂飾 | シカ中手足骨 | 胸 | | 1(中) | | | | | | 包含層 |
| | | | | 鹿角 | 胸 | | 1(中) | | | | | | 包含層 |
| | 25 | 平城貝塚 | 簪 | 鹿角 | 頭 | | | | | | | 1 | 包含層 |
| | | | 牙玉 | 猪牙 | 胸 | | | | | 2 | | | 包含層 |
| | | | 垂飾 | 猪/鹿肩甲骨 | 胸 | | | | | 1 | | | 包含層 |
| | | | 垂飾 | 鹿距骨 | 胸 | | | | | 1 | | | 包含層 |
| | | | 牙玉 | 猪下顎犬歯 | 胸 | | | | | 1 | | | 包含層 |

※カッコ内は、初:初頭、前:前葉、中:中葉、後:後葉、末:末葉を示す。

-1・6・7・9・10・12・13），③類：筒形（同図-8・11）である。また，②類側面のループ構造は下部ループから上部ループへ貫通するタイプ（1・6・9）と非貫通のソケットタイプ（7・10・12・13）がある。構造の違いは，使用の違い（単独と組合せ）を反映していると考えられ，後者の場合①類（5）と②類（6・9），①類（5）と③類，②類（6・9以外）と棒状腰飾り，③類と棒状腰飾りのセット使用関係が類推できる。ループ部の破損は，摩滅や擦痕の存在から着装時，結合時，固定時に生じた。とくに①類は東日本に特有である。また，土壙墓出土例（中津と津雲）から，主に男性人骨に伴うようである。さらに，威儀具としての機能もあったと考えられる。

## 8 時期別の様相

草創期は，上黒岩の鹿角製髪針のみである。早期も3遺跡（観音堂・弘法滝・上黒岩）で前者（末）の四肢骨製簪，中者（前葉）の骨製平玉，後者（中葉）の鹿角製耳飾，サメ椎骨製平玉，鹿中手足骨・猪歯牙製垂飾のみだ。

前期は7遺跡（目久美，佐太講武，観音堂，彦崎，里木，磯ノ森，船倉）で出土している。目久美からは，鹿角製簪と腕飾，佐太講武（前中葉）からはコブダイ歯製胸飾，観音堂（前葉）から猪腓骨・鹿角製簪，四肢骨製簪（細別不明），彦崎（前葉）からサメ・エイ椎骨製首飾，磯ノ森（中葉）から鹿角製簪，胸飾（鹿角製・イタチザメ歯・獣牙製），鳥管状骨製管玉，彦崎（後葉）からサメ・エイ椎骨製首飾・耳飾と猪牙製胸飾，里木（末）から鹿角製胸飾，船倉（末）から大型鳥脛骨製管玉とエイ椎骨製平玉が出土している。内湾形成に伴う活発なヒトとモノの移動（海⇔山）を反映していると思われる。

中期は，5遺跡（寄倉，観音堂，陽内，彦崎，江口）で出土している。彦崎（初頭）の土壙墓（女性）からエイ椎骨製耳飾，同（前葉）からサメ・エイ椎骨製平玉，猪牙製胸飾，江口（前葉）の配石遺構から猪牙製胸飾，陽内（中葉）のSK4からネズミザメ科椎骨製耳飾，彦崎（前葉）からネズミザメ科椎骨製大型耳飾，同（後葉）からサメ・エイ椎骨製首飾，寄倉（後葉）からツキノワグマ犬歯製胸飾，江口（後葉）からサメ椎骨製首飾が出土している。彦崎・陽内・江口の遺構出土例は重要である。

後期は，10遺跡（栗谷，サルガ鼻，神田，猿穴，名越，彦崎，福田，中津，涼松，平城）で出土している。栗谷（前葉）からメジロサメ歯製胸飾，福田（前葉）から鹿角

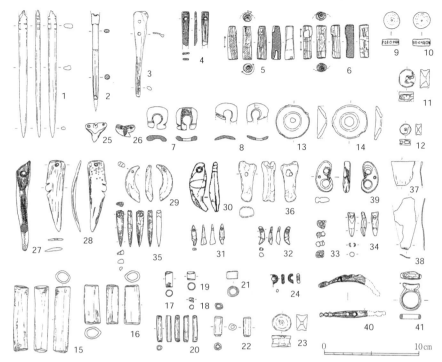

**図1 中国四国地域の骨角製装身具1** (S=1/4)
【素材】2~8・21・24・27・39~41：鹿角　1・22・35・36：四肢骨　9・10・13・14：ネズミザメ科椎骨　11・12：エイ椎骨　15~20：鳥管状骨　25：メジロザメ歯　26：イタチザメ歯　28・29：猪歯牙　23：サメ・エイ椎骨　30：ツキノワグマ犬歯　31：ヒト切歯　32・33：イヌ科歯牙　34：コブダイ歯　37・38：ニホンジカ肩甲骨　【遺跡】1：寄倉　2・40：津雲　3・37・38：観音堂　4~6：上黒岩　7・8：中津　9・10：陽内　11~14・23・28：彦崎　15・16：船倉　17~19・26・27：磯ノ森　22：名越　29・36：栗谷　30・34：平城　30・34：佐太講武　20・24・31~33・35：三谷　39：福田　21・41：百間川沢田　【出土遺構】7・8：鎌木1号土壙墓（女性）　9・10：SK4　11・12：土壙墓（女性）　15・16：1号土壙墓（女性）　40：清野11号女性人骨　21・41：河道1　＊そのほかはすべて包含層出土。時期は表1参照。

製胸飾(仮面形貝製品の模倣), サメ椎骨製平玉, 涼松(前葉)から鹿角製管玉, 彦崎(中葉)からサメ・エイ椎骨製平玉, 彦崎(後葉)からネズミザメ科大型椎骨製耳飾, サメ・エイ椎骨製平玉, 鹿肩甲骨製鋸歯状骨器, サルガ鼻から猪牙製胸飾, 神田の土器棺?からサメ椎骨製耳飾, 名越から四肢骨製平玉, 鳥管状骨製首飾, 中津の鎌木1号土壙墓(女性)から鹿角製玦状耳飾, 西岡6号土壙墓(男性)から鹿角製腰飾が出土している。神田・名越・中津の遺構出土例は重要だ。当地域で最も遺跡数が多い時期と相関している。

晩期は, 5遺跡(観音堂, 彦崎, 津雲, 百間川沢田, 三谷)で出土している。彦崎(中葉)からサメ椎骨製平玉, 観音堂(後葉)から鹿肩甲骨製鋸歯状骨器, 百間川沢田(後葉)から鹿角製腰飾・管玉・指輪, 三谷(後葉)から鳥骨製管玉, 軟骨魚類椎骨製臼玉, 鹿角製臼玉, 猪牙製胸飾, イヌ科犬歯・臼歯製胸飾, ヒト門歯製胸飾, 獣管状骨製胸飾, 小型獣臼歯製胸飾, 鹿角製腰飾(棒状)が出土している。鹿角製腰飾は四国初出土である。彦崎と福田では叉状腰飾の未成品が出土している。津雲からは鹿角製簪・

玦状耳飾(大串15号・清野34号・38号の女性人骨)・腰飾(清野3号・53号・長谷部17号男性人骨, 清野23号女性人骨, 長谷部?号人骨, 大串?号人骨, 松枝表採), 猪牙製胸飾が出土している。また, 三谷の素材は多様で特徴的である。

後晩期の鹿角製玦状耳飾・腰飾, 鹿肩甲骨製鋸歯状骨器以外は, 草創期から晩期まで見られる。

## 9 中国・四国地域の骨角製装身具の特徴

前節までに部位ごとの器種と素材および時期別動向を述べた。本稿を終わるにあたり, 特徴と若干の研究課題を述べてまとめとしたい。

現在25遺跡(鳥取県2, 島根県2, 山口県1, 広島県7, 岡山県9, 徳島県1, 愛媛県3)で確認されている。出土遺跡の種類は, 洞窟・岩陰遺跡7, 貝塚11, オープンサイト7である。オープンサイトも低湿地遺跡や貝塚を伴うものがある。海浜部と山間部の両遺跡で出土している。器種は, 簪, 髪針(頭部), 耳飾り(耳部), 管玉・平玉・臼玉(頸部), 歯牙玉・四肢骨玉・鹿角玉(胸部), 腕輪(腕

47

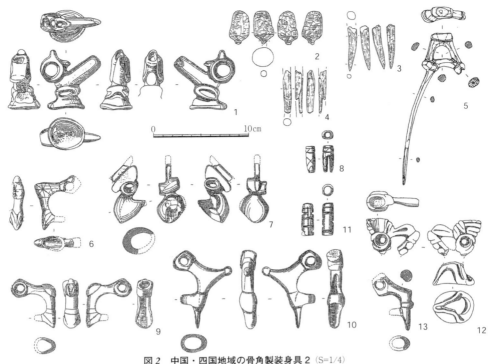

**図2　中国・四国地域の骨角製装身具2**（S=1/4）

【出土遺跡・遺構・時期】1：中津・西岡6号男性人骨（後期）　2〜4：三谷・貝塚SQ03（晩期後葉）　5：百間川沢田・河道1貝塚（晩期後葉）　6〜13：津雲（6：清野3号男性人骨，7：清野53号男性人骨，8：清野23号女性人骨，9：長谷部8号男性人骨，10：長谷部17号男性人骨，11：長谷部？号人骨，12：大串？号人骨，13：松枝氏採集品，いずれも晩期）※素材はすべて鹿角製

部），指輪（指部），腰飾り（腰部）が認められた。素材は，鹿角，猪牙，四肢骨を主としながらも鹿角と四肢骨（頭部），鹿角とサメ・エイ椎骨（耳部），大型・小型鳥管状骨，四肢骨，鹿角，サメ・エイ椎骨（頭部），サメ歯，鹿角，ツキノワグマ牙，猪牙，ヒト・イヌ科歯牙，コブダイ歯，四肢骨（胸部），鹿角（腕・指・腰部）と多様である。

　出土遺構は，包含層が多いが土器棺（神田），土壙墓（名越，陽内，彦崎，船倉，中津，津雲），配石遺構（江口），河道（百間川沢田）もあり，多くの情報を提供している。また，後晩期の特定器種（鹿角製玦状耳飾・腰飾，鹿肩甲骨製鋸歯状骨器）以外は，草創期から晩期まで見られる特徴がある。ただ，鹿角製玦状耳飾は弥生時代に継続しない。

　一方，海辺の縄文人は，ツノガイを一切採用せずサメ・エイ椎骨で首飾（ビーズ）を作り続けた。並々ならぬ拘りを感じざるをえない。筆者は，当地域のすべての装身具を分析した結果，これらは集落で製作，管理，分配した器種，それ以外は特定集落の個人で維持，管理した器種と考えた。

　また，人骨を伴う事例から耳飾りと腕飾りは女性，腰飾りは男性が採用する傾向にあり，従来からの指摘の通り性差を示している可能性が高い。

色調は，素材の特性から概ね白・ベージュ・褐色等が多いようだ。当地域では，彩色した骨角製装身具を知らないが，時期ごとに流行の色調はあったと思われる。また，当域の装身具研究には製作工程の復元と供給システムの解明が課題として残る。自然科学分析の実施や他素材装身具[2]と総合的に比較検討することも有効である。

**註**
1) 岡遺跡（高松市）に新例がある。2024（令和6）年6月22日の中四国縄文研究会高知大会で実見した。
2) 船越遺跡（三豊市）で当地域初の貝輪形土製品（在地と南海産）が出土した。2024年6月23日に三豊市詫間町民俗資料館・考古館で実見した。

**引用・参考文献**（※紙幅の都合により報告書は割愛）
田嶋正憲「岡山県の縄文時代装身具に関する基礎的考察」『半田山地理考古』6，岡山理科大学地理考古学研究会，2018，pp.23-58
中四国縄文研究会『第22回中四国縄文研究会岡山大会　中四国地方縄文時代の精神文化』2011
中四国縄文研究会『第25回中四国縄文研究会徳島大会　中四国地域における縄文時代晩期後葉の歴史像』2014

**図版出典**　表1：筆者作成　図1・2：報告書を一部改変して筆者作成

# 九州島

中尾篤志 NAKAO Atsushi
長崎県教育委員会

> 地域ごとに時期別の装身具構成を概観する。早期末に遡る事例や朝鮮半島との関連など九州島の特徴を示す

　九州島内出土の鹿角貝製装身具は，素材が有機質であることから，貝塚や低湿地遺跡，洞窟遺跡に出土が限定され，時間的にも地理的にも分布に偏りがある。本稿では，①北部地域（福岡県～佐賀県の玄界灘沿岸），②西北部地域（長崎県西海岸から島嶼部），③東部地域（国東半島・別府湾沿岸），④中部地域（有明海沿岸），⑤南部地域（錦江湾沿岸・日向灘沿岸・鹿児島県東シナ海沿岸）に分けて，地域ごとに時期別の装身具構成を概観したのち，装身具着装人骨の様相や，特徴的な装身具の研究動向についてまとめる。

## 1　九州出土骨角貝製装身具の概要

### (1) 地域別・時期別の装身具構成

#### ①北部地域

　福岡県楠橋貝塚で，前期（轟B式～西唐津式）の貝輪が出土している。出土例が増加するのは後期初頭から後期中葉で，福岡県山鹿貝塚や福岡県新延貝塚，福岡県桑原飛櫛貝塚などで，貝輪を中心に猪牙製・鯨歯製の垂飾，サメ歯製耳飾が伴う構成となる。

#### ②西北部地域

　前期後葉の長崎県供養川遺跡や長崎県江湖貝塚で貝輪が出土するが，後期前葉～中葉にかけて出土例が増加し，長崎県志多留貝塚，長崎県佐賀貝塚，長崎県宮下貝塚などで，貝輪を中心に猪牙製・鯨歯製・サメ歯製・サメ椎骨製垂飾，簪が伴う構成となる。佐賀貝塚ではキバノロ製垂飾が出土しており，朝鮮半島からの搬入品とみられる。後期後葉以降は貝塚形成が低調となるため出土例が減少するが，弥生時代早期の長崎県白浜貝塚では猪牙製垂飾やサメ歯製耳飾，簪が出土している。

#### ③東部地域

　早期末の大分県成仏岩陰遺跡で，貝輪が出土している。大分県枌洞穴では，轟B式を主体とする前期の包含層から，貝輪をはじめ，カノコガイ・ヒロクチカノコ・ゴマフダマガイに穿孔

した垂飾がまとまって出土している。後期以降は大分県立石遺跡や大分県横尾貝塚で貝輪や猪牙製垂飾が出土するが，数は少ない。

#### ④中部地域

　早期末の佐賀県東名貝塚では，貝輪のほか，猪牙製をはじめとする歯牙製垂飾，サメ歯製垂飾，エイ・サメ椎骨製垂飾，クチベニガイを主とした貝製垂飾，ヤカドツノガイなどの管玉，イモガイ製，あるいは二枚貝の破片を研磨した小玉，簪，列点文装身具が出土し，その後の装身具構成がこの段階で出そろっている。中期末～後期前葉の熊本県阿高貝塚，熊本県黒橋貝塚では，列点文装身具を除いて東名遺跡とほぼ同様の構成となる。後期末には熊本県御領貝塚で貝輪が採集されているが，晩期以降は出土例がなくなる。

#### ⑤南部地域

　中期以前の骨角貝製装身具の出土状況ははっきりしないが，後期中葉を中心に出土例が爆発的に増加する。貝輪，猪牙製・サメ歯製・アマオブネ製垂飾，マガキガイ製小玉，サメ椎骨製垂飾品，シカ中手骨・中足骨製やシカ腓骨製の簪などで構成され，中でも，鹿児島県草野貝塚，鹿児島県市来貝塚，鹿児島県麦ヶ浦貝塚，鹿児島県柊原貝塚では，貝輪とともに簪がまとまって出土している点が特徴である。晩期以降の出土例は少なくなる。

### (2) 装身具装着・共伴人骨の事例

　人骨に伴う装身具は，貝輪が主体をなす。北部地域から中部地域，南部地域にかけて13遺跡21例が知られていて，女性・小児に関連するものが多い。後期前葉～中葉にかけて，北部地域に集中する傾向にあり，福岡県山鹿貝塚，福岡県榎坂貝塚，福岡県桑原飛櫛貝塚，福岡県新町遺跡では，5点以上の多数装着人骨が検出されている。

　山鹿貝塚（後期）では，貝輪装着人骨が7例出土し，うち6例は多数装着で，左腕に偏る傾向

がある。また，集団墓の中央に合葬された2号人骨・3号人骨は貝輪以外にも，簪（かんざし），耳飾，胸飾が伴っており，とくに2号人骨はサメ歯製耳飾，鹿角製叉状垂飾品（棒状製品），鰹節形大珠が伴っていた。また，2号人骨・3号人骨を基点として，その周囲に一定の規則の基に埋葬されて集団墓が形成されたとの見解もあり[1]，集団の中で特別な役割を担った人物であった可能性が指摘されている。

また，鹿児島県麦之浦貝塚では，後期中葉の壮年女性を埋葬した土坑墓から，サメ歯製垂飾が出土している（図1-26，以下数字は同図）。頭蓋骨の下の貝殻の中から出土していることから，耳飾と考えられる。

## 2 装身具別の特徴

### (1) 貝　輪

九州では1,300点以上が出土しており，骨角貝製装身具の中で最も出土例が多い。フネガイ科（サルボウガイ・クマサルボウ・サトウガイ・アカガイ）とタマキガイ科（ベンケイガイ・タマキガイ・トドロキガイ）で全体の9割を占めるが，前者は有明海沿岸を中心に分布し，後者のうちとくにベンケイガイ製は全域に分布する。早期末の佐賀県東名遺跡でフネガイ科を主体とする貝輪がまとまって出土し(1)，その後前期～中期にかけて中部地域を中心に分布するが(3)，後期初頭以降，タマキガイ科製の貝輪が九州一円で作られるようになり，福岡県桑原飛櫛貝塚（後期初頭）(6)，長崎県佐賀貝塚（後期中葉）(5・7)，長崎県宮下貝塚（後期中葉），鹿児島県柊原貝塚（後期中葉），鹿児島県市来貝塚（後期前葉～中葉）(4)，鹿児島県麦之浦貝塚（後期前葉～中葉）のように，50～100点程度まとまって出土する遺跡も現れる。

弥生時代以降に北部九州で盛行する，奄美諸島以南の貝を素材とした，いわゆる「南島産貝輪」の出土事例として重要なのは，東名遺跡である。早期末のオオツタノハ製貝輪が7点出土しており，九州島では最古かつ最多の出土例となる(2)。オオツタノハ製貝輪は，熊本県一尾貝塚（後期前葉～中葉），鹿児島県出水貝塚（後期前葉）でそれぞれ1点ずつ出土している。

ベンケイガイ製貝輪については，生息環境にない錦江湾に位置する鹿児島県草野貝塚での出土事例から，吹上浜など外洋地域から移入された可能性が指摘されている[2]。また，韓国釜山広域市の東三洞貝塚出土では，数千点単位でベンケイガイ製貝輪が出土しており，報告者の河仁秀は，長崎県佐賀貝塚を含む九州～朝鮮半島南岸一円に流通した可能性を指摘した[3]。近年，九州の縄文時代貝輪の加工痕を丹念に観察した川添和暁は，孔上面の平坦加工と腹縁の敲打・研磨を行う貝輪（川添分類の断面形状C-1・C-2・C-3）が佐賀貝塚に集中していること，同様の貝輪が東三洞貝塚で認められる点から，朝鮮半島南部から搬入されたとする考えを支持した[4]。佐賀貝塚出土貝輪の検討を行った忍沢成視は，特徴的な加工痕から搬入の可能性を認めつつも，対馬島北西部の井口浜でベンケイガイの打上げ事例を報告しており，対馬島内での素材獲得が可能であった可能性も併せて指摘している[5]。

### (2) 貝　面

貝面は，イタボガキ，ホタテガイ，マダカアワビなどの大型貝に，2孔（目孔）もしくは3孔（目孔＋口孔）を穿孔した貝製品である。後期前葉を中心に後期中葉にかけて西北部地域から北部地域に分布し，韓国釜山広域市東三洞貝塚でも出土事例があることから，対馬海峡をはさんだ漁撈民の交流の物証として注目を集めてきた。九州では後期初頭の熊本県阿高貝塚例を最古として(34)，後期中葉にかけて，目孔・口孔をもつ大型から，目孔のみの大型，目孔のみの小型へと変遷する[6]。素材に着目すると，九州ではイタボガキやマダカアワビを用いる一方，東三洞貝塚ではホタテガイ製，イタヤガイ製が知られていて，両地域で素材が異なることが指摘されていたが[7]，近年貝面に用いられた貝種の再同定を行った黒住耐二は，長崎県白浜貝塚や長崎県下本山岩陰遺跡で，イタヤガイ製で2孔をもつ，貝面の可能性がある貝製品の出土を報告している[8]。白浜貝塚例について実見したが，2点のうち1点については目孔と思しき穿孔部はなめらかで，打割＋研磨による人為的加工と考えてよい(32，口絵8)。両遺跡の出土例は時期の限定が難しいが，朝鮮半島南岸と共通する素材を用いた貝面として関連が注目される。

### (3) 鹿角製棒状製品

熊本県黒橋貝塚（後期初頭～前葉）では，幼獣・若獣のシカ角座骨から角座・角幹を素材とし，

九州島

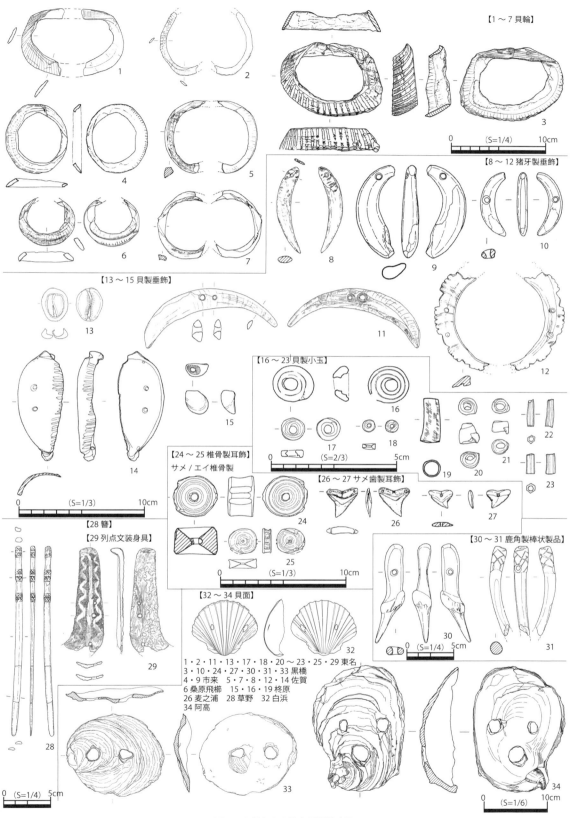

図1　九州島出土骨角貝製装身具

角座骨に穿孔した棒状製品が出土している（30・31）。類例は関東地方の茨城県三反田蜆塚貝塚や千葉県姥山貝塚で見られ，遠隔地で類似した装身具の出土例として注目されている[9]。福岡県山鹿貝塚では，成獣の鹿角に穿孔した棒状製品が2号人骨に伴って出土している。また，長崎県白浜貝塚では，成獣の鹿角分岐部を素材とし，角幹に穿孔した棒状製品が出土したほか，同じく長崎県五島列島の中島遺跡では，角幹の穿孔が未貫通の未成品が出土している。

### (4) 列点文装身具

早期末の佐賀県東名遺跡でまとまって出土した鹿角製品である。第1分岐部を素材とし，半裁して内外面に列点でジグザグ文や鋸歯文を施文するもので，腰飾りと考えられる（29）。列点文による施文の類例は，早期末の大分県成仏岩陰遺跡のほか，朝鮮半島南岸の麗瑞島貝塚，獐項遺跡からも出土しており，早期末に広域に分布する装身具として注目される[10]。

## 3 おわりに

九州島の骨角貝製装身具は，貝輪，獣歯製・貝製垂飾，サメ歯・サメ椎骨製垂飾（耳飾），貝製小玉，簪で構成される。これらの装身具のセット関係が早期末までさかのぼることを示した点で，近年の東名遺跡の調査成果は特筆される。また，朝鮮半島との関連が想定されるベンケイガイ製貝輪，貝面，列点文装身具，南島からの搬入品と考えられるオオツタノハ製貝輪，関東に類例のある鹿角製棒状製品は，遠隔地との交流を示す可能性のある遺物として注目される。

### 註

1) 栗島義明「着飾った縄文女性―山鹿貝塚2号人骨から―」『身を飾る縄文人―副葬品から見た縄文社会―』先史文化研究の新展開2，雄山閣，2019，pp.248-252

2) 新東晃一「南九州の縄文後期の貝輪―特に川上貝塚出土の貝輪製作工程について―」『南九州縄文通信』5，南九州縄文研究会，1991，pp.50-55

3) 河仁秀「東三洞貝塚―貝輪の生産と流通―」『身を飾る縄文人―副葬品から見た縄文社会―』先史文化研究の新展開2，雄山閣，2019，pp.181-188

4) 川添和暁「九州地域の縄文時代貝輪について―東海地域からの視点―」『愛知県埋蔵文化財センター研究紀要』24，愛知県埋蔵文化財センター，2023，pp.59-76

5) 忍沢成視『貝輪の考古学　日本列島先史時代におけるオオツタノハ製貝輪の研究』新泉社，2024

6) 山崎純男「海人の面―九州縄文時代精神文化の一側面―」『久保和士君追悼考古論文集』久保和士君追悼考古論文集刊行会，2001，pp.1-20
　　水ノ江和同「仮面形貝製品について」『環瀬戸内海の考古学―平井勝氏追悼論文集―』古代吉備研究会，2002，pp.185-194

7) 前掲註6山崎2001に同じ

8) 黒住耐二「東アジアにおける貝製仮面およびその類似製品に利用された貝類の同定」『千葉県立中央博物館研究報告―人文科学―』13(2)，千葉県立中央博物館，2017，pp.82-96

9) 川添和暁「鹿角製装身具類の展開とその意義」『シンポジウム縄文／弥生の骨角製装身具類の展開とその意義　骨角製装身具類からみえる社会変遷　発表予稿集』明治大学資源利用史研究クラスター，2023，pp.3-14

10) 水ノ江和同「縄文時代早期末葉の装身具文様」『遺跡学研究の地平―吉留秀敏氏追悼論文集』吉留秀敏氏追悼論文集刊行会，2020，pp.233-244

＊個別の発掘調査報告書は紙幅の都合上割愛した。

## 特集　骨角製装身具類からみえる縄文社会

# 特定素材・器種からみる装身具類

鹿角, 貝, サメ類など特定の素材について分析し, 地域間関係や生産・流通, 希少性や選択性などを検討する

- 鹿角製装身具類からみえる地域間関係／関東地方におけるベンケイガイ製貝輪の生産と流通／サメ椎骨製耳飾／骨角器に利用された動物質素材の使われ方

## 鹿角製装身具類からみえる地域間関係

**川添和暁**　KAWAZOE Kazuaki
愛知県埋蔵文化財センター

広域に共通構造をもつ鹿角製装身具について, 西日本域と東日本域のそれぞれの特徴や関係性を探る

　本稿は, 骨角製装身具類研究のケーススタディとして, 鹿角製品について焦点を当てるものである。鹿角素材は, 広い地域・時期で使用されているものであり, 時期・地域によって, さまざまな器種・形状のものが製作・使用された様子は, 本誌掲載の地域的概説を概観するだけでも理解できる。ここでは, そのような, いわばどこでも入手できる素材に対して, 素材自体および素材取りを含めた製品の製作, および製品の構造に注目することが, 分析の切り口として有効ではないかという提言を行うことを目的とする。ここでは, 縄文時代晩期のいわゆる腰飾りと言われる製品器種を中心に, それに関連する器種も取りあげながら, 地域間関係について検討していく。

### 1　東海西部・近畿・瀬戸内地域の様相

　縄文時代晩期初頭から, 小型の鹿角製品が出現し, 西日本域では埋葬人骨に着装された状態で出土する事例が多く認められる。いわゆる腰飾りとされるこの資料群に関しては, かつてまとめたことがあり（図1）[1], 大枠としては現在

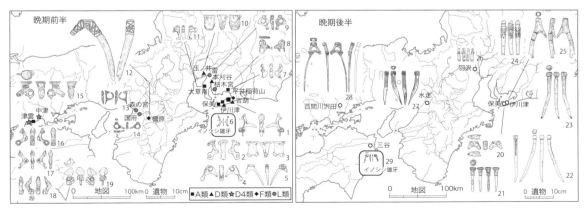

**図1**　西日本域縄文時代晩期鹿角製装身具類の変遷（註1を改変）

53

特定素材・器種からみる装身具類

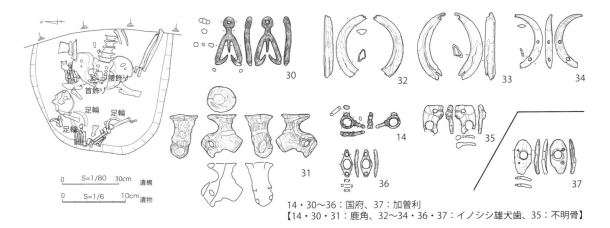

14・30~36：国府、37：加曽利
【14・30・31：鹿角、32~34・36・37：イノシシ雄犬歯、35：不明骨】

図2　大阪府国府遺跡および千葉県加曽利貝塚出土腰飾り

も認識の変更の必要はないと考えている。以下に要点を挙げておく。

a. 鹿角製装身具類には，分類器種によって人骨との共伴出土性の強いものとそうでないものとが明確に分かれる。
b. いわゆる腰飾りとされるものでは，東海地域内では愛知県吉胡貝塚オリジナルのものとそうでないものとに分けられ，詳細な分類器種がモザイク状に認められる。
c. 半截系の製作状況を示す事例は，西三河以西で広く認めれる一方，現在までのところ東三河地域では認められない。
d. 吉胡貝塚オリジナルに最も近いものが，岡山県津雲貝塚・中津貝塚に認められ，遠隔地に対して点的な広がりが確認できる。
e. 腰飾りの点的な類似性の展開は，面的に類似性の認められる貝輪（腕輪）とは明らかに展開の様相が異なる。前者が男性，後者が女性との親和性が強いことなどが大きな要因と考えられる。

装身具類の研究では，出土人骨との共伴関係は，器種の性格を考える上で極めて重要な事柄と位置づけられる。ここでは，筆者が近年資料化した大阪府国府遺跡の事例について，とくに取りあげる。

大阪府国府遺跡では，藤井寺市の発掘調査の89号人骨（97-3人骨：壮熟年男性）で装身具類の着装が報告されている[2]。この人骨には腰部から鹿角製品2点と，両足首からは半環状を呈したイノシシ牙製品が見つかっている（図2-30~34・口絵9-1）。イノシシ牙製品は足輪であり，愛知県伊川津貝塚・保美貝塚・平井稲荷山貝塚，そして枯木宮貝塚と，三河地域一円で一般的に認められる器種である。鹿角製品2点は，市によると一点は腰飾り，もう一点は頸飾りとしている。この腰飾りとしているものは，津雲貝塚や中津貝塚で出土している分類器種と酷似している（図1-15）。また，頸飾りとされているものは，外アグの単式釣針が3個体分結合したような形状を呈するものである。筆者としては頸飾りかどうかは判断はつかない。しかし，①いわゆる腰飾りとされているものにはない分類器種となり得ること，②腰飾りとして人骨共伴する事例では，2個体が共伴する事例は見当たらないこと，③外アグ釣針の形状が装身具化したものとして，耳飾りの存在が吉胡貝塚・津雲貝塚・中津貝塚で知られていることから，いわゆる腰飾りではない可能性は高いかもしれない[3・4]。

さて，鹿角製のいわゆる腰飾りに関しては，西三河地域から関西地域にかけて，半截系の資料が点在していることは，すでに指摘しているところである。国府遺跡では，これまでの出土事例では，半截系の腰飾りがむしろ主体であり，これが関西地域の腰飾りの主体であったと考えられる。この形状の腰飾りは，鹿角製のみならず，骨製もあればイノシシ雄牙製もある。その形状を見ると，中心となる大きな環状に対して，小さな環状が付属するように施されているという点で，共通した構造となっているといえる（図2-14・35・36）。

54

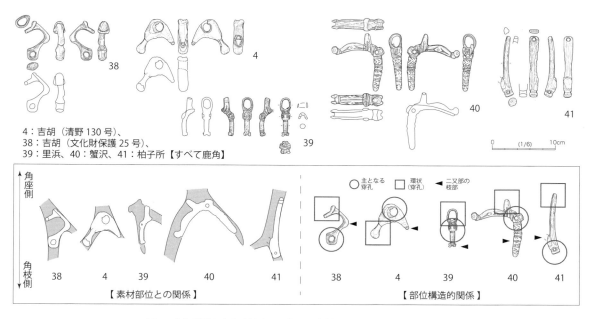

図3 東海地域と東北地域出土腰飾りの素材使用状況と部位構造の比較

## 2 東日本域との関係性

　東日本域について概観してみると，人骨との共伴関係にあるとされる資料自体が，西日本域に比べて稀少である。その中でも，筆者による近年の資料調査で，戦前から知られていた千葉県加曽利貝塚出土人骨に共伴した骨角製装身具を，再度特定することができたことは大きな収穫であった[5]。これをみると，イノシシ雄牙製で，上記の国府遺跡資料の構造と極めて類似していることが明らかとなった（図2の37）。この資料は，縄文時代晩期前半（もくしは前葉）に属する可能性が極めて高く，今後別の分析で年代などをさらに絞り込むことが求められる資料であろう。

　さらに東北地域に目を向けると，鹿角製で人骨共伴資料としては，福島県三貫地貝塚例や宮城県里浜貝塚例と，ごくわずかである。その中でも，三貫地貝塚事例は，筒状を呈した小型の製品で，おそらく角座部分を使用していることと穿孔の在り方から，東海地域に認められるいわゆる腰飾りのなかの一分類器種との関連資料であると推察される（本誌43頁参照）。

　そのほかにも，東北一円からは，腰飾りとされている資料が，広く知られている。しかし，筆者としては用語も含めて整理を行う必要を痛感している。東北地域では，複雑な形状を呈している装身具類の多くを，「腰飾り」という名称で一括している傾向が見受けられるからである。おそらく西日本域の事例がある種誤解されているようにも見受けられるが，少なくとも，一面のみに精緻な装飾が施されている大型の器種に関しては，東海西部に認められるような事例とは別に取り扱う必要があろう。本稿ではこの器種について，装飾性二又鹿角製品と仮称しておく（図4-42）。

　西日本域の腰飾りの構造に注目すると，東北地域の資料にも類例を確認することができる。山形県蟹沢遺跡例（図3-40・口絵9-2）や宮城県里浜貝塚事例（図3-39）は，渥美貝塚群の資料とも形状が類似しており，関連性が理解しやすい。さらに詳しく分類を見ていくと，穿孔の在り方や構造が類似するものを見つけることができる。筆者は，かつて秋田県柏子所貝塚出土資料で検証を行ったことがある[6]。この分析は，部位構造を比較することで，柏子所貝塚では，奈良県橿原遺跡を西限として吉胡貝塚，長野県天狗岩岩陰遺跡，千葉県下ヶ戸貝塚と，東日本域を中心として点在している一群に加えて，吉胡貝塚で見られる腰飾りとの構造上の共通性が認められる一群が別に共存していることを提言するものであった（図3-41）。

　現在，このような検討方法によって，これま

55

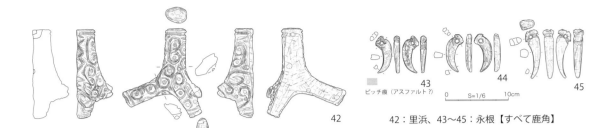

図4　装飾製二又鹿角製品（42）と勾玉状製品（43〜45）

で性格不明とされていた分類器種や，別の分類器種とされていた資料について関連性を再考している。以下，その好例を示しておく。宮城県永根貝塚では，表面採集資料とされながら，鹿角製装身具類が多量に出土している遺跡として知られている[7]。この主要な分類器種は勾玉状のような鹿角製品で，多くは半截系である（図4-43・44）。これを詳細に観察すると，①穿孔部分には紐ズレ痕はほとんどなく，端部に刻みのような短い線刻が認められるものが多いこと，②弧状を呈する外側端部にさらに尖らすような抉り入りが認められること，③側面観で弧状の内側は平坦面になっているものもあるが，縦位方向に溝状の凹みが施されているものがあること，の特徴があり，以上を総合すると，吉胡貝塚で主体的に認められる腰飾りと共通した構成要素を見ることができると考えられる[8]。

## 3　まとめ

縄文時代晩期では，西日本域の事例により，腰飾りは男性との有機的関連が明瞭である。東日本域における腰飾りの展開は西日本域と異なり，埋葬人骨との共伴関係の認められる事例が著しく少ない。これは，この器種の保有が個人というよりも，最終的には集団に帰す（もくしはある役目が終わったら送られる）ものであった可能性が考えられる。しかし，構造上共通している装身具類が予想以上に広く存在していることから，両者は没交渉であったわけではなく，密に関連している点もある。今後さらに追究する必要があるといえよう。

註
1）　川添和暁「東海地方の貝塚に残された副葬品」『身を飾る縄文人―副葬品から見た縄文社会―』明治大学資源利用史クラスター　先史文化研究の新展開2　雄山閣，2019，pp.71-88
2）　天野末喜「河内国府遺跡における縄紋墓地と集落」『石川流域遺跡群発掘調査報告ⅩⅥ』藤井寺市文化財報告書21，2001，pp.108-127
3）　川添和暁「東海地域・関西地域出土の縄文時代後晩期釣針について」『東海縄文論集―大塚達朗代表還暦記念―』東海縄文研究会，2013，pp.55-68
4）　図2-30については，設楽博己によって，組み合わせ式ヤスを模したものではないかという論考が出されている。設楽博己「ヤスを模した垂飾―大阪府国府遺跡出土首飾りのモデル―」『日本考古学の論点　下』雄山閣，2024，pp.141-145
5）　樋口清之「日本先史時代人の身体装飾」『人類学・先史学講座』13・14，雄山閣，1940
　　西田泰民「1924年の加曽利貝塚調査」『Anthropological Science (Japanese Series)』122—2，人類学会，2014，pp.167-175
6）　川添和暁「秋田県柏子所貝塚出土骨角製装身具類について」『関西縄文論集』4，関西縄文文化研究会，2020，pp.95-104
7）　小幡輝美「寄贈・寄託資料の紹介」『多賀城市埋蔵文化財調査センター年報―平成5年度―』1995，pp.23-25
8）　この器種に関する詳細な分析内容については，別途論じる予定である。

**引用・参考文献**
金子浩昌・忍澤成視『骨角器の研究　縄文篇Ⅰ・Ⅱ』慶友社，1985・1986
川添和暁「山形県東根市蟹沢遺跡出土骨角器について」『研究紀要』21，愛知県埋蔵文化財センター，2020，pp.77-78

**資料の所在**（図2〜4のみ）
4・35・38：埼玉県立歴史と民俗の博物館，14：京都大学総合博物館，30〜34：藤井寺市教育委員会，36・37：東京大学総合研究博物館，，39：東北歴史博物館，40：本間亮典，41：能代市教育委員会，42：公益財団法人　辰馬考古学資料館，43〜45：多賀城市埋蔵文化財調査センター

# 関東地方におけるベンケイガイ製貝輪の生産と流通

**阿部芳郎** ABE Yoshiro
明治大学教授

製作実験による検証などから，製作の道具と技術の変化を追う。その背景に遺跡間の連鎖や縄文社会の生産構造がみえてくる

　貝輪は，縄文時代早期中葉に出現する装身具である。いくつかの遺跡では着装状態がわかる人骨が出土していることからも，具体的な着装者の年齢や性別，着装方法がわかる稀有な装身具である。また，自然にある素材を加工する技術は，その運用形態から装身具の生産と流通を考える興味深い視点を提供している。
　ここでは自然物の資源化にかかわる一連の歴史的事象を「資源利用史」[1]と考える視点から，関東地方を中心としたベンケイガイ製貝輪の素材選択と実験考古学的な手法を用いた製作技術の解明を試みる。

## 1　ベンケイガイ製貝輪の製作技術

### (1) 素材貝の選別傾向

　自然物の資源化という観点から考えると，海浜部におけるベンケイガイの採取が貝輪製作技術の第1段階である。まず貝輪素材として遺跡に持ち込まれたベンケイガイには，どのような選択性があったのだろうか。
　ここでは，千葉県銚子市余山貝塚出土のベンケイガイ製貝輪未成品と，余山貝塚に近い茨城県波崎海岸で採集した現生ベンケイガイを比較した[2]。
　余山貝塚の資料では腹縁部の加工を施す前段階の資料を計測しており，素材貝の殻長と殻高を知ることができる。さらに，貝殻内面の外套線部分の厚みの最厚部の2ヵ所を計測して平均値をグラフ化した(図1)。まず，出土貝輪と打ち上げ貝の殻長と殻高を比較すると，余山貝塚の貝輪は殻長が55〜90mmまでの範囲に集中し，打上げ貝と比較すると一定の選別傾向が指摘できる。さらに殻長と腹縁部の外套線部の厚さを計測すると殻長が70mmを超える個体群

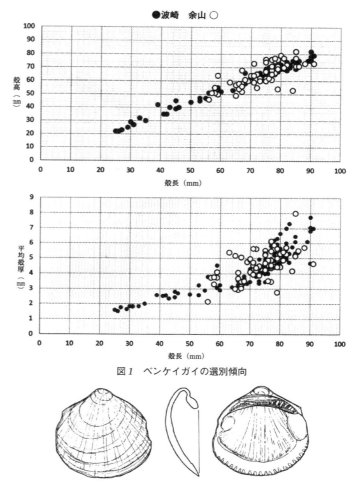

図1　ベンケイガイの選別傾向

図2　八木原貝塚出土の摩滅痕のあるベンケイガイ

には殻厚の厚い個体が一定量出現するが，この厚みに選別の基準はないようだ。殻長は55〜90mmに分布していることは，貝輪自体のサイズが多様化していたことを示唆する。
　また現生打ち上げ貝の中には，水摩により殻頂部に穴が開いたり，殻の両側面に破損や摩滅痕のあるものがある。これは海浜部における摩滅や破損を示すもので，遺跡出土の貝輪素材にも同様の痕跡が指摘できる(図2，口絵10-2)。

特定素材・器種からみる装身具類

## (2) 貝輪製作の技術連鎖と道具立て

貝輪の製作には，どのような道具と技術が用いられたのだろうか。貝輪の未成品が多量に出土している千葉県余山貝塚の出土資料を観察すると，興味深い石器の出土が報告されていることに気づく（図3）。大野雲外は「貝輪を製造するには，何か利器を利用したことは云ふまでもない。恐らくは石器類を使用したものであらう」[3]。と指摘し，同貝塚から出土した石器を図示し，「図に示す如き(1)(2)(3)(4)は此の貝輪を製造するときに使用したものであらう」（前掲）と指摘した。さらに江見水陰の発掘

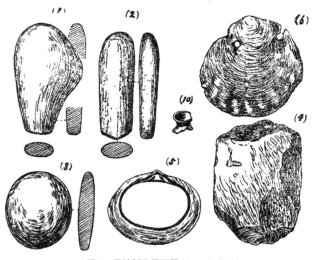

図3　貝輪製作用石器（1～4）（註3）

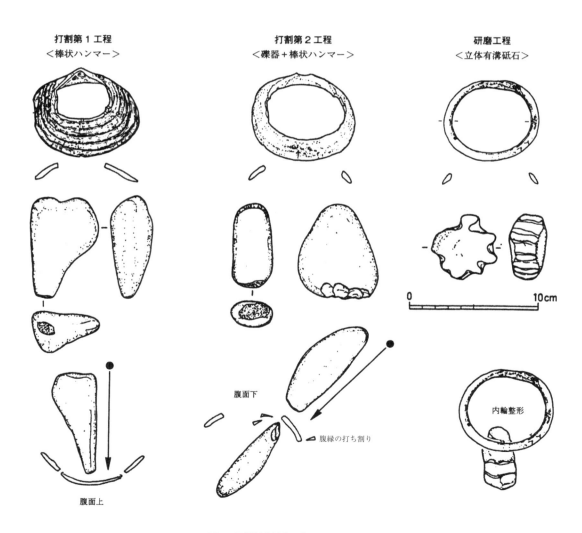

図4　貝輪製作技術の復元（註4を改変）

58

では貝輪の未成品とともに貝輪製作に利用された可能性のある砥石の出土もある。

　筆者はまずこれらの先学の指摘を踏まえ，貝輪の製作工程とこれらの石器の使用場面をモデル化した（図4）[4]。貝輪の内輪と外輪を滑らかに加工するための「立体有溝砥石」[5]は貝輪生産遺跡で特徴的に出土するもので，貝輪とともに内陸遺跡に流通している。内陸部の埼玉県長竹遺跡においても，3点の出土事例がある。一方で長竹遺跡の報告者は骨角器製作の砥石の可能性を指摘するが[6]，そうであるならばこの砥石と骨角器のみが多量に出土する事例を反論根拠として提示しなければ根拠の乏しい推論に過ぎないのではないか。

　また貝輪の製作実験を行った忍沢成視は自身による実験製作の経験から貝輪の加工に鹿角を用いるとしているが[7]，余山貝塚のような貝輪の大量生産遺跡に鹿角ハンマーの多量出土は見られない。さらに後に述べるように，鹿角ハンマーでは貝輪の細形化は技術的にも難しい。

　したがって筆者は，かつて大野が指摘した余山貝塚から出土した石製ハンマーを加工具とするのが妥当と考えている。

## 2 製作実験による検証

### (1) ベンケイガイ製貝輪の製作実験

　千葉県安房鴨川市の前原海岸で採取したベンケイガイを用いて再現実験を行った。まず，ベンケイガイの内面を上にして掌の上に置き，殻頂部の内面付近をハンマーで打ち抜く（口絵10-4 ⓐⓑ）。加撃によって，成長線に沿って大形の破片を打ち取ることができる。貝を掌に乗せるとハンマーと打撃部分の角度や加撃位置のコントロールが容易になるし，掌は加撃による衝撃を拡散させる。

　次に，孔の拡張を行うために，先細りの先端部をもつ小礫をハンマーとして，打ち割る部分の下に礫を当て，外面から内面に向かって加撃することで（口絵10-4 ⓓⓔ），成長線に沿って三日月形の剥片を打ち取ることができる。この方法は，ハンマーの衝撃を貝の下の石が受けて衝撃を反射させるものであり，石器製作技術における両極打法の転用である。筆者はこの技術を貝輪製作における技術転用と定義して，「両極敲打技法」と命名した[8]。

　この技法を用いれば，ベンケイガイの最厚部の外套線付近までを打ち取ることが技術的には可能である（口絵10-4 ⓕⓖ）。

### (2) 貝輪の細形化の技術

　関東地方では，後期中葉に貝輪が細形化する傾向がみられる。後期前葉の千葉県古作貝塚の土器収納貝輪を見てみると，部分的な研磨痕はあるものの，細形化のための腹縁加工は見られない。加曽利B2式期の千葉県八木原貝塚の貝輪は，蝶番の歯舌部分まで研磨された輪幅が細く変化している（口絵10-1最下段）。また，腹縁の打ち欠きをおこなっている資料もある。貝輪において，孔の大きさは着装者の年齢や体格を示す属性であるが，細形化は腹縁の加工によって成されたものと考えられる。腹縁の打ち欠きは，貝殻の内面からの加撃が連続的に加えられているもので，この技術は貝刃の刃部加工とほぼ同じであり，技術の転用が行われている（口絵10-4 ⓕⓖ）。

### (3) 孔の縁辺部研磨

　貝輪の孔の縁辺は滑らかに研磨されており，略円形の孔の周囲を研磨するために「立体有溝砥石」が利用された。実際の出土品を観察すると，素材は厚手の板状礫や鶏卵状の砂岩を用いるものが多い。そもそも砥石とは板状を成すものが多いが，余山貝塚のような貝輪の大量生産遺跡において「立体有溝砥石」が多出するのは，曲面をもつ被加工物に対して有効であり，貝輪の生産との強い関係性を示しているのであろう。

　この砥石の特徴は，円運動による曲面の研磨である。実際に貝輪の孔の研磨を行うと，砥石は貝輪の孔の縁に沿って円運動を描き，貝を摩滅させるのに有効である。実際には貝や砥石を水で濡らすことで，砥石自体から遊離した砂粒が遊離砥粒として貝輪に付着し，効率的な研磨が可能になる。筆者が実見した資料では被熱痕をもつものが多く，意図的に素材表面を加熱して劣化させて砥粒の遊離を促進したのであろう。砥石とは使用による変形を特徴とする石器であるが，立体有溝砥石の場合は，砥石表面には溝状の研磨溝が円運動により形成されるため，最終的には瘤状の突起を形成するのである（口絵10-4 ⓗ）。

　「立体有溝砥石」の出現は，関東地方では後期前葉になる。この事実は後期以前の貝輪は多層

で軟質な殻の構造をもつイタボガキが主体となっていることからわかるように，硬質な貝素材の多用と貝輪自体の細形化が「立体有溝砥石」の出現背景となっていることがわかる。

## 3　貝輪製作にみる技術と遺跡間連鎖

　中期から後期に，イタボガキからベンケイガイへと貝輪の素材貝が変化したことにより，貝輪製作の道具と技術が変化したことがわかる。また，細形化のために，貝刃の製作技術の転用が行われた可能性を指摘した。ベンケイガイ製貝輪の大量生産遺跡の出現により，製作技術が固定化したことも道具化を促進した社会的な要因であろう。

　さらに貝輪生産から考えると，余山貝塚が集落遺跡であることも重要である。余山貝塚というベンケイガイと砥石の石材産出地域の周辺に形成された「原産地生産集落」[9]の出現が，貝輪の大量の需要を支えたのである。その一方で，素材貝や貝輪製作を特徴づける立体有溝砥石が内陸遺跡から出土することも重要である。

　これは，素材貝と加工具が原産地から搬出された重要な証拠であり，消費地における小規模な貝輪生産の痕跡は自給的な貝輪生産を示すもので自給自足型の「消費地生産集落」として対置化できる。このように生産と消費という経済活動から見た場合，後期の貝輪生産は二重の構造から成り立っていることが重要であるが，むしろ自給的な貝輪の生産は前期や中期のイタボガキやサトウガイ製貝輪には広域に認められる。

　すなわち，貝製装身具は本来必要に応じて素材を入手し自前で生産していたのである。この事実はツノガイやタカラガイ製の装身具にも共通している。しかし後期になるとこれに加えて貝輪の原産地生産集落が出現することにより，二重の生産構造が成立したことが貝輪から社会を考える場合に重要なのであり[10]，それは全国的に見た場合にも指摘できる多数着装者の出現や着装の普遍化とも関係している。

　貝輪の製作技術の研究は，縄文社会を副葬品や着装から考えるだけではなく，素材の選択や加工と流通から捉えることによって装身具から縄文社会を検討するための重要な視点を与えてくれる。

　また，製作実験は出土品から製作技術を復元し，その技術的な展開を遺跡において確認し仮説を具体的に検証する重要な分析である。

　本論は筆者のこれまでの取り組みから，貝輪製作技術研究の一旦を紹介したものである。

**註**

1)　阿部芳郎「資源利用からみる縄文社会」『縄文の資源利用史と社会』季刊考古学別冊 21，2014
2)　阿部芳郎「縄文時代における貝製腕輪の研究」『明治大学人文科学研究所紀要』83，2018
3)　大野雲外「貝塚に就いて」『東京人類学雑誌』1906
4)　阿部芳郎「内陸地域における貝輪生産とその意味」『考古学集刊』3，2007
5)　阿部芳郎「船橋市金堀台貝塚採集の砥石」『飛ノ台貝塚講演博物館紀要』7，2010
6)　入江直毅「長竹遺跡の南盛土における出土石器について」『長竹遺跡発掘調査報告書』Ⅳ，2020
7)　忍沢成視「縄文時代におけるベンケイガイ製貝輪生産」『古代』16，2000
8)　前掲註 4 に同じ
9)　阿部芳郎「縄文時代の資源利用と地域社会」『考古学ジャーナル』627，2012
10)　前掲註 4 に同じ

# サメ椎骨製耳飾

## 中沢道彦　NAKAZAWA Michihiko
長野県考古学会員

縄文社会において，素材にサメ椎骨を用いた
耳飾はどのような意味をもったのだろうか

縄文時代（以下，時代省略）のサメ製装身具でも
サメ椎骨製耳飾を中心にして，素材選択の意味を
考える。サメはエイとともに板鰓類（軟骨魚類）に
分類される。食料のみならず，装身具素材の資源
としても有用な漁撈対象物であるが，とくにサメ
は獰猛でその漁撈には危険が伴う。岡山県津雲貝
塚出土の縄文後期（3,090 ± 25BP）の 24 号人骨の無
数の傷はサメ襲撃の咬痕と判明した[1]。

サメの強さやその危険性から，サメの歯や椎骨
を素材とした耳飾，垂飾，首飾などの装身具は価
値をもったものといえる。

北海道の縄文後期後葉〜晩期土壙墓でサメ歯が
複数出土する事例があるが，これはサメ歯をアイ
ヌのサパンペのような被り物として着装，または
頭部付近に配置した状態で副葬したと考えられる。
また，宮城県北小松遺跡出土の縄文晩期後葉の棍
棒なり，儀器と考えられるサメ歯装着の骨角器例
もある。サメの価値を前提とし，地域や時期によ
る特徴的な利用がなされている[2]。

縄文遺跡出土のサメ歯製装身具やサメ歯遺存体
には，捕獲などによる生体由来のみならず，化石
素材のサメ歯装身具例や，ムカシオオホジロザ
メの大型歯など絶滅種化石の出土事例もある[3]。
これはサメ歯化石の資源化と言えるが，例えば洞
穴や島の 3 割が石灰岩で形成される沖縄島のよう
な場では，廃棄から堆積過程の時間幅でも化石化
が想定できる。沖縄の貝塚時代出土のサメ歯の大
半が化石化している指摘は重要だが[3]，地域の特
性で生体由来のサメ歯製品が堆積過程で化石化し
うる。なお，サメ歯製品やサメ椎骨製耳飾[4]が用
いられる状況から，貝塚時代の沖縄でもサメの価
値を認める社会があったと考えられる。

## 1　サメ製装身具の遡源

サメ椎骨製耳飾を触れる前に，サメ製装身具の
遡源を確認する。縄文早期では愛媛県上黒岩岩陰
遺跡早期中葉黄島式の 4 層でサメ・エイ類椎骨製
小玉，長野県栃原岩陰遺跡早期初頭表裏縄文土器

出土レベルでアオザメ歯製垂飾未製品，湯倉洞穴
遺跡早期中葉押型文土器 IX 層でメジロザメ歯製垂
飾，関東の埼玉県妙音寺岩陰遺跡縄文早期中葉
沈線文土器層でイタチザメ歯製垂飾が出土する。

現状で内陸部の栃原岩陰遺跡例がサメ製装身具
が日本列島で最も古いが，縄文早期前半には各地
でサメ歯製装身具が用いられる。

## 2　サメ椎骨製耳飾の識別

縄文では時期，地域ごとにより，土製，石製，
骨角製，木製など，材質，形態，サイズ，着装法
などが変化する多様な耳飾が着装されている。と
くに東日本の縄文後晩期の精巧な土製耳飾などは
着装者の通過儀礼や地位差，出自差などを反映し
たものと論じられているが，1990 年代以降に九
州南部で縄文早期後葉の土製耳飾が蓄積されるな
ど，多様な縄文耳飾の実態が明らかになっている。

獣骨，魚骨素材の中ではサメ椎骨製耳飾が多い。
サメ素材に価値があるからだろう。学史的には愛
知県伊川津貝塚 16 号人骨[5]，吉胡貝塚 123 号人
骨頭骨着装例[6]が出土し，耳飾と証明されたが，
それ以前から土製耳飾の起源をサメ椎骨製耳飾に
求める説があり，学界で支持されたこともある[7]。

サメ椎骨製耳飾は東北北部から沖縄まで分布
し，縄文後晩期に出土例が増えるが，縄文中期や
前期後葉まで遡ると考えられる。椎骨中央が小さ
く貫通するものが殆どで，周囲や両凹面が調整さ
れる。赤色塗彩例も少なくない。中央部貫通のサ
メ椎骨製耳飾の一部には垂飾と想定されるものも
あるが，その明確な識別が課題だろう。また，概
ね直径 10 mm 以下で穿孔される板鰓類椎骨装飾品
はサメとエイの区分が難しい面もある。

熊本県黒橋貝塚出土，縄文中期末〜後期初頭
のサメ椎骨製耳飾は径の大小にかかわらず，側
面に溝の調整が観察されるものが認められるが
（図 1-1・3 など），耳飾着装のためと考えられる[8]。
また，サメ椎骨製耳飾全般で，側面に V 字状の抉
りが加工，調整される例もある。着装のための側

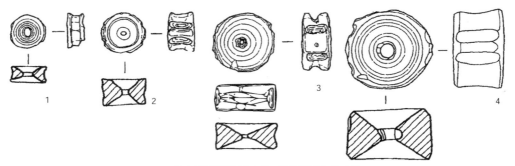

図1 熊本県黒橋貝塚出土サメ椎骨製耳飾 (S=2/3)

面加工，調整は耳飾識別の視点の一つである。

一方，愛知県川地遺跡SK02で熟年女性人骨胸部から径25mmの穿孔されたサメ椎骨装飾品が出土するが，同例は側面がX字状の透かしがある[9]。出土状況のみならず，側面の装飾を見せる点は耳朶に嵌め込まれるものではなく，垂飾と考えるべきだろう。出土状況からも同様に判断される。

ただ，側面が調整のみの資料もあるため，サメ椎骨製耳飾の識別は資料の観察，出土状況，時期と地域における蓋然性などから，個々，総合的に判断するしかないだろう。

### 3 縄文早期のサメ椎骨製耳飾

縄文前期では岡山県彦崎貝塚で前期後葉彦崎Z2式に伴いネズミザメ椎骨製耳飾[10]，福井県鳥浜貝塚で縄文前期層からサメ椎骨製耳飾の出土例がある。前期後葉には玦状耳飾や，関東ではそれを模倣する土製玦状耳飾もあり，彦崎遺跡例などが耳飾である蓋然性は高い。

サメ椎骨製耳飾はどこまで遡るのか。佐賀県東名遺跡2次調査縄文早期後葉塞ノ神式主体の第1・2貝層から「サメ・エイ椎骨穿孔の装飾品」64点，中でもサメ椎骨素材のものが6点，径20〜25mmで表面が研磨されるものもあるが，耳飾か垂飾か結論がつかない。しかし，九州南部を中心に縄文早期後葉には径20〜100mm程の土製耳飾が用いられる[11]。九州での地域差はあろうが，早期後葉の状況を踏まえれば九州北部の東名遺跡のサメ椎骨製装飾品の多くが耳飾であったと考えてよいのではないか。

### 4 サメ椎骨製耳飾のサイズ差と付替え

中部関東の縄文後晩期の土製耳飾について，サイズ差はライフイベントで着装の付替があり，耳朶穿孔の拡張行為は不可逆，時期や地域の習俗を反映したものとされる[12]。後述する縄文後晩期の人骨に伴うサメ椎骨製耳飾は径20mmを超すものが大半であるが，それらを着装するには少なくとも耳朶の穿孔を拡大させ，耳飾を付替える過程があったと考えられる。

サメ椎骨製耳飾の付替えを想定する上で注目すべきは熊本県黒橋貝塚で，縄文中期末〜後期初頭主体層出土のサメ椎骨製耳飾21点である。径は5〜10mm未満1点，10〜15mm未満13点（図1-1など），15〜20mm未満4点（同2など），25〜30mm未満1点（同3など），30mm〜2点（同4など）に分布する[8]。大小のサメ椎骨耳飾だけでも付替えは可能である。

粘土素材の土製耳飾なら意図した径で製作することができるが，サメ椎骨素材は，サメの種類や椎骨の部位によって耳飾の径が限定され，製作者の椎骨部位の選択が重要となる点に差異がある。

縄文中期のサメ椎骨製耳飾は，岩手県太陽台貝塚ではB26区Ⅱで中期中葉大木8b式に伴いモウカザメ椎骨製耳飾1点，福島県大畑貝塚で中期中葉大木8b式の混貝土層からメジロザメ椎骨製耳飾1点，広島県陽内遺跡で縄文中期前半船元Ⅲ〜Ⅳ式頃の土壙付近から2点，岡山県彦崎貝塚で中期初頭鷹島式4号土壙墓から2点，中期初頭船元Ⅰ式の2人骨出土土壙から2点以上する。一連の黒橋貝塚出土例は側面の溝調整とともに，全国的な状況からも耳飾であるとみてよい。

### 5 サメ椎骨製耳飾が着装された人骨

サメ椎骨製耳飾が着装されて埋葬された人骨の状況を表1にまとめた。事例数は多くないが，これらの状況からサメ椎骨製耳飾の価値，着装者との関係性を考える。

壮熟年人骨で径20mm以上のサメ椎骨製耳飾を

##### 表1　サメ椎骨製耳飾を着装した縄文人骨出土事例

| 都道府県 | 遺跡名 | 遺構 | 時期 | 人骨 | サメ椎骨製耳飾 | 共伴 | 備考 | 文献 |
|---|---|---|---|---|---|---|---|---|
| 福島県 | 寺脇貝塚 | | 縄文晩期中葉 大洞C₂式 (推定) | 1号人骨 成人 (詳細不明) | 全面朱塗, 穿孔無, 片面縁に刻目, ネズミザメ, 37×34×19mm (29×28×19mm) | 左骨盤付近から耳飾1, オナガザメ椎骨首飾3 左腕にイタボガキ貝輪 | 耳飾は頭骨から落下と解釈 | 註13 |
| 埼玉県 | 神明貝塚　5号墓 | | 縄文後期前葉 堀之内1式 | 5号人骨 壮年～熟年女性 | ベンガラ赤色塗彩, 穿孔, 25×22×15mm | 頭骨右に耳飾1, 右腕にサトウガイ製貝輪, 板状土偶 | 人骨年代値 3,984-3,729calBP | 註14 |
| 長野県 | 宮崎遺跡　5号土壙 | | 縄文晩期後葉 (推定) | 5号人骨 熟年男性, 抜歯 | 赤色塗彩, 穿孔, メジロザメ 24×23×11mm | 頭骨右に耳飾1 | 人骨年代値 2,741-2,497calBP | 註15 |
| 愛知県 | 伊川津貝塚 | | 縄文晩期 (推定) | 小金井16号人骨 老年男性, 抜歯 | 2点赤色塗彩, 穿孔 | 頭骨左右に耳飾 | 16号人骨は整然と埋葬, 周囲や上層は多数の人骨 | 註5 |
| 愛知県 | 吉胡貝塚 | | 縄文晩期 (推定) | 清野123号人骨 熟年男性 抜歯 | 穿孔 | 頭骨右に耳飾 右側腸骨窩に朱塗角製腰飾 | | 註6 |
| 岡山県 | 彦崎貝塚 | 4号人骨 土壙墓 | 縄文中期初頭 船元I式 | 市調査4号人骨 壮年～熟年女性 | 2点, 穿孔 20×15.5×10, 12.1×12×6mm | | 【参考資料】 (水洗選別で検出) | 註10 註16 |

着装する。若年人骨では確認されていない。生前の不可逆な耳飾着装の結果といえる。

サメ椎骨製耳飾を着装する男女性差の傾向は指摘しきれない。だが, 古くからの腰飾りは男性, 貝輪は女性に偏る傾向の指摘[17]と埼玉県神明貝塚例, 吉胡貝塚例は合致する。

左右両耳着装は吉胡貝塚例のみ, 神明貝塚例, 長野県宮崎遺跡例, 伊川津遺跡例は右耳に着装する。土製耳飾と異なり, サメ椎骨製耳飾が腐食した可能性もあるため, 右耳のみに着装する規制や流行があったとも言い切れない。

縄文晩期中葉の寺脇貝塚例は左腕にイタボガキ製貝輪, 後期前葉の神明貝塚例は右手首にサトウガイ製貝輪, 板状土偶の副葬, 後晩期の吉胡貝塚例は右側腸骨窩に朱塗角製腰飾をもつ。サメ椎骨製耳飾着装の者が貝輪や腰飾りも着装する組合せや土偶の副葬の組合せから, サメ椎骨製耳飾にも価値があり, 縄文社会で特定の地位ある者が着装したといえる。また, サメ椎骨耳飾着装と貝輪や腰飾着装行為は親和性がありそうだ。

この視点でみると, 晩期後葉の宮崎遺跡例は他の装飾品や副葬品をもたないが, 中部高地で土製耳飾が盛行するのは縄文晩期中葉まで, 以後の晩期後葉浮線文土器群期で少なくとも右耳に赤色塗彩のサメ椎骨製耳飾を着装した者は特異といえる。

内陸部の宮崎遺跡例や神明貝塚例について, 海側から来た出自を示した可能性は否定できないが,

検証が課題だ。

耳飾着装の伊川津貝塚16号人骨は, 所見から埋葬後に上部や周辺に再葬人骨が置かれた可能性がある。

頭骨に左右2点のサメ歯製耳飾を着装する著名な福岡県山鹿貝塚出土, 左右にサメ歯製耳飾, 両腕に多数の貝輪, 胸部に硬玉大珠及び鹿角製垂飾をもつ2号人骨などを踏まえても, 威信や, 呪術的な地位の高い者の着装物としてサメの価値が窺い知れる。

## 6　最後に─今後の課題─

サメ椎骨製耳飾を概観したが, 触れ得なかったのは縄文耳飾体系全体での位置付けだ。論点の一つに異なる素材による模倣がある。

千葉県古和田台遺跡出土の縄文前期後葉浮島Ⅲ式～興津式の1号住居址出土の土製玦状耳飾[18]の側面文様が, サメ椎骨製耳飾由来と指摘される[19]。同様の例は, 茨城県町田遺跡の浮島Ⅱ式かⅢ式推定の135号土壙出土例にある[20]（図2-1・2）。確かにサメ椎骨側面を模倣した蓋然性は高い。

土製玦状耳飾は, 縄文前期後葉～中期初頭に東北, 関東, 中部高地, 北陸に分布するが, とくに諸磯b式期に盛行し, 分布の中心は関東となる。限定された者が使用する石製玦状耳飾を模倣した代用品と考えられている[21]。石製が土製より明らかに上位である玦状耳飾の体系の中で模倣にサメ

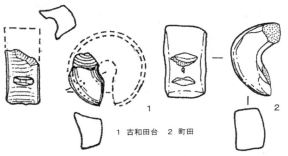

図2 文様をもつ土製玦状耳飾 (S=2/3)
1 古和田台 2 町田

椎骨の要素も取り入れられる点は注目される。ただ，玦状耳飾と耳栓による着装のサメ椎骨製耳飾とは着装法を異にする。また，関東でも縄文前期後葉のサメ椎骨製耳飾の存在は予想されるが，資料として現状で存在しない。古和田台遺跡例，町田遺跡例の側面文様がサメ椎骨のみならず，サメ椎骨製耳飾からの影響といえるか検証に課題は残る。

茨城県片岡II遺跡や埼玉県長竹II遺跡など，関東の縄文後期中葉〜後葉の無文土製耳飾の中に径10mm程度の魚椎骨に類する例が指摘されている[22]。こちらはサメ椎骨とはいえないが，社会の複雑化に向けた耳飾体系の中に魚椎骨模倣品が組み込まれる点は興味深い。

縄文耳飾は土器型式ごとの時期や地域で形態，文様，素材，サイズなどの変化，そして価値など社会的意味合いに変化もあるが，模倣されるものとしての価値が認められたのであろう。今後も年代や地域における土製耳飾との関係性を明らかにすることで，サメ椎骨製耳飾がもつ意味を耳飾体系全体の中で改めて考えたい。

## 註

1) J. Alyssa Whitea, *et al.*, 3000-year-old shark attack victim from Tsukumo shell-mound, Okayama, Japan. *Journal of Archaeolojical science: Reports*, 38, 2021, pp.1-12
2) 藤田富士夫『縄文再発見』大巧社，1998。長沼孝「遺跡出土のサメの歯について」『考古学雑誌』70—1，1984，pp.1-28。矢野憲一『鮫』1979 など
3) 鈴木素行「ムカシオオホホジロザメの考古学」『筑波大学先史学・考古学研究』29，2018，pp.1-26。鈴木素行「西のサメ歯 牙鏃編」『茨城県考古学協会誌』35，2023，pp.31-60 など
4) 山崎真治「沖縄沖縄先史時代の赤色顔料関連資料（II）」『沖縄県立博物館・美術館博物館紀要』15，2022，pp.43-52
5) 小金井良精「日本石器時代人の埋葬状態」『人類学雑誌』38—1，1923，pp.25-47，PL VI など
6) 清野謙次・杉山繁輝・三宅宗悦・中山英司ほか『古代人骨の研究に基づく日本人種論』1949
7) 後藤守一「石器時代耳飾」考古学雑誌11—10，pp.628。鳥居龍蔵『諏訪史第一巻』1924。樋口清之「滑車形耳飾考」『考古学評論』4，1941，pp.57-80
8) 高木正文ほか『黒橋貝塚』熊本県教育員会，1998
9) 原田 幹ほか『川地貝塚』1995
10) 田嶋正憲「岡山県の縄文時代装身具に関する基礎的研究」『半田山地理考古』6，2018，pp.23-58 など
11) 西田巖ほか『東名遺跡群II』2009。新東晃一「縄文時代の二つの耳飾り—南九州の耳栓と玦状耳飾り—」『南九州縄文通信』7，1993，pp.1-16 など
12) 吉田泰幸「縄文時代における土製栓状耳飾の研究」『名古屋大学博物館報告』19，2003，pp.29-54。吉岡卓真「土製耳飾のサイズと着装」『季刊考古学』別冊21，2014，pp.91-98 など
13) 渡辺 誠・江坂輝弥「寺脇貝塚発掘調査報告」『小名浜』，1968，pp.158-218
14) 中野達也・森山 高・米田 穣・奈良貴史・吉田邦夫ほか『埼玉県春日部市神明貝塚総括報告書』，2018
15) 青木和明・矢口忠良ほか『宮崎遺跡』1988。中沢道彦・大森貴之・尾嵜大真・米田 穣「長野市宮崎遺跡出土人骨の年代と派生する問題について」『長野市立博物館紀要』20（人文系），2019，pp.1-14
16) 田嶋正憲ほか『彦崎貝塚』2006 など
17) 甲野 勇『未開人の身体装飾』1929 など
18) 西川博孝「土製玦状耳飾」『古和田台遺跡』1973
19) 高山 純『民族考古学と縄文の耳飾り』1995
20) 山本静男ほか『竜ヶ崎ニュータウン内埋蔵文化財発掘調査報告書9』1984
21) 西村正衛「利根川下流域における縄文中期の地域的研究（予報）」『古代』34，1960，pp.1-32。西川博孝「再び土製玦状耳飾りについて」『千葉県文化財センター研究紀要』16，1995，pp.61-104 など
22) 吉岡卓真「後晩期の土製耳飾」『身を飾る縄文人』2019，pp.165-180 など

**図出典**

図1：註11を中沢改変　図2：註18・20を中沢改変　表1：中沢作成

なお，前稿（中沢道彦「装身具・儀器となったサメ類とその拝見」『シンポジウム縄文／弥生の骨角製装身具類の展開とその意義』2023）との内容の差異については本稿を優先願いたい。

# 骨角器に利用された動物質素材の使われ方

## 樋泉岳二 TOIZUMI Takeji
明治大学 研究・知財戦略機構 研究推進員

装身具の素材には，生産用具と比べ意図的な選択性があったのか。関東地方の縄文時代後期〜晩期の出土資料を対象に分析する

ここでは「生産用具（利器・工具類）と比べて，装身具類に選ばれる骨角素材には何か選択の意図があるか，また選択があるとすれば，それはどのようなものか」について検討する。種類・部位・サイズに関する選択性や稀少性の問題など，動物遺体分析者の観点から多少の考察を試みたい。

## 1 研究の方法

研究材料は関東地方の縄文時代後期〜晩期の出土資料とし，とくに資料数が多い千葉県出土資料を中心に検討を行った。データは千葉県史料研究財団（2004）[1] および金子浩昌・忍澤成視（1986）[2] を基本とし，これに新たな資料を追加した。また川添和暁氏からは鹿角製装身具類を中心に膨大な資料情報を提供していただいた。

素材は哺乳類の骨・歯・角に限り，貝・魚骨は原則として除外した。

生産用具は，機能が明確で資料数も多いものとして，ヤス状刺突具，逆刺付刺突具・有尾刺突具・組合せ式刺突具，銛頭，釣針，鏃（有茎（根ばさみを含む），無茎）を対象とした。

装身具類[3] は腕輪（半環状），棒状垂飾，叉状角器，垂飾（勾玉状，その他）を対象とした。このうち棒状垂飾と叉状角器の名称は金子（2009）[4] に従った[5]。また垂飾のうち，勾玉状を呈するものを「勾玉状垂飾」と仮称した。

## 2 生産用具の素材の特徴

**ヤス状刺突具**（図1-1〜2）　ヤス状刺突具では，鹿角製などもみられるが，シカの中手骨または中足骨製のものが圧倒的に多い。シカの中手・中足骨の竹管状の形態によるもので，この類のものは全国的に広くみられる。なお，エイの尾棘もヤス状刺突具の素材として利用されている。エイの尾棘は大型のものは美麗であり，垂飾などに利用されてもよさそうに思えるが，そうした例はみられないようである。

**逆刺付／組合せ式／有尾刺突具・銛頭**（図1-3〜

7）　逆刺付刺突具は鹿角製と骨製がみられるが，組合せ式刺突具・有尾刺突具および銛頭はほとんどが鹿角製である。とくに銛頭は大型の鹿角を素材としたものが多い。

**釣針**（図1-8〜9）　釣針は，イノシシ雄下顎犬歯製のものなどもみられるが，確認できた範囲では鹿角製と記載されたものがほとんどである。ただし，小型で磨き込まれた資料では素材の判別は容易ではなく，骨製のものが混じっている可能性は残る。未製品も含めた検討が必要であろう。なお，未製品が多数出土している矢作貝塚や余山貝塚ではすべて鹿角製であった。

**鏃**（図1-10〜13）　有茎鏃（根ばさみも含む）も鹿角が多いが，骨製（詳細な部位は不明のものが多い）も普通である。いっぽう無茎鏃はほとんどがイノシシ雄下顎犬歯を用いたものである。イノシシ雄下顎犬歯は，錐や牙斧などとしても利用されている（図1-16〜17）。

## 3 装身具の素材の特徴

**腕輪**（図1-14〜15）　腕輪（半環状）は，腕輪であることが明確なものはイノシシ雄下顎犬歯製がほとんどであり，素材の選択性が明らかである。ただし千葉県茂原市下太田貝塚ではイノシシ雄上顎犬歯製の腕輪4点がまとまって検出されており（図1-15），類例の検討を要す。

**棒状垂飾**（図1-18〜21）　棒状垂飾はすべて鹿角製であり，例数も比較的多い。とくに幼獣の角（一尖角）を用いたものが多く，奇形角の利用も普通であり，これらに特別な意味づけがなされていたことが読み取れる。

千葉市大膳野南貝塚J63号住居跡では，主体部東〜南側の壁柱穴分布範囲から幅約30〜40cm，層厚約10〜20cmの焼土堆積が半環状に確認された（図2）。焼土堆積下部の床面は被熱により赤化しており，焼土中には炭化材・炭化物を多く含む。この焼土分布範囲の南西部から，被熱を受けた鹿角製の棒状垂飾4点がまとまった

・・・・特定素材・器種からみる装身具類

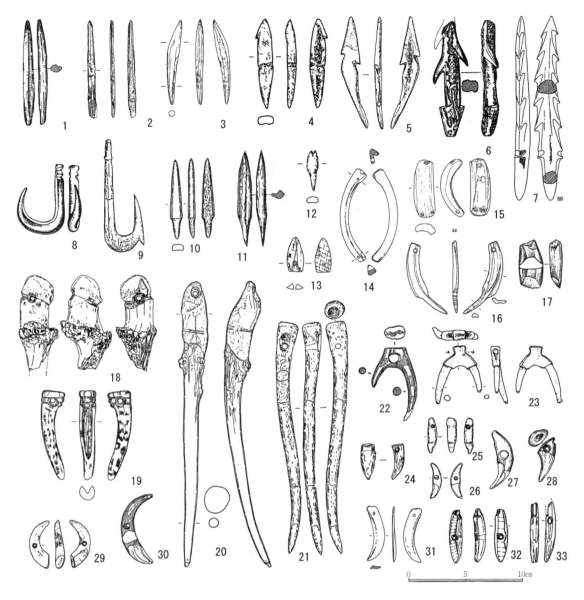

**図1 千葉県出土の骨角器**

1~2：ヤス状刺突具（1：大倉南貝塚（後期）シカ中手／中足骨，2：西広貝塚（後期）エイ尾棘）　3：有尾刺突具（西広貝塚（後期）鹿角）　4：逆刺付刺突具（矢作貝塚（後期）鹿角）　5：組合せ式刺突具（西広貝塚（後期）鹿角）　6~7：銛頭（6：鉈切洞窟（後期）鹿角）　7：余山貝塚（後期）鹿角）　8~9：単式釣針（8：矢作貝塚（後期）鹿角　9：余山貝塚（後期）鹿角）　10~11：有茎鏃（石神台貝塚（後期）鹿角　11：大倉南貝塚（後期）骨）　12：根ばさみ（下ヶ戸貝塚（後期）鹿角）　13：無茎鏃（荒海貝塚（晩期）イノシシ雄下顎犬歯）　14~15：腕輪（半環状）（14 西広貝塚（後期）イノシシ雄下顎犬歯　15：下太田貝塚（後期）イノシシ雄上顎犬歯）　16：錐（祇園原貝塚（後期）イノシシ雄下顎犬歯）　17：牙斧（加曽利南貝塚（後期）イノシシ雄下顎犬歯）　18~21：棒状垂飾（18：西広貝塚（後期）前頭骨角座部～角座（奇形），19：西広貝塚（後期）鹿角尖端部，20：西広貝塚（後期）前頭骨角座部～角（一尖角），21：貝の花貝塚（後期）鹿角（おそらく一尖角））　22~23：叉状角器（22：大倉南貝塚（後期）鹿角分岐部，23：大寺山洞穴（後期）鹿角分岐部）　24~33：勾玉状垂飾（24：古作貝塚（後期）ウミガメ末節骨，25：西広貝塚（後期）イルカ歯，26：祇園原貝塚（後期）イヌ犬歯，27：富士見台貝塚（後期）オオカミ犬歯，28：加曽利貝塚（後期）ツキノワグマ犬歯，29：下太田貝塚（後期）イノシシ上顎切歯，30：加曽利貝塚（後期）イノシシ雌下顎犬歯，31・32：西広貝塚（後期）イノシシ雄下顎犬歯，33：根田祇園原貝塚（後期）イノシシ下顎切歯）

66

骨角器に利用された動物質素材の使われ方

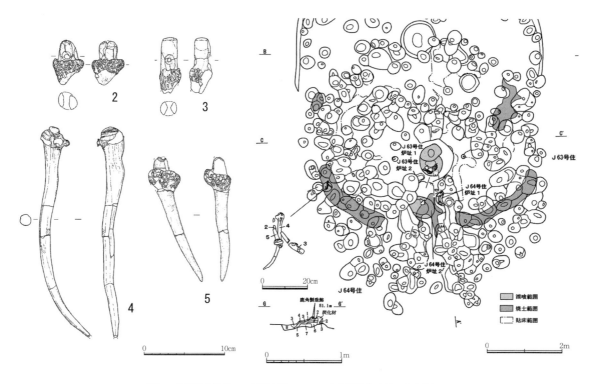

図2　大膳野南貝塚J63号住居跡における鹿角製棒状垂飾の出土状況

状態で出土した(図2-2〜5)。2・3は前頭骨角座部〜角座を素材とする。おそらく一尖角の奇形で、いずれも角座基部に双方向からの横位の穿孔がなされ、3は被熱により黒化している。4・5は一尖角の角座から角の先端部までが残存し、いずれも被熱している。4は角座部に横方向と縦方向の穿孔の痕跡、5は角座部に穿孔の痕跡と横方向の浅いキザミが観察される。これらの棒状垂飾は形態的に多様だが、この出土状況から一連の意味をもつものであったことが推測される。

**叉状角器**(図1-22〜23)　大型の鹿角の分岐部を素材とする装身具(おそらく呪術具)であるが、出土数は少ない。関東地方では、大型の角は生産用具の素材としては多用されるが、装身具としての利用はあまり活発とはいえないようである。少なくとも南関東では、川添の東海地方での縄文晩期鹿角製装身具類の分類[6]におけるG類とM1類が大半で、大型の角の分岐部を用いた製品は川添分類のF類に類するものが若干みられるが(図1-23)、A〜E類はほとんど認められな

い。神奈川県横浜市青ヶ台貝塚でD類に類するものがみられるが例外的であり、大型角の分岐部をそのまま廃棄する例も多い。

これは東海〜中国地方や東北地方との地域差といえるように思われるが、時期差(関東地方は縄文後期が主体、東海地方は縄文晩期が主体)の影響も考慮する必要があるかもしれない。

**勾玉状垂飾**(図1-24〜33)　勾玉状垂飾では、イノシシの犬歯・切歯、肉食獣(カワウソ・アナグマ・イタチ・タヌキ・イヌ・オオカミ・オオヤマネコ・ツキノワグマなど)の犬歯、イルカ・アシカの歯など多種多様な歯牙が利用されている。

イノシシの犬歯・切歯ではイノシシ雌犬歯が多く、上顎・下顎の切歯も利用されている。これらは穿孔しただけで素材の形態をそのまま残すものが多く、この点は肉食獣の犬歯やイルカの歯も同様であるが、ツキノワグマは切断品がみられる(図1-28)。おおむね長さ3〜6cm程度のものが大半で、この程度の大きさが垂飾としてほどよい長さということなのだろう。

いっぽうイノシシ雄下顎犬歯は意外に少なく、

67

また加工して小型にしており，なかにはわざわざ切歯に似せたものもみられる（図1-32）。「雄の長い犬歯の方が見映えがすると思われるのに，そのまま使っている例はむしろ少ない。犬歯であれば何でも使う，あるいは大きければ良いというものでもなかった」[7]のであろう。イノシシ雄下顎犬歯は鏃・錐や腕輪などの素材としても多用されているので，垂飾が少ないのはこのことにもよるのかもしれない。

肉食獣の犬歯については，オオカミ・オオヤマネコ・ツキノワグマは素材そのものが稀少であり，なおかつ獰猛な獣であることから，畏敬の念をもって，あるいは生命力の象徴として，これらの動物の象徴的部位である牙を身に着けたとのイメージはつけやすい。しかし，イノシシ・カワウソ・アナグマ・イタチ・タヌキ・イヌといった身近な生き物も多用されていることから，そうしたストーリーでは説明できない部分も残る。装着者の社会的ランクの問題も含め，課題としておきたい。

**垂飾**（勾玉状以外）　勾玉状以外の垂飾ではウミガメの利用が目立つ。四肢骨などに穿孔したもので，この動物になにか特別な意識があったことがうかがわれる。

## 4　まとめ

生産用具に関しては，ヤス状刺突具ではシカの中手・中足骨，銛頭や釣針では鹿角が選択的に用いられており，素材の選択性が明白である。いっぽう有茎鏃にかんしては鹿角以外に骨も多く用いられており選択性が低い。これは素材の性状と完成品の形態との関係からみて，ある意味当然の結果であろう。これに対して無茎鏃に関しては，鹿角や骨類が用いられてもよさそうに思えるが，イノシシの雄下顎犬歯が選択的に用いられている。このことから，これらが本当に鏃として用いられたものかも含め再検討が必要かもしれない。

装身具に関しては，棒状垂飾ではシカ幼獣の一尖角や奇形角が多用されているのに対し，叉

状角器は出土数も少なく，大型角に対する選択性は認めにくい。勾玉状垂飾については多種多様な素材を用いている。この点については，選択性が低い（なんでもよい）というよりは，目的意識が多様であったと理解したほうがよいだろう。長さが3～6cm程度というのがひとつの基準になっているように思われ，イノシシ雄下顎犬歯についてはとくに選択的な利用は認められない。

生産用具と装飾品を比較すると，シカの中手・中足骨は生産用具のみ，鹿角は，大型の角はおもに生産用具に用いられ，装身具としては棒状垂飾に幼獣の一尖角や奇形角が選択的に利用されている。その他の骨類は，稀にシカの尺骨やイノシシの腓骨が刺突具に用いられることなどを除けば，骨角器の素材として利用されることは少ない。イノシシ雄下顎犬歯は，生産用具としては無茎鏃や錐・牙斧など，装身具としては腕輪や勾玉状垂飾などに用いられているが，垂飾としての利用はそれほど多くはなく，むしろイノシシの切歯・雌下顎犬歯や肉食獣の犬歯などが勾玉状垂飾の素材として幅広く利用されている。

### 註
1)　千葉県史料研究財団「(3)骨角貝製品」『千葉県の歴史 資料編 考古4（遺跡・遺構・遺物）』千葉県，2004，pp.316-373
2)　金子浩昌・忍澤成視『骨角器の研究　縄文篇Ⅰ・Ⅱ』慶友社，1986
3)　ここでいう装身具には呪術関連の道具やその他の用途不明の遺物も含む。
4)　金子浩昌「研究編」『東京国立博物館蔵　骨角器集成』東京国立博物館，2009
5)　ただし，金子自身も述べているように，「棒状垂飾」を垂飾としたのは単なる形状からの類推であり，本来どのような目的で使用されたものかは不明である。
6)　川添和暁「東海地方の貝塚に残された副葬品」『身を飾る縄文人−副葬品から見た縄文社会−』雄山閣，2019，pp.71-88
7)　金子浩昌「日本の骨角器」月刊文化財290，1987，pp.4-10：9頁

特集　骨角製装身具類からみえる縄文社会

# 他素材から見る装身具類

装身具の素材には，骨・角・歯・貝以外にも，石や土などが確認される。素材の違い，また形態や文様の写し，材質転換などが行われた背景や社会的意味について検討する

緑色系石材の位相／貝輪（連着）形土製品／土製垂飾／土製耳飾り

## 緑色系石材の位相

**栗島義明** KURISHIMA Yoshiaki
明治大学黒耀石研究センター

緑色石英を素材とした装身具が製作されていた材木遺跡の調査成果をもとに，縄文社会でのヒスイ代替石材の開発・利用を考える

　先史時代における装身具素材として多用された石材のなかで，最も普遍的かつ貴重なものとしてヒスイがあげられる。何故，ヒスイが縄文時代前期から古墳時代に至るまで，装身具素材として重用され続けたのか，我々は未だにその答えを得るには至ってない。しかしながら，縄文時代に限って言えば，途切れることなくヒスイ製装身具が集団内での最高位階の表示具素材として認知されていた点は間違いなさそうである。

　さて，そうしたヒスイの優位性と関連した現象として，縄文時代の人々が緑色系石材を好んで装身具素材として開発・利用した事実が指摘できる。この問題に関連し山形県最上町材木遺跡で調査した成果[1]を中心に，装身具素材の開発と製作工程について問題提起を行なっておきたい。

### 1　材木遺跡の調査

　山形県北東部の最上町は，新第三紀に形成された巨大な向町カルデラ内に位置しており，その周囲を1,000m級の山々に囲まれている。材木遺跡は東西12km，南北10kmにも及ぶこのカルデラ内を流れる絹出川左岸上に残された縄文時代晩期の遺跡で，古くから土器・石器（石鏃・石匙・石錐・玉）が採取される場所として知られていた[2]。

　材木遺跡における最初の発掘は，1973年の開田計画に伴う確認調査として実施され，大洞B式〜A'式の鉢・壺類とともに石鏃や石錐・磨製石斧など各種石器類が多数発見された。この調査で出土した玉類を断続的に調査した三澤裕之は，その後に緑色石材がヒスイではなく石英であることを突き止めた[3]。この情報を得た著者は2023年の秋，数人の有志とともに在地系石材を用いた装飾品製作の痕跡を確認するため，材木遺跡の調査を実施したのであった。

　すでに遺跡からは三澤によって製品を含む約60点もの緑色石英製品片，その他にも地権者や

図1　材木遺跡遠景

町教育委員会に数点の同石材を用いた小玉・勾玉が収蔵されており、ここで装身具製作が行なわれていた可能性は非常にたかかった。約1週間の調査では叩石や筋砥石など、製作工程を実証する遺物検出には至らなかったものの、新たに30点ほどの緑色石英製品を確認することができた。これらの資料の中には、緑色石英製の小玉・勾玉片のみならず、素材礫片や分割素材片なども含まれており、この遺跡内で装身具製作が行なわれていた確かな証拠となった。

なお、遺跡における土層堆積状態は決して良好とは言えず、表土（約25～30cm）下に遺物包含層の堆積が確認されたものの、層厚は一定せずに基盤砂礫層へと連続し、精査したにもかかわらず遺構などの確認には至らなかった。そのために調査方針を変更して遺物回収を主眼に置き、包含層土壌を最初に目開き6mmの篩でふるい、次に可能な限り2mmの篩を用いて遺物回収を進めることとした。石鏃・石錐などは前者で回収され、後者の作業では2～3mmの微細石片を千点以上回収する

ことができた。なお、土器片については約500点を確認し、それらが晩期後葉～末葉（大洞A～A'式）を主体とした、極めて一括性のたかい資料群であることが改めて確認されることとなった。

## 2 緑色石英製装身具

緑色石英製の装身具関連資料は、これまでの発掘・採集品で約70点、今回の調査によって30点を確認することができた。これらの資料群を総括

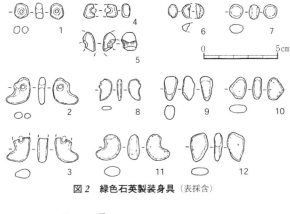

**図2 緑色石英製装身具**（表採含）

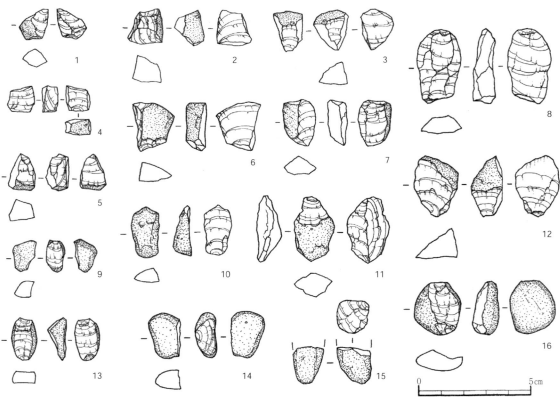

**図3 緑色石英製装身具工程品**（表採含）

70

的に検討すると，一連の装身具製作工程を比較的明瞭に復原することが可能となる。以下，出土資料群を概観するなかで，材木遺跡における緑色石英を素材とした装身具製作について検討を加えてゆきたい。なお，素材となった緑色石英について最上町内の河川は無論，南側に位置する尾花沢市の丹生川の流域，そして県境を跨いだ宮城県大崎市の鳴子・鬼首一帯にも探索の範囲を広げてはいるものの，原産地の発見には至っていない。いずれにしても材木遺跡を除くと，現在のところ周辺遺跡からは1〜2点の検出に留まっていることからも，本遺跡を中心としたエリアから素材礫の供給がなされていた点は間違いないであろう。

**原石**　今回の調査で回収された緑色石英の中には長さが1cm，重量3.3g程の小型礫が存在する。隣接した尾花沢市漆坊遺跡では同様な小型礫と長さが4cm，重量が55gの中型礫も確認されており，大きさでは振幅があるものの，形態的には礫形状を呈することが通例であったと推察される。少なくとも当該石材が岩体として存在するものではなく，また河川転石としての円磨作用も不十分であることなどから，長距離を移動したとは考えがたい。材木遺跡の周辺の地層中に包含され，その包蔵・産出量が希薄で，そこから遊離した後も河川転石として長距離を移動していた可能性は低いのであろう。

**分割**　劈開性が脆弱で高い硬度をもつ緑色石英は，順次，意図的に剥離してゆくことは不可能に近い。形態的に多様でその形状が一定しない礫素材を用い，目的とする小玉・勾玉と言った装身具形態を作出するに際し，普遍的に用いられたのが分割工程であった。素材礫が台形状・棒状などの場合にはそれを中央部で等分割している（図3-14・15）。無論，小型礫の場合には小玉でも勾玉でも分割は不要であり，その場合は不要な稜部分を極力除去していたようである。

素材礫の初期加工工程で，分割時に用いられるもう一つの技術が両極技法である。この技術は後続する分断の工程でも普遍的に採用されていたようであるが，素材礫を分割したりその法量を減じたりする場合にも認められている。図3-13・16にその典型を観ることができ，台石上に素材礫を載せて叩石などを振り下ろすことによって分割・剥離を進めた痕跡を留めている。同様な対向する剥離面は粗割りされた資料中にも散見されること

から，この両極技術が広く製作工程中で用いられていたことは間違いない。

**粗割**　素材礫を分割，あるいは両極技法によって厚手剥片を除去した資料は，側縁部などを分断するように除去しつつ目的とする装身具形状へと近づける。例えば図3-10のような素材端部を分断することで，直方体や立方体の形態を作り出すことができる。図3-7・8・11・12のような厚手剥片あるいは分割素材の一端，あるいは両端部を分断すれば装身具形態を準備することとなる。

当該工程の優位性は，素材の形状・形態・法量にかかわらず，資料を断ち割るように整形することで目的とする装身具形態に仕上げる点にある。おそらくこの工程においても，両極技法にその多くを依存していたと推察される。

**敲打**　今回の調査で検出された資料群のなかでも注目されるのが図2-9・10・12で，いずれもが不定形な形態ながらも全面が磨りガラス状を呈している。おそらく勾玉へと仕上げる工程資料と考えられるが，平面形・断面形がともに未整形との印象は拭えず，しかしながら剥離などによらずに敲打によって形を整えている点は間違いない。

緑色石英のように規則的剥離が困難で，しかも加撃や押圧などによって素材形態の整形が望めない石材の場合，尖鋭な端部をもつ敲石などで繰り返し敲打することが最も有効であったらしい。事実，これらの資料表面には微小な凹部を観察することができ，また出土資料中には棒状の石英と六面体の水晶を確認している。これらを敲石として用いて，直方体・立方体素材の稜部分を中心に継続的に敲打していたと考えられる。

**研磨・穿孔**　資料中には，研磨・穿孔工程を控えた資料が確認されている。図2-7は小玉の研磨段階の資料であり，図2-6は穿孔途中で欠損した資料のようである。図2-8・11はいずれも穿孔を控えた未製品であるが，後者は表面にやや凹凸が残っていることから研磨途中の可能性も存在する。

前述したように今回の調査でも，そして過去の調査や表面採集資料を見渡しても，平砥石や筋砥石の出土は確認されていない。石英質の素材を用いた場合，そして完成品を瞥見する限りは，全面にわたって比較的入念に研磨される傾向が見られることから，砥石を用いた作業工程の介在は確実であったと考えられることから，今後の発見に期待しておきたい。

## 3 在地産緑色石材の開発

　山形県北東部の最上町に所在する材木遺跡，奥羽山脈脊梁部に位置するこの遺跡で，緑色石英を用いた装身具製作が行なわれていたことはほぼ間違いない。その産地並びに産出量が不明な現状ではあるが，製品が比較的広範に確認されている（山形県6遺跡，宮城県5遺跡，岩手県3遺跡，秋田県3遺跡）ことから，晩期後葉段階に流通していた点は間違いない[4]。緑色の色調に加えて，小玉と勾玉という装身具形態を考慮しても，これらがヒスイの代替品としての位置づけを担っていたものと推察される。

　冒頭でも述べたように，縄文時代の装身具のなかで素材石材としてのヒスイが別格とも言える価値が社会的に付与されていた点は確実であろう。しかし，原産地を離れた地域でそれを入手することは用意ではなく，流通網の末端地域ではヒスイ製品を分割するという行為さえ確認されている。同様な環境及び背景のなかで，在地石材の開発も行なわれたものと推察され，九州地域でのクロム白雲母を用いた装身具製作[5]はその好例と言えよう。材木遺跡における緑色石英を用いた装身具製作も，同様に評価することができようか。

　ヒスイという石材は色調・光沢・透過性，そして比重などの属性から，装身具素材石材のなかでは比較的特定し易い石材と言えよう。しかし，中期以後も多用されるヒスイとともに，在地産の緑色系石材が組み込まれた実態があり，その傾向は晩期に至ってはより加速するようである。すでに中期段階においても福島県北川前遺跡では，在地産の蛍石を用いた垂飾製品が確認されており（口絵11），以後も同様な在地緑色系石材の開発・利用が行なわれており，関東・中部の晩期遺跡ではヒスイ製を上回る多数の緑色系石材を用いた小玉・勾玉を各遺跡の出土品中に認めることができる。無論，連珠としての利用形態も一つの画期となっている可能性があるが，そうした緑色系石材についての岩石・鉱物学的な特定が行なわれた事例は少なく，その生産・加工・流通に関する研究は今後に課せられた大きなテーマでもある。

## 4 まとめ

　在地系石材の利用は，各地域におけるヒスイ代替石材の開発という側面が強いが，決してそれだ

図4　石材・形態に見る装身具の多様性（各種装身具（材木遺跡）／赤彩土玉（摺萩遺跡））

けではあるまい。前期段階の玦状耳飾りなどに始まり，後期・晩期の連珠などへと続く各種装身具の形態とその組合わせに関する研究と併行し，その素材への着目も喫緊の研究課題と位置づけるべきと考える。

　材木遺跡では緑色石英製とともに滑石・流紋岩製の勾玉・小玉が出土し，小玉に関しては土製品も確認している。同一形態の装身具でありながら，硬質で加工の困難な石材とともに軟質な石材や粘土までを用いて同一形態の装身具を製作した意味について，未だに我々は明確な答えを得ていない。

　ただし，土玉についてはわずかに赤彩された痕跡を留めており，宮城県摺萩（すりはぎ）遺跡の事例と同様に彩色されていた蓋然性がたかい。土製品や軟質石材による装飾品については，それを赤・黒の漆を用いて彩色することで製品化されていたのではないだろうか。それは土製品のみならず，軟質石材を用いた小玉・勾玉に関しても，さらには本特集で扱われている骨・角製品に関しても例外とは思えない。

　ヒスイとその代替石材が縄文時代を通じて優位，普遍的な価値を付与されていた背景には，復原が不可能な緑色という特質故であったのかもしれない。製作が容易な滑石・凝灰岩，さらに粘土を用いた装身具一般に関しては，あくまで素材としての工程品であって，黒・赤などの漆によって彩色されることで製品化されていたと推察される。

### 註

1) 栗島義明編『山形県材木遺跡―縄文時代晩期攻玉遺跡の調査―』基盤研究（B）研究成果報告書，2024
2) 山形県『山形県史　資料編第11』1969
3) 三澤裕之「最上町材木遺跡から採集した緑色の石英について」『山形考古』49，2020
4) 栗島義明・三澤裕之「装身具製作と流通」前掲註1
5) 大坪志子　2021『三万田東原遺跡』熊本県埋蔵文化財センター

# 貝輪（連着）形土製品

高橋　満　TAKAHASHI Mitsuru
福島県立博物館

> 貝輪の連着状態を模倣したユニークな土製品を型式学的に検討し，サイズや貝輪との関係性からその機能と性格について考察する

## 1　貝輪（連着）形土製品の分類

　縄文時代の腕輪形土製品の中には，複数の貝輪を連着した状況を模倣したものが知られる[1]。近年，腕輪形土製品全体の型式と分布が論じられ，当該土製品は，東北地方南部（新潟県北部を含む）から関東地方東部に分布圏をもち，後期前葉の堀之内式期に伴うことが明らかにされている。

　本論では，この筒形を基本とする腕輪形土製品を貝輪（連着）形土製品と呼び，型式学的な検討を行い，その特徴について理解を深めていきたい。

　当該資料は単純な構成要素で成り立っているものの，貝輪を連着した状況を模倣している点で非常にユニークである。連着される個々の貝輪に相当する外面の横線表出手法に着目し分類する。

　**①横線表出手法A**　1〜6は，横線を隆線で表現する一群になる。外面に断面形が三角形をなす隆線を3〜8段貼り付ける。この凸出部分が貝輪の腹縁部の再現となる。隆線端と隆線間凹部との比高差は比較的大きく，貝輪を強調する模倣と考えられる。隆線による描線手法は，同じ段数を保ったまま器面を一周する。隆線の間隔は密になるもの（1〜3）と疎らなもの（4〜6）に分けられ，後者の方が貝輪の着装をより意識したものにみえる。

　1は地の面の中位に最大径をもつ樽形で，隆線が強調される。この中張樽形は少数で，2・6の鼓形，3〜5の地の器形が直立ないし外形／外反気味のものが多いようだ。1の完形品は上面観が略円形で，同様の形態をとるベンケイガイ製貝輪が模倣の対象とされる[2]。略円形を呈するものには4もあるが，破片資料では2・5のように上面観が楕円形気味になるものも存在する。

　貝輪（連着）形土製品の特徴として言及される縦位の区画文は本手法のものには確認できず，採用されない表現である可能性が高い。

　**②横線表出手法B**　本手法は，横線を隆線ではなく幅広の凹線で表出することにより，凹部間の凸部を貝輪腹縁部に相当させる。凹線は比較的深く，また凸部の肩（凹線上端）が丸味をもつように調整される結果，凸部に擬似隆線的な効果をもたらしている。

　全形がうかがえる7では，凸部段数は手法A同様に一定を保って巡る。本例は上面観がやや楕円形を呈しており，その長軸端外面に縦位に隆線を貼り付けて区画文としている。このうち一方の隆線は剥落しているが，その箇所にも凹線が巡っており，施文順序が確認できる。また，一定の

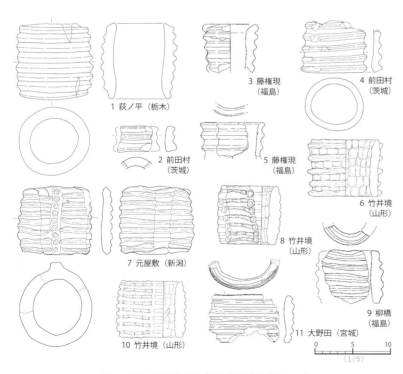

**図1**　貝輪（連着）形土製品（横線表出手法A・B）

線数を保持する描線の引き方が存在することがわかる。上述のように，手法Bの一群では縦位の区画文様をもつものが出現する。これは，貝輪同士を束ねて緊縛した紐などが文様化したものと考えられる[3]。7の隆線上には9つの円孔が列をなしている。8は円孔列のみの区画文，10は凹線が途切れる部分が縦に連なるスリットとなるようだ。円孔を穿った際に出た粘土がその周囲に残されて，低い隆線にみえる場合もある。11は上面観から楕円形を呈すると思われ，長軸端部に区画文がみえるが，同じく楕円形長軸端の破片9では区画文が存在しないことから，区画文の有／無の別が存在すると考えられる。

本手法Bの器形は，中張樽形のものが多い(7〜10)。11は最大径が片側に寄る樽形になる。手法A同様に上面観が円形と楕円形の2者からなる。

本手法の連着段数は4〜9段の範囲になる。手法Aで分別した横線の「疎／密」に関しては，手法Bではその区分がそのまま当てはまらない。凹線と擬似隆線的表現は連動した手法になることから，どちらかと言えば「密」といえる。

このことを系譜的に考えると，手法Aで「段密」の1と手法Bの7は，外形や内面形状やサイズが類似し凸部の段数が一致する近似した関係にあり，手法を凹線表出手法に転換して区画文を付加したものと型式学的に捉えることができる。

図示したものは東北地方南部のものであるが本手法のものは関東地方にも分布している。

**③横線表出手法C** 横線表出手法が沈線による類型で，手法A・Bに比較して類例数が多い。段数も，4段〜13段・16段と値の幅が広い。

横線は沈線表出になるので，凸部が形成されない。また，縦位区画文を境に沈線の本数が一致しないこともある。これは区画面ごとに線を充填する手法によるもので，貝輪の連着状況からの逸脱する表現といえる。19では，沈線が途中で分枝

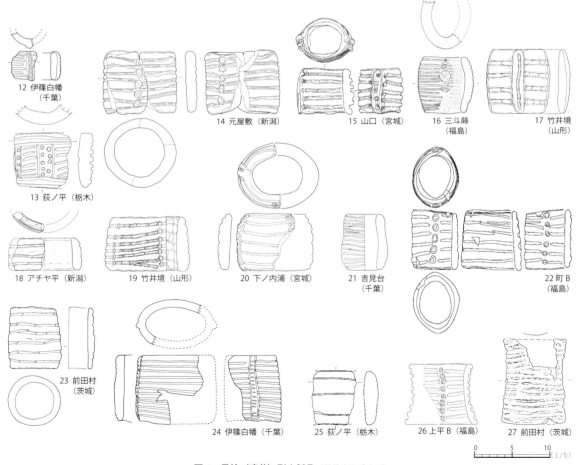

**図2　貝輪（連着）形土製品**（横線表出手法C）

する状況が示されている。

縦位区画文も手法B同様となるが，円孔列の例が多い。加えてバリエーションが豊富になる。15では凹線を伴う隆線に円孔列が施され，隆線の左右も横線の起点になるように円孔列が存在する。そこから，円孔列が除去された形が17の区画文になる。仙台市域では20のように円孔列が複列のものや，短軸端に区画文をもつものが存在する。また12・24のように細めの隆起線上に刻目を施したものもあり，地域性が生じてくる。13は複列の円孔列区画文の上下が窄まる一方で多単位化し，文様化する変容をみせている。

器形は多様化し一見まとまりのないように見えるが，概ね5つに区分できる。12〜14は直立筒形，15〜17は胴部中位に最大径をもつ中張樽形，18〜20は最大径が下方による下張樽形，21〜24が最大径を下方にもち上部の外形が直線（一部外反気味）に内傾する内傾筒形，26・27が鼓形になる。上面観は，略円形のものと楕円形の2者が存在する。中張樽形の数がもっと多く，手法Bとの関係性がうかがえ，東北地方南部に多い。直立筒形は関東地方に多く，下張樽形も比較的数が多く東北地方南部に分布の中心がある。これら3形式は法量的にも近似する。

14は，手法Bの7と同じ遺跡の出土である。器形以外は，サイズ・凸部の段数・円孔列の区画文が類似し共通度が高い。すなわち，7と14には型式学的な連続性が読み取れるのであり，先に触れた手法A1と7との関係性を踏まえれば，1→7→14へのスムーズな変遷と系列化が認められ，時期差を内包していると考えられる。

内傾筒形は，下張樽形から変化したものと考えられる。21は下張樽形の特徴をよく残している。外反基調の鼓形は樽形と対照的な器形になるが，内傾筒形から変化したものとして理解できよう。

25は細線を描線とし，その間隔が広い。器高が7cm前後で4段構成となる。栃木県方面のローカルな類型である。

## 2　貝輪（連着）形土製品のサイズ

当該土製品の出土遺跡は31ヵ所を把握している。上面観（円形／楕円形）と器高がわかる資料はわずかなため，器形の上下端が残る24遺跡の資料の器高と凸部の段数を計数してみた。横線表出手法をすべて含み，内訳は手法A：5点，手法B：10点，手法C：50点になる。

類例の器高は3〜11cm台の幅があり，段数は3段から13段までと，間が空いて16段がある。器高は正規分布し6〜8cm台で全体の約6割を占め，7〜8cm台が頻出する。段数は8段が最多数を占め，全体の約25％の出現率を占める。注目されるのは，9段以上の出現率の急減である。この間に明確な境界がある。

器高ごとにみていくと8cm台では8段というように，器高と頻出段数の数値が近似する傾向がある。段数が増えると器高が増す関係は，多数着装した貝輪の連着数と連着高でも同様になる。

本土製品の段数と器高の相関を「標準ゾーン（表のアミ掛け部）」とすると，それが成立するのは器高9cm以下で段数8段までになる。

ゾーンの左／右では，器高クラスごとの相対的な横線数の「疎／密」が把握できる。手法Cは，類例の大多数を占め，表1が動向を示すとみなせる。目立つのは，出現頻度は低いものの「密」側に振れるもので，各器高クラスに段数密度の濃い個体がある。段数が最も多い例は図示資料の12・13・16・21・24・27が該当し，横線が条線化ないし文様化した資料になる。1点を除き関東地方の出土品で，下張樽形以外の4種の器形に存在し，量的に特定の器形に偏ることはない。

条線と有刻細隆線区画文が特徴的な千葉県伊篠白幡（いじのしらはた）遺跡等のように特定のタイプを保有する傾向が関東地方遺跡にはあるようだ。「疎」側に大きく振れるものは，25の独立的

**表1　貝輪（連着）形土製品集計表**

| 高さ↓ ＼ 段数→ | 3段 | 4段 | 5段 | 6段 | 7段 | 8段 | 9段 | 10段 | 11段 | 12段 | 13段 | 14/15段 | 16段 | 計 |
|---|---|---|---|---|---|---|---|---|---|---|---|---|---|---|
| 11-12cm | | | | | | | | | | | | | 1 | 1 |
| 10-11cm | | | | | 1 | 2 | | | | | | | | 3 |
| 9-10cm | 1 | | | | 1 | 1 | | 1 | 1 | 1 | 1 | | | 7 |
| 8-9cm | | | 1 | 2 | 3 | 6 | | | 1 | | | | | 13 |
| 7-8cm | | 3 | 1 | 2 | | 4 | 1 | | 1 | | | 2 | | 14 |
| 6-7cm | | 2 | | 3 | 2 | 1 | 1 | 1 | 1 | | | | | 11 |
| 5-6cm | | 1 | 1 | 3 | 2 | 1 | | | | | | | | 8 |
| 4-5cm | | 4 | 2 | | | 1 | | | | | | | | 7 |
| 3-4cm | 1 | | | | | | | | | | | | | 1 |
| 計 | 2 | 10 | 5 | 10 | 9 | 16 | 2 | 2 | 4 | 1 | 1 | | 3 | 65 |

な類型や 17 などで数は少ない。

このように各器高クラスで段数の疎密は特定の類型や地域性がみられ，一般的には「標準値」±2段程度で器高と段数の増減が連動するようだ。

Ｃ手法の３器形は器高４～９cm，段数が４段～11段の範囲に分布するのに対し，内傾筒形は器高が７～11cm，段数が６～13段・16段と分布域を異にする。器高が高く，二桁の段数になる比較的大型の個体を構成する形式になる。

## 3　貝輪（連着）形土製品の機能

貝輪（連着）形土製品には，模倣品にとどまるのか，あるいはリストバンドとして実際に着装したものなのか，評価に関わる問題がある。

貝輪着脱実験では，内周長 145mm 前後に子供用と成人用の貝輪サイズの世帯区分が認められる[4]。

この観点で当該土製品の遺存度の高い資料の内周長をみると，15 が内周長 150mm 程度，22・23 が 160mm 前後，4 が 180mm 程度，20（復元）が 190mm 程度，1・24 が 200mm 前後，14・27 で 210mm 前後，7 が最大で 220mm 程度となる。170mm 付近のものが現状では見当たらないため，ここに何らかの区分帯を設定できる可能性がある。またこれらの内周長は，貝輪と比較して長めの数値を示す。貝輪より高さのある本製品の着脱には，内径を大きく製作する必要があったと考えられる。

内周長が 170mm 以下になるものは器高が９cm 以下，180mm 以上では器高が略８cm 以上になる傾向があり，段数は８段が目安になっている。

このように器高においては８～９cm に内周長区分帯の設定が見込め，一般サイズと希少な大型品の別があるようだ。前者は既に述べた器高と段数の相関性および横線表出手法Ｃの３器形（直立筒形・中張樽形・下張樽形）のサイズと関連することから，本土製品の中では連着数８段表出が一つの到達点として意識されていたものと考えられる。この範囲内には，約７割の資料が含まれている。

対して器高９cm 台に多出するのが内傾筒形である。下方に最大径があり上方が窄まる器形は，手首が狭く肘側が太くなる前腕の形状を取り込んでいる。貝輪（連着）形土製品は，手先が通過することに加え，手首が抜け出る前に前腕部で突支えないことも着装の要件になる。多段表出による器高増を前腕に合わせるためカスタムメイドしたものが本形式になる。鼓形も前腕へのフィットを重視

したものと考えられる。素材形状に規制される貝輪と異なる特性が土製品で発揮されている。

ところで，器高値と段数は一対一の関係ではなく，器高が低い方の段数が多い場合もある。ただし，この比較や同一器高での段数のバラツキ自体にはあまり意味はない。原理的に器高が高く段数が多いほど上位の評価になるが，本土製品の希少性を考えた場合に，サイズや段数の多寡の評価は集落内や小地域内で完結し，他地域のものとの優越を前提にしていないと考えられるからである。

貝輪（連着）形土製品には，上面観が楕円形を呈するものがある。この形状は略円形のベンケイガイ製貝輪ではなく，サトウガイ製貝輪を模倣したようにもみえる。その是非はともかくも，この形成も前腕形状に適合し，手首と土製品の長軸方向を一致させ，その長軸端に縦位区画文を対置施文している。貝輪は内面を肘方向に向けて着装し，肘を折り曲げて上腕を示し丁寧に研磨した貝輪の腹縁部を相対した第三者にみせる使用法が想定されており[5]，長軸方向を紐で固定するのは理にかなっている。

以上のように貝輪（連着形）土製品には形式の別やサイズの別に応じた機能性が保持されているとみることができ，連着させる貝輪の代替としての用途があったと考えられる。

謝辞　執筆に際し，青木誠・植村泰徳・野田豊文・八木勝枝の諸氏からの御教示に感謝申し上げます。

**註**（紙幅の都合で報告書等は省略している）
1)　吹野富美夫「縄文時代の土製腕輪」『常総台地』15，常総台地研究会，2000。高城大輔「オオツタノハ形土製腕輪について」『沼南町史研究』7，沼南町史編さん委員会，2003。吉田泰幸「縄文時代における『土製腕輪』の研究」『古代文化』59―4，財団法人古代学協会，2008
2)　阿部芳郎「貝輪の着装と生産・流通からみた縄文社会」『副葬品から見た縄文文化』威信財から見た縄文社会の構成と交易研究成果報告書，2014
3)　阿部芳郎「身体装飾の発達と後晩期社会の複雑化」『身を飾る縄文人』雄山閣，2019。前掲註１吉田 2008 では，円孔について装飾品に穿孔された孔とみなし半環状・長方形の製品を多数組み合わせたものを模倣した可能性を述べている。
4)　阿部芳郎「貝輪の生産と流通―着装習俗の変革と社会構造―」『季刊考古学』別冊 21，雄山閣，2014
5)　前掲註３阿部 2019 に同じ

# 土製垂飾
## 関東地方の縄文時代中期の土製大珠を中心として

**宮内慶介** MIYAUCHI Keisuke
飯能市教育委員会

> 硬玉製大珠を模して製作された土製大珠の形態や出土状況，盛行期などを検討する。土製大珠は縄文社会においてどのように位置づけられていたのだろうか

　縄文時代の装身具には，骨角貝製や石製，土製，木製など様々な材質のものが存在する。材質によってはその希少性や象徴性から，交易論や社会論にまで研究の射程は及んでいるが，今回取り上げる縄文時代中期の土製垂飾，とくに土製大珠は類例の少なさと土製というありふれた材質のせいもあってかこれまであまり注目されてこなかった。今回埼玉県飯能市の加能里遺跡で良好な資料が検出されたため，類例とともに紹介したい。

### 1　飯能市加能里遺跡の土製垂飾

　加能里遺跡は入間川左岸の河岸段丘上に広がる縄文時代草創期から晩期，古墳時代，奈良・平安時代，中世の複合遺跡である。段丘崖線からはいくつもの湧水が流れ，地点を変えながら縄文時代各期の活動痕跡が残されている。縄文時代中期には，遺跡範囲の東端で環状集落と想定される居住域が見つかっている。

#### (1) 第74次調査[1]

　縄文時代中期の集落域での調査で，土製垂飾は勝坂式中頃の住居床面で検出された土坑から出土した(図1・2)。

　土坑は96×88cm，確認面である住居床面からの深さは58cmを測る。底面が皿状を呈する円筒形の掘り込みで，北西の壁寄りに床面から6cmほど浮いた状態で完形の土製垂飾(図1-1)が検出された(口絵12)。形状から貯蔵穴の可能性も考えられるが，底面付近から装飾品が検出されたことから墓坑と判断した。

　土製垂飾は長さ7.1cm・幅2.2cmで紡錘形に近いが，左側縁が直線的であるのに対し，右側縁は緩く湾曲し，縦長のD字形を呈する。最も厚い中央部で1.6cmの厚さがあり，上下の端部に向かって厚みを減じる。また断面形状に注目すると左側縁はやや角張った形状なのに対し，右側縁には丸みがある。中心から1cmほど上位に径0.6cmほどの焼成前穿孔が成され，おもて面には孔から下端に向かって沈線が施されている。ナデ整形後に全面にミガキが加えられるが，彩色などは認められない。

　こうした形態的な特徴は，石製装飾品のうち，縄文時代中期を中心に盛行する鰹節形の大珠に類似していることから，本資料は石製大珠の材質転換の一例と考えられる。

　関東地方における硬玉製大珠は墓坑から検出されることが多く，出土状況から加能里遺跡例も着装状態での埋葬もしくは副葬品と考えられ，硬玉製大珠と同様の扱いを受けている点は注目される。大珠形土製品とされることもあるが，加能里遺跡でのこうした出土状況から，土製大珠も実際に垂飾品として着装されていたことが確かといえる事例であろう。

　1は勝坂式中頃の住居跡床面で確認された土坑から検出されたため，おおむね同時期かそれ以前の時期の所産と考えられる。

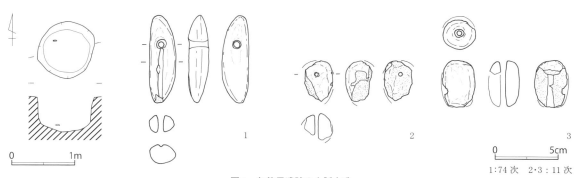

1:74次　2・3:11次

図1　加能里遺跡の土製大珠

● 他素材から見る装身具類

## (2) 第11次調査[2]

　縄文時代中期の土製垂飾の例はそれほど多くないが，同じ加能里遺跡の第11次調査の未報告資料中に類例を見つけたので併せてここで紹介したい。土製垂飾が検出されたのは，1号住居跡とされた石囲炉をもつ加曽利EⅠ式期の竪穴式住居跡である(図2)。出土状況の詳細は不明ながら，2点の土製垂飾を確認した(図1-2・3)。

　2は全体の1/4ほどの残存率で裏面はほとんど残っていない。残存部の形状から倒卵形を呈するものと考えられる。残存長3.3cm（推定3.8cm），残存幅2.2cm（推定2.6cm），残存厚2.1cm（推定2.5cm）を測る。上端寄りに径0.4cmの焼成前穿孔が施されており，孔は太さが一定で直線的である。表面は丁寧なナデ調整がなされ滑らかである。また，破断面には粘土を丸めて成形したことを示すような接合痕が観察できる。

　3は1/3ほどの残存率で，裏面の大部分が欠損しているが，全体形は俵形もしくは胴の張る円柱形を呈する。長さ3.8cm，残存幅2.7cm（推定2.8cm），厚さ2.3cm（推定2.4cm）を測る。長軸方向に焼成前穿孔がなされる。孔の端部はわずかに広がっており，孔の径は最大で0.7cm，最小で0.5cmとなる。

　2・3ともに1と同様に石製垂飾品の材質転換と考えられるが，とくに3は緒締形の硬玉製大珠と類似した形態といえる。加曽利EⅠ式の住居跡からの出土のため，同時期の所産と考えられる。

　関東地方では硬玉製大珠は環状集落の中央部の土坑などから出土することが多く，集団内での最高位の威信材であったと指摘されているが[3]，加能里遺跡の土製垂飾は，集落の全域が調査されていないため不明確ではあるものの，環状を呈する住居域からの出土である(図2)。

## 2　関東地方における類例 (図3)

　図3-1・2は加能里遺跡と同じ埼玉県飯能市の類例で，ともに八王子遺跡[4]出土である。1は加曽利EⅠ式を主体とする遺物集中区から出土した1/2程の欠損品で，紡錘形をなすと考えられる中央部に焼成前穿孔が施されている。2は勝坂3式の住居跡から検出された円柱状の土製品で，上端

図2　加能里遺跡における土製大珠の出土位置

寄りに焼成前穿孔がなされ，表面はナデが施されている。石製垂飾にみられる形態とは若干異なっており，報告書では土錘とされた。

　3〜12は関東地方を中心とした土製垂飾の事例のうち，石製大珠と同様の形態をもつ事例を集めたものである。

　3〜10は鰹節形の石製大珠の材質転換と考えられる土製垂飾で，3・4は中央より偏った位置に焼成前穿孔が施される例。3の東京都立川市向郷遺跡例は左側縁が直線的，右側縁が緩い曲線を描き，断面形態も三角形状をなし加能里例(図1-1)の形態をより誇張したような形態といえる。

　5〜7は中央付近に焼成前穿孔がなされる例で，1もこのなかに含まれる。

　8〜10は穿孔が2ヵ所施される例である。硬玉製大珠にも少数ながら2孔のものが存在し，石製大珠のバラエティーに対応した形態が土製垂飾にも存在することがうかがえる。

　11は俵形もしくは円柱状の形態をもち，長軸方向に穿孔がなされる例で，加能里遺跡例(図1-3)と同形態になるものと考えられ，緒締形となろう。

　12はやや角張った楕円形状の扁平な土製品で，

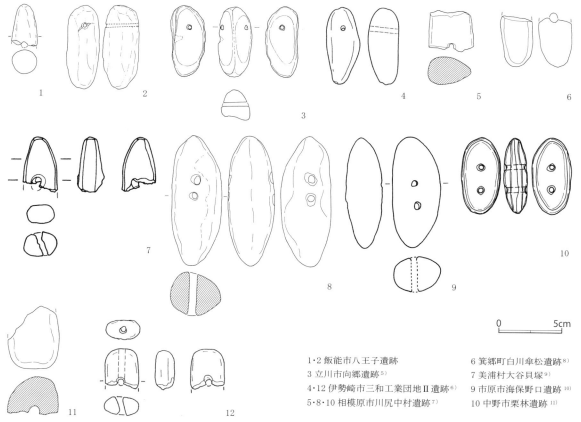

**図3 関東地方を中心とした土製大珠の類例**

1・2 飯能市八王子遺跡
3 立川市向郷遺跡[5]
4・12 伊勢崎市三和工業団地Ⅱ遺跡[6]
5・8・10 相模原市川尻中村遺跡[7]
6 箕郷町白川傘松遺跡[8]
7 美浦村大谷貝塚[9]
9 市原市海保野口遺跡[10]
10 中野市栗林遺跡[11]

中央部の穿孔と直行して，長軸方向からも穿孔が施されている。こうした多方向からの穿孔は，コハク製大珠にみられるため，石材の違いを意識して土製品が作られていた可能性を示唆する。

住居跡覆土からの出土(2・3・6・9)や貝層出土(7)はあるものの遺構外からの出土も多く，時期認定の難しい資料が多い。遺構出土のものは加曽利EⅡ～Ⅲ式に位置づけられるものが多く(3・6・7・9)，そのほかの事例も，出土した遺跡の主体となる勝坂式から加曽利E式期におおむね属するものと考えられる。硬玉製の垂飾品は縄文時代前期から見られるが，大珠は中期中葉に北陸や関東地方で出現し，中期後葉に盛行することが指摘されており[12]，土製大珠の類例の時期とおおむね一致する。時期がわかるものの中では，加能里遺跡例(図1-2・3)や八王子遺跡例(図3-1・2)は，勝坂3式・加曽利EⅠ式期に位置づけられ，古い時期の所産といえる。とくに加能里遺跡第74次調査例(図1-1)は勝坂式中頃と考えられ，現在のところ土製大珠の中でも古い事例として位置づけられるだろう。

## 3 まとめ

### (1) 中期の土製垂飾の特徴

今回紹介した土製垂飾品は関東地方の縄文時代中期中葉から後葉に位置づけられるもので，同時期の関東地方には石製や骨角貝製，土製など多種の装身具が存在する。しかし一遺跡から出土する装身具類は，数でいえばかなり少数であることは間違いないだろう。

図3-1・2が出土した八王子遺跡は，丘陵上に形成された勝坂式から加曽利EⅡ式期の環状集落の全域が調査された遺跡で，出土した装身具類のすべてを図4にプロットしてみた。丘陵上のため有機質の装身具は残っておらず，石製の装身具も検出されなかった。今回紹介した土製垂飾のほかは6点の土製耳飾りが出土したのみで，装身具類自体が非常に限られていることが理解できる。

土製耳飾りは，土製垂飾同様住居跡の覆土や遺構外の遺物集中区からほかの遺物とともに見つかった。断面形状や中央の穴の大きさに違いはあるものの斉一性が強く，文様は低調である。これ

他素材から見る装身具類

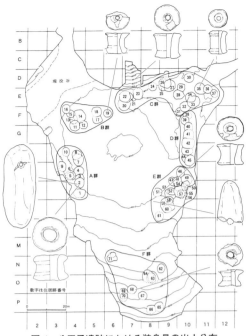

図4 八王子遺跡における装身具の出土分布

は八王子遺跡に限らず，同時期の関東地方の土製耳飾りの特徴といえる。

　一方で関東地方の後期後葉から晩期の土製耳飾りは出土量が多く，サイズや文様の多様化も顕著であり，着装者の社会的立場や出自を他者に示す表示装置としての位置づけが示されている[13]。

　縄文時代後晩期の装身具については，多量化，多サイズ化が特徴だが，中期の装身具類はこれとは異なり，少量で，同一器種内でのバラエティーが少ないのが特徴といえ，この場合，着装の有無に意味が存在する装身具ということになる[14]。

　土製大珠にしても，形態と盛行期が石製大珠のそれと同様であることから石製大珠の材質転換形態と考えられるが，自由に製作し誰もが着装できるような性格のものではなく，土製といえどもその運用には厳格な規制が働いていたことは，出土数の少なさからも首肯されるだろう。

(2) その後の土製垂飾

　土製大珠の出土事例は，管見に触れる限り縄文時代中期に属するものであり，後期にはみられない。硬玉製大珠は関東地方では中期後葉に盛行し，後期中葉以降みられなくなり，土製大珠もおおむね同期した消長を示すものと考えられる。後期以降の石製垂飾は小型化し，勾玉や丸玉，臼玉が主流となって，連珠として使用されるようになる。貝輪も後期前葉以降複数着装事例が増え，さらに

は複数着装状態を模した土製腕輪も存在するように，中期のような着装の有無による二極的なあり方とは異なる原理が認められる[15]。土製垂飾も材質転換形態として土製の勾玉や丸玉もみられるようになるのは，こうした着装原理の変化を示すものといえる。また，東北，北海道を中心に，赤彩された土製小玉や石製の連珠の一部に土製の玉が用いられるものも散見され，石製の玉類とはまた別の意味や価値が付与されるようだ。各時期には，少数ながら施文されたものや独自の形態を示す土製垂飾品も存在する。今回は土製大珠を中心に紹介したが，今後は土製垂飾品のバラエティーや地域におけるあり方，変遷を詳細に分析し，装身原理の変遷なども加味しながら検討を続けたい。

註
1) 未報告資料であり，発掘調査報告書と齟齬がある場合はすべて筆者の責任である。
2) 曽根原裕明・富元久美子『加能里遺跡第11次調査』飯能市遺跡調査会発掘調査報告書2，1990
3) 栗島義明「硬玉製大珠の社会的意義―威信財としての再評価―」『縄紋時代の社会考古学』2007，pp83-106
4) 柳戸信吾・村上達哉『大日向遺跡・八王子遺跡』飯能市遺跡調査会，1999
5) 吉田　格ほか『向郷遺跡』立川市向郷遺跡調査会，1992
6) 平田貴正ほか『三和工業団地Ⅱ遺跡』伊勢崎市文化財調査報告書53，2004
7) 天野賢一ほか『川尻中村遺跡』かながわ考古学財団調査報告133，2002
8) 関根愼二『白川傘松遺跡』財団法人群馬県埋蔵文化財調査事業団調査報告204，1998
9) 駒澤悦郎ほか『大谷貝塚』茨城県教育財団調査報告317，2009
10) 森本和男ほか『東関東自動車道(千葉・富津線)埋蔵文化財調査報告書』千葉県文化財センター調査報告335，1998
11) 中島正一ほか『栗林遺跡・七瀬遺跡』(財)長野県埋蔵文化財センター発掘調査報告書19，1994
12) 鈴木克彦「硬玉製大珠(ヒスイ大珠)」『季刊考古学』89，2024，pp21-24
13) 吉岡卓真「土製耳飾りのサイズと着装」『縄文の資源利用と社会』季刊考古学別冊21，2014，pp91-98
14) 阿部芳郎「貝輪の生産と流通―着装習俗の変革と社会構造―」『縄文の資源利用と社会』季刊考古学・別冊21，2014，pp99-106
15) 前掲註14に同じ

# 土製耳飾り

**吉岡 卓真** YOSHIOKA Takuma
さいたま市教育委員会

各時期の様相を概観し，後期以降にみられる有文化，多サイズ化の背景を探る

　本論では関東・中部地方を中心に縄文時代後期以降発達をとげる耳飾りについて，主に土製を中心に各時期の様相とその特徴について概観する。

　当該期の耳飾りは，後期前葉以降，晩期中葉にいたるまでに，有文化および多サイズ化が生じるなど，いくつかの画期が認められる[1]。

　紙数の関係から，後期以前の耳飾りの様相と，後期前葉および後期後葉以降にみられる有文化，多サイズ化の時期に焦点をあて，耳飾りの着装意義について私見を述べる。

## 1　土製耳飾りの起源と後期以前の様相

　土製耳飾りの起源について，鳥居龍蔵はその祖源を魚の椎骨に求めた[2]。続いて耳飾りの形態分類を行った樋口清之も，椎骨形を基礎形態と位置付けた[3]。

　その後，高山純は，縄文時代中期に登場する土製耳飾りに椎骨形が存在しない点を踏まえ，椎骨起源説に異を唱え，前期以降に登場する土製玦状耳飾りからの変遷を考えた（図1）[4]。ただし，高山自身も指摘しているが，土製玦状耳飾りから土製耳飾りへの変遷を示す形態は，その予測にとどまり，遺物そのものは確認できていなかった。その状況は，資料の蓄積がある今日にも続いていることが最大の課題である。その一方で，その祖源を前期に登場する管状石製品に求める見解もあり[5]，土製耳飾りの起源について，結論が出たとは言えないのが現状である。

　さて，前期後葉以降に盛行する土製玦状耳飾りの主な分布域は，浮島式土器分布圏の関東東部と，関東西部多摩地域の2地域であり，埼玉から群馬ではほとんど出土が見られないという顕著な地域性が見られる。

　その一方で中期中葉以降に登場する土製耳飾りは，中央に穿孔を伴う無文品で，土製玦状耳飾りの分布が希薄だった埼玉県や群馬県からも出土するなど分布域が異なる。その後，中期後葉の時期には，臼形で両面に文様を伴う有文品が登場するが，それには福島県南部から栃木県に分布する「大畑系列」との関係性が指摘されており[6]，中期の土製耳飾りの系譜は多様である。

　後期初頭の耳飾りは，栃木県寺野東遺跡174号土坑から環状で両面に刺突を施す有文品と無文品が出土しているが，中期後葉の南関東に分布する臼形有文品との関係性は弱く，由来が異なる。さらに福島県綱取貝塚で後期前葉に位置付けられたものと似たものが，千葉県宮内井戸作遺跡から出土しており，後期初頭に続き後期前葉にも数は少ないが東北地方に分布する環状有文品が散発的に関東地方で受容される様相が見られる。

　土製耳飾りの起源について，関東以外の地域に目を向けるならば，そもそも早期後半の鹿児島県上野原遺跡からは，臼形や環状で多サイズ化した有文品と無文品が出土している。これは土製玦状耳飾りの登場を遡る時期の資料である。したがって，耳飾りの起源について列島規模で考えるならば，多元的に発生する可能性も考慮に入れておくべきであろう。こうした出現と衰退が各地域で点滅的に生じる現象については，土偶研究ではすでに指摘されており[7]，耳飾りについても同様に考えていく視点も必要であろう。問題は，なぜこうした点滅的な在り方をするのかその動態の解明にある。

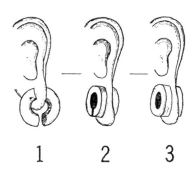

図1　高山氏の土製耳飾り変遷モデル（註4）

## 2 後期前葉から中葉の耳飾り

関東地方では，後期前葉堀之内1式以降，耳飾りの出土例が散見されるようになる。ただし，遺跡からの出土点数は少なく，1点から数点程度が主体を占める。この時期のものは，東北地方と関係するものを除くと，何れも着装部径が1～2cm前後の無文小形品を主体とする。形態は，中央部に穿孔を伴うものや中実のものがあり，形態に幾分バラエティーが見られる。

なお，当該期には土製品以外にも，骨製の耳飾りの出土が見られる。埼玉県神明貝塚では，後期前葉堀之内1式期の壮年～熟年女性の5号人骨について，頭部の復元作業時に頭骨右側から赤彩されたサメ椎骨製耳飾りが1点発見された(図2)。当該人骨は右手首にサトウガイ製貝輪1点を装着しており，後期前葉の耳飾り以外の装身具着装事例としても重要である。

サメ椎骨製の耳飾りの集成事例によると，中期前半の広島県陽内遺跡の事例を最古に，晩期後葉の長野県宮崎遺跡の5号人骨まで利用が確認されている[8]。とくに晩期の事例として愛知県伊川津貝塚や吉胡貝塚の事例が古くから知られており，宮崎遺跡例も含め，何れも男性による着装である点が注目される。これらは，神明貝塚例と性別が異なっており，サメ椎骨製の耳飾りに関しては，時期により着装対象者の性別が変化する可能性がある。

さらに当該期には木製の耳飾りも出土する。埼玉県大木戸遺跡では，後期前葉堀之内2式から後期中葉加曽利B2式を主体とする低地部から赤彩された木製耳飾り6点が出土した(口絵13-1)。6点のうち2点は，両面の縁辺部が先細りするのに対して，残り4点は縁辺部に厚みがあり，側面の括れが明瞭であるという違いが見られる。先細りするもののうち1点は，堀之内1～2式を主体としたグリッドから出土しており，両者の形態差は時期差であろう。

木製の耳飾りは，ほかにも後期のものが東京都袋低地遺跡，同北江古田遺跡，後期後葉のものが埼玉県後谷遺跡，晩期中葉のものが埼玉県真福寺貝塚，千葉県道免木谷津遺跡から出土しており，後期から晩期にかけて数は少ないが一定数利用されている。

後期前葉について，遺跡からの出土例を概観すると，千葉県伊篠白幡遺跡では20軒検出された集落内の包含層中から1点，同県武士遺跡では207軒中わずか3軒からの出土であり，一遺跡から発見される数は1点ないし数点と極めて少ない。したがって，当該期の着装者はかなり限定されていたものと思われる。

さて神明貝塚例が示すように，当該期の耳飾り着装は，両耳ではなく片耳着装であった可能性もある。後期中葉になると人骨は伴っていないが，両耳着装を想定できる対の出土例が埼玉県南方遺跡や千葉県三直貝塚でみられる。その一方で東京都西ヶ原貝塚の後期中葉加曽利B2式の6号人骨頭部右側から出土した土製耳飾りは1点のみであった。したがって片耳着装の風習は少なくとも後期中葉まで継続するであろう。また片側着装の場合，現時点で右側に遍在している点にも留意しておきたい。

## 3 後期後葉以降の耳飾り

関東地方では，後期後葉安行1式以降，一遺跡からの出土点数が増加する。また，それまで無文を主体としていたものに有文品が加わり，形態も小形円筒状に加えて，円板状のものや，リング状のものなど形態にバラエティーが見られるようになる。さらにサイズ構成も拡大し，1cm前後の小形のものから7cmを超える大形のものまで幅広く見られるようになる。

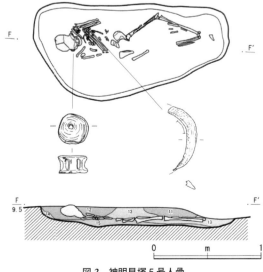

図2　神明貝塚5号人骨

埼玉県原ヶ谷戸遺跡の後期後葉高井東式と安行1式を伴う4号住居跡からは，有文品と無文品の5点が出土しており，多彩な形態・装飾が見られる（口絵13-2）。当該期以降，有文品については，サイズと形態装飾に相関関係がみられ，各サイズに応じて特定の形態・文様を着装する規制のようなものが確立していたことが想定できる[9]。

多サイズ化に関連して，着装の開始時期については諸説あるが，特定されていないのが現状である。ほかの装身具である貝輪に着目すると，明らかに成人では着装できないサイズのものが千葉県余山貝塚から後期末葉安行2式の注口土器に収納された状態で発見されている[10]。このことを踏まえると，後期末葉の時点で装身具の一部には少なくとも子供を対象とする装身具が登場していたことになる。したがって土製耳飾りについても，着装開始時期の若年化が連動して生じていた可能性は充分想定できる。

### 4　表示装置としての耳飾り

装身具を含めた身体装飾の意義について，樋口清之は本能的意義，実用的意義，信仰的意義，表示的意義の4つを示し，耳飾りについては，表示的意義を主とし，信仰的意義，本能的意義がこれに付随するのではないかと考えた[11]。耳飾りが表示的意義を有する装身具であるという認識について，異論をはさむ余地はないだろう。

さて後期前葉から中葉までの耳飾りは無文品を主とし，遺跡内での出土数が少ないことから，着装の有無によって他者と差別化を図る表示装置としての役割が想定できる。この時期の耳飾りがおおよそ1～2cm前後の着装部径でまとまり，大形品が確認できないのは，着装の有無だけで表示装置としての役割を達成できるためで，あえて大形品を着装する必要がなかったからであろう。

その一方で，後期後葉以降，有文化が生じたことで，表示装置としての役割は強化されたことが想定されるが，それは一面的な評価に過ぎない。なぜならば，有文化を果たした後期後葉以降も，地域によって比率は異なるが，無文品が一定数存在するからである。こうした無文品の役割について，拡張化する際の仮の装具であるという考えや，有文品と無文品をつける集団の違い，ハレとケの使い分けなどの見解がある[12]。

仮の装具については，無文品の中に赤彩が施されるものがあることからすべての無文品を仮の装具に位置付けることはできない。また当時，一時期の集落構成員の数はそれほど多くはなかった可能性を考慮するならば，有文品と無文品を使い分ける着装集団の規模も限定され，一遺跡の出土点数が100点を超える遺跡が常態である関東西部から中部地域の保有状況をうまく説明することは難しい。

多量出土の背景を説明するには，むしろ限られた集落構成員の中で，着装の多世代化とともに着装者が有文品と無文品を必要に応じて使い

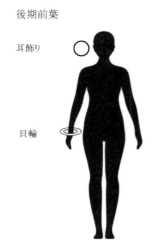
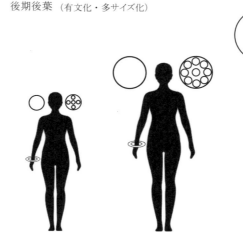
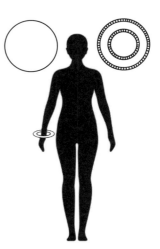

**図3　後期前葉と後期後葉の装身具着装モデル**

分けるなど着装場面の多様化を想定した方が自然であろう。では，使い分けの目的とはどのようなものだろうか。

有文品は，自身の出自やライフステージを視覚的に表現することに有効であり，それは他者との違いを強調する面を併せもつ。その一方で，無文品は有文品に比べて視覚効果が弱く，他者との差異化という面では有文品に比べて弱いという特徴がある。

耳飾り着装の目的や意義を一元的に評価するならば，この共存関係をうまく説明できないが，無文品であることの利点は，他者との差異化を弱める点にある。それは，出自などにこだわらず集団内で結束を高めるなど一体化を目的とする場面では最適の効果があると考える。したがって，有文品の着装に関しては，他集団との接触など外部に対して視覚的に自身の出自やライフステージなどを表現する際に効果的であり，無文品は他集団を介さない顔見知りの中で取り行われる，集落内での結束強化などを目的とした行為の際に着装するなど，目的に応じた使い分けを想定できるのではないだろうか。

そして，一人の人物が成長に応じて付け替え，さらに場面によって有文と無文を使い分けるなど多様化したことが，後期後葉以降の多量化の一因となったのであろう（図3）。

## 5　おわりに

中期中葉に登場する土製耳飾りの起源について諸説あるものの，共通する点は前期の装身具からの系統的変化を前提としている点にある。しかしながら，時期ごとの変遷や，地域内での遍在性を考慮すると，その系統性には疑問が残る。そもそも系統的変化をたどる道具なのか，という点に立ちかえり検討することも重要である。こうした断続的な在り方は，土偶研究ではすでに指摘されており，問題は，なぜ出現と衰退を繰り返すのかという点に着目し，その背景を探ることが耳飾りの動態を考える際には重要である。

さて，後期前葉以降に出土する土製耳飾りは，後期後葉以降に有文化が起こることで，表示装置としての役割を強化させたことは間違いないが，後期前葉以降一貫しているのは，耳飾りは無文品を軸として有文化が生じて以後も常に遺跡内で一定量無文品が保有されている状況を過少評価すべきではないと考える。

耳飾りは，有文化によって他者との差異化を強調する役割がある一方で，無文品は他者との差異化を弱め，協調性を強化する目的もあったのでないだろうか。両者の併存状況を考慮するならば，土製耳飾りは差異化と協調化の間を振幅する性格を有する装身具であり，着装の目的も状況に応じて多様であったことが推測される。

## 註

1)　吉岡卓真「後晩期の土製耳飾り」栗島義明編『身を飾る縄文人』雄山閣，2019，pp.165 - 180

2)　鳥居龍蔵「（一）耳飾類」『諏訪史』第一巻，1924，pp.231 - 242

3)　樋口清之「滑車形耳飾考」『日本文化の黎明』考古学評論4，1941，pp.57 - 80

4)　高山　純「縄文時代における耳栓の起源に関する一試論」『人類学雑誌』73—4，1965，pp.137 - 158

5)　藤田富士夫「耳栓の起源について―飾玉の在り方と関連して―」『信濃』23—4，1971，pp.99 - 107

6)　上野　修一「「大畑系列」土製耳飾小考」『みちのく発掘』1995，pp.171 - 181

7)　阿部芳郎「総論 土偶と縄文社会」阿部芳郎 編『土偶と縄文社会』雄山閣，2012，pp.1 - 8

8)　中沢道彦「装身具となったサメ類とその背景」『シンポジウム 縄文／弥生の骨角製装身具類の展開とその意義』発表予稿集，2023，pp.21 - 26

9)　吉岡卓真「関東地方における縄文時代後期後葉土製耳飾りの研究」『千葉縄文研究』4，2010，pp.21 - 38

10)　阿部芳郎「身体装飾の発達と後晩期社会の複雑化」栗島義明 編『身を飾る縄文人』雄山閣，2019，pp.303 - 321

11)　前掲註3に同じ

12)　春成秀爾「12章　縄文時代の装身原理」『縄文社会論究』塙書房，2002，pp.397 - 419

　　設楽博己「群馬県前橋市上沖町西新井遺跡の土製耳飾り」『日本先史学考古学論集―市原壽文先生傘壽記念―』2013，pp.101 - 129

**特集** 骨角製装身具類からみえる縄文社会

# 装身具共伴・着装人骨

人骨の埋葬属性や食性，装身具の使用痕分析から，縄文社会を考える

装身具着装人骨の埋葬属性／装身具着装人骨の食生活からみた縄文社会の階層性／骨角製装身具類における痕跡学的研究

## 装身具着装人骨の埋葬属性

山田康弘　YAMADA Yasuhiro
東京都立大学教授

装身具着装人骨の埋葬属性を検討し，病変との関連や人物の性格，また社会的な位置付けについて考察する

　墓から得ることのできる情報のことを埋葬属性という。埋葬人骨の装身具着装は，生きている人が直接的に見ることができない不可視属性であり，被葬者が生きている時に着装し脱着可能な生前付加属性2類もしくは，死亡後に着装された死後付加属性の2類ないしは3類に相当することになる[1]。本来，それぞれの場合が意味するところは異なると想定でき，装身具を取り扱うときにはこの点に注意しておかなければならない。これらの状況を峻別するためには，装身具そのものにおける着装による擦れ痕の有無など使用痕の検討が有効かと思われるが，これだけで十分必要条件を満たすものではない。したがって本稿では，上記の埋葬属性を一括して，まずは死後においても当該装身具が被葬者への着装が認められたものとして取り扱うことにしたい。

### 1 装身具の着装状況

　現在，筆者の手元には全国より出土した，考古学的な情報が判明している人骨出土事例が2,910例分集成されている。もとよりすべての人骨出土例のデータが集成できたわけではないが，数的にみて統計上の意味をもつサイズであろう。これらのうち装身具類の着装が確認できる事例は203例，人骨出土例全体のおよそ7.0%である。以下，これらのデータを用いて，当該人骨出土例の埋葬属性について検討しよう。

**(1) 時期別・地域別にみた装身具着装人骨の数**
　時期的には，不明のものを除き，前期が7例，中期が11例，中〜後期が3例，後期が23例，晩期が56例となっている。やはり，後〜晩期の事例が多数を占めるといえるが，特定の遺跡において装身具類の着装例が多いと言うことができ，保有率については，かなり遺跡差があると考えられる。
　地域別にみると北海道が5例（後期4，晩期1），北東北7例（中期1・後期1・晩期5），南東北6例（中期1・後期2・晩期3），関東が12例（中期7・中〜後期3，後期2），中部6例，東海41例（後期1，晩期40），北陸7例，近畿2例，中国6例，九州6例となっており，これも想定通り貝塚発達地域に多いという偏りがある。とくに東海地方の晩期において，骨角製装身具類の着装事例が目立つ。

**(2) 装身具類伴出人骨の性別と年齢段階**
　性別で見ると，男性が57例，女性が27例と男性が多い。骨角製装身具類の着装が男性に多いのは，貝製腕飾り（貝輪）の着装例に女性が多いことと対をなす可能性がある。また，年齢段階で見ると，思春期1，青年期4，壮年期26，熟年期34，

● 装身具共伴・着装人骨

老年期7となり，壮年期および熟年期に伴出例が多く，老年期になると事例数が少なくなると言える。かつて，筆者は装身具の着装例には，壮年期から熟年期の集落運営の中核をなす年齢段階の者が多いと述べたことがあるが[2]，その傾向は今回の検討でも変わらない。

晩期の装身具着装例の多い東海地方に注目してみると，晩期では男性27・女性6となり，男性例が多いが，女性は貝製腕飾りの着装例が多い。年齢段階では，男性の場合，壮年期6，熟年期

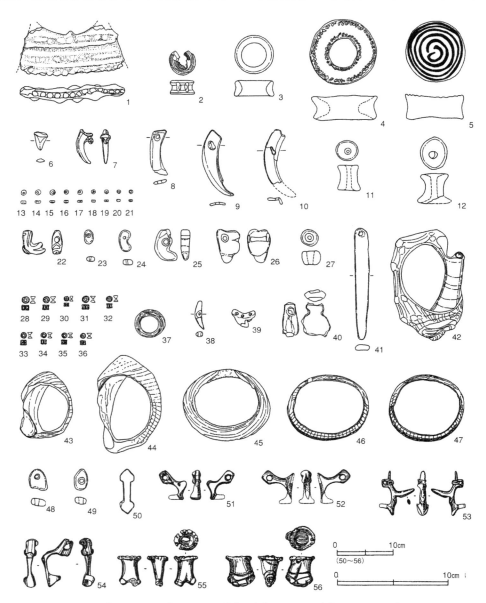

1：頭飾　2〜12：耳飾　13〜42：首飾・胸飾　43〜47：腕飾　48〜56：腰飾

1・4・26：初田牛20遺跡2号墓出土人骨　2：宮崎遺跡5号人骨　3：大畑貝塚4号　5：宮崎遺跡3号石棺墓出土人骨　6・8：山鹿貝塚16号　7：山鹿貝塚13号　9・10：山鹿貝塚7号　11：草刈貝塚480号住居跡出土人骨　12：泉山遺跡第5号墓坑人骨　13〜21：初田牛20遺跡1号墓出土人骨　22：美沢1遺跡JX-4・P-108出土人骨　23・24・48・49：大日向遺跡SD99出土人骨　25：明戸遺跡17号土壙出土人骨　27：明戸遺跡29号土壙出土人骨　28〜36：コタン温泉遺跡8号　37：子和清水貝塚1号　38：中妻貝塚1992年度1号　39：堂の貝塚6号　40：田柄貝塚2号　41：倉輪遺跡1985年度出土人骨1号　42：大畑貝塚1号　43・44：吉胡貝塚文化財保護委員会19号　45：貝の花貝塚3号　46・47：伊川津貝塚17号　50：保美貝塚1921年度小金井6号　51：吉胡貝塚293号人骨　52：吉胡貝塚232号人骨　53：吉胡貝塚85号人骨　54：吉胡貝塚120号人骨　55：吉胡貝塚103号人骨　56：吉胡貝塚238号人骨

**図1　人骨が着装していた装身具**（註2より）

14, 老年期3となる。女性の場合，壮年期2，熟年期・老年期各1である。

### (3) 埋葬人骨に伴出した装身具類の種類

それでは，伴出した装身具類にはどのようなものがあるだろうか（図1）。まず素材をみると，最も多いのが鹿角製であり，53例の人骨に着装が確認できた。種類としては，腰飾りが37例と最も多く，これに関しては春成秀爾の大部な研究が存在する[3]。このほか，頭飾りが8例，首飾りが2例，足飾りが2例，耳飾りが1例，腕飾りが1例である。

次いで素材として目立つのがイノシシの犬歯であり，これは16例の人骨に着装が確認できた。内訳は，腕飾りが7例，耳飾りが3例，頭飾りが2例，腰飾りが2例，足飾りが2例である。性別では，男性11・女性4と男性が多い。とくに青森県薬師前遺跡の土器棺への単独・複葬例（ただし3つの棺が同一土壙へ合葬）は，その埋葬にかかったエラボレーション・コスト（埋葬を行うための労力）を考えた場合，特殊な人物の埋葬例と想定でき，そこに女性でありながらもイノシシ犬歯製腕飾りが貝製腕飾り7点と伴出した状況は，やはり特記される[4]。

興味深いものとしては，ニホンザルの橈骨製耳飾りが3例，トリ長骨製管玉を用いた足飾りが2例，頭飾りと首飾りが各1例確認されている。ただし，これらの装身具類は，1遺跡ないしは周辺の遺跡間にまとまる傾向があり，やや特殊なものであると言えるだろう。また，イルカ下顎骨製と思われる腰飾りが千葉県域における中期の3遺跡から出土している。これについては西野雅人の考察があり，男性のリーダーが着装したものと考えられている[5]。

特殊と言えば，人骨製装身具が2例確認されており，いずれも首飾りと思われる。大阪府森の宮遺跡出土例は下顎のみであり，当初4次8号成人女性人骨として認識されていたが，調査の結果，人骨加工装身具であると判明した[6]。報告書には6号成人女性単葬人骨，7号小児期段階複葬人骨とともに出土し，弥生時代に入る事例とされているが，人骨を見る限り形質的には縄文人としてよい。また，写真を見ると，この6号人骨の頸部付近から下顎は出土しており，首飾りと考えてよいだろう。

宮城県東要害貝塚からは，壮年期女性人骨に伴って，人の手の基節骨に穿孔を施した首飾りが確認されている[7]。当該人骨と比較した場合，首飾りとなった基節骨は男性的であり，特定の人物の指骨のみが選択されたと考えられている。年代測定の結果，埋葬人骨と基節骨の間には年代的隔たりがほとんどないことから，おそらくは集団内のリーダーや配偶者など，着装者に極めて近い人物のものとされている。ヒトの指骨を使用した首飾りといえば，群馬県の八束脛洞穴遺跡など弥生時代中期の事例が思い浮かぶが，千葉県姥山貝塚出土人骨など，指骨切断・欠損事例がしばしば見られることを考えると，縄文時代におけるヒト指骨製装身具は，意外に一般的なものであったのかもしれない。

### (4) 墓域内における装身具着装人骨の出土位置

墓域がほぼ完全に発掘されたと思われる事例において，装身具着装人骨はどのような位置に埋葬されているだろうか。これについては，たとえば墓域の中心に位置するなどといった，はっきりとした傾向は無いようだ。しかしながら岡山県津雲貝塚では，連続的に埋葬された人骨群のうち，着装された装身具の種類が，埋葬小群によって区別されている可能性がある[8]。たとえば，腰飾りを着装している事例は，隣接する長谷部言人の調査地点の事例と合わせて埋葬小群Aという特定の埋葬小群に集中する傾向が見られ，埋葬小群が当時の家族の埋葬地点だとするならば，津雲貝塚において腰飾りは特定の家族・家系が着装する装身具であった可能性がある（図2）。また，人骨は出土していないものの，群馬県三原田遺跡などでは環状集落の中心部にある墓からヒスイ製大珠が出土している事例があり，その人物の社会的位置づけと共に，今後さらなる検討が必要であろう[9]。

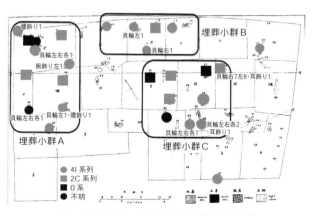

**図2　津雲貝塚における装身具着装人骨の位置**

## 2 呪術的な医療行為としての装身具の着装

　骨病変などで，最も多いのは加齢による骨の変形である。たとえば，腰椎のリッピングや脛骨遠位端などにみることのできる血行不良による骨膜炎・リウマチなどである。しかし，骨病変を観察できる事例と骨角製装身具の着装に，常に有意な相関関係を見ることはできないようである。その一方で，岩手県宮野貝塚F地点出土人骨に観察できた頸椎変形（骨ガン？）とイノシシ歯牙製および獣骨製首飾り，そして同じく宮野貝塚1979年度101号人骨に観察できた寛骨への石鏃貫入と鹿角製腰飾り，愛知県保美貝塚2010年度出土単独・単葬例における腰椎の変形癒合と鹿角製腰飾り，千葉県中峠貝塚8次1号住居址出土人骨の橈骨遠位端の骨折変形治癒とアカニシ製腕飾りなどは，装身具の着装と骨病変の対応関係を想定することができ，装身具類が何らかの医療行為に使用されたと考えられる[10]。装身具の着装意義の一つに，呪術的な医療行為があったということは疑いないだろう。

## 3 装身具類着装者の性格について

　装身具類を着装した者とそうでない者の間に，何らかの社会的差異が存在するのではないかという点については，これまでも多くの研究者によって述べられてきたところである。しかしながら，その差異が何であるかという点については，議論百出といった状態である。

　装身具類着装者の性格については，先に述べたように，たとえば抜歯との相関を捉えた春成秀爾の研究や，着装された装身具の希少性から地域リーダーの存在を捉えた西野雅人らの研究が存在する。また，かつて筆者も装身具着装人骨の土壙規模は，そうでないものよりやや大きい，あるいは食養仮説の見地から装身具着装人骨が形質的に大きいという見解を提出したことがある[11]。ただし，その差はわずかなものであり，これをもって葬法上のエラボレーション・コストの多寡，ひいては社会的地位の相違を論じることができるというほどではない。装身具の着装・非着装例が，そのほかの埋葬属性において社会的地位に関する明確な差異をもっているという事例は，正直なところ確実なものはない。ただし，先に述べたヒスイ製大珠着装者や，千葉県有吉南貝塚の甕被葬例（口絵14），青森県薬師前遺跡のイノシシ犬歯製腕飾りを伴う

土器棺への単独・複葬例（老年期の女性例）などは特殊な人物の埋葬例と想定でき，縄文社会の複雑化の実態を議論する好材料であると考えられる[12]。

## 4 おわりに

　以上，装身具着装人骨の埋葬属性との対応関係について，簡単ではあるが概観してみた。本来ならば，これと装身具類の形態，型式学的研究とリンクさせて検討を行う必要があり，さらには人骨の食性分析，Sr同位体比分析やゲノム分析結果との相関を考える統合生物考古学的議論を深める必要があるが，紙数の関係上本稿ではここまでとしたい。

### 註

1) 山田康弘「縄文時代の子供の埋葬」『日本考古学』4，1997

2) 山田康弘「縄文時代の装身原理―出土人骨にみられる骨病変等と装身具の対応関係を中心に―」『古代』115，2004

3) たとえば，春成秀爾「有鉤短剣と腰飾り」（『縄文社会論究』塙書房，2002）など，数多くの著作がある。

4) 市川金丸 編『薬師前遺跡―縄文時代後期集合改葬土器棺墓調査―』青森県三戸郡倉石村教育委員会，1997

5) 西野雅人「縄文中期「腰飾」出現の背景」『千葉縄文研究』5，2012

6) 八木久栄 編『森の宮遺跡第3・4次発掘調査報告書』難波宮址顕彰会，1978

7) 三好秀樹・西村　力 編『東要害貝塚』大崎市教育委員会，2008

8) 山田康弘・日下宗一郎・米田　穣「出土人骨の年代測定値に基づく津雲貝塚人の社会の再検討」安東康宏ほか 編『津雲貝塚総合調査報告書』笠岡市教育委員会，2020

9) これについては栗島義明の論考がある。栗島義明「大珠を佩用する人物」『季刊考古学』130，2015

10) 山田康弘「中峠遺跡第8次調査第1号住居址内における人骨の出土状況について」『下総考古学』25，2020など

11) 山田康弘「縄文人骨の装身具・副葬品の保有状況と土壙長」『物質文化』70，2001。山田康弘「縄文階層社会の存否に関する予備的考察―考古学的属性と出土人骨の形質との対比から―」『海と考古学』前田潮先生退職記念論文集，2005

12) 土器棺複葬例そのものがエラボレーション・コストの高い葬法であることを考えると，複葬例かつ装身具を伴う事例は，社会的にもより高い地位の人物であった可能性を想定したくなる。

# 装身具着装人骨の食生活からみた縄文社会の階層性

米田　穣・水嶋宗一郎・佐宗亜衣子

YONEDA Minoru　　MIZUSHIMA Soichiro　　SASO Aiko
東京大学教授　　　聖マリアンナ医科大学教授　　新潟医療福祉大学助教

装身具装着人骨は，縄文社会の階層性を示すのか。食性の特徴を検討し，古墳被葬者の分析結果と比較して考える

　本研究では，古人骨の炭素・窒素同位体比に記録された生前の食生活をもとに，装身具を着装した個体の食生活が集団のなかで特殊であった可能性を検討する。先史時代の社会の階層化や複雑化を研究するために，個人に属する情報が保存される墓制に着目した研究を中心に行われてきた[1~3]。墓の構造や副葬品に制度的な差異が少ない縄文時代において，例外的に人骨への共伴が確認される骨角製・貝殻製の装身具は，埋葬個体の社会的背景を示す機能が想定される重要な遺物である。

　なかでも，縄文時代中期中葉の東京湾東岸で特徴的に用いられた骨角貝製の腰飾は，最古の腰飾であること，同年代・同地域において複数種類があること，勝坂式土器と共通する文様，着装者が高齢男性に偏ることから，中期拠点集落群成立期の男性リーダーの表徴とされる[4]。一群の腰飾は，クジラ骨を用いた尖頭篦状骨製品，イモガイを用いた環状貝製品，鹿角製の叉状角製品の３種に大別され，遺体腰部に着装された事例は，尖頭篦状骨製品２例（千葉県有吉南貝塚，祇園貝塚），環状貝製品２例（有吉南貝塚，中峠貝塚），叉状角製品１例（草刈貝塚）が報告されている[4]。また，類例とされる鯨類下顎骨製品も，根郷貝塚で壮年男性人骨への着装例が知られる[5]。この骨製品は，尖頭状の加工や文様をもたず，小孔の紐擦れの痕跡が軽微であることから，上述の尖頭篦状骨製品とは同一視できないとの指摘があるが[4]，同地域・同年代に用いられた一群の装身具として対象に含めた。本研究では，これらの装身具着装個体の食性に着目することで，装身具が当時の社会で有していた意義を考察する。

## 1　食生活の個人差と社会の階層化

　近年，古人骨に含まれるコラーゲンを抽出し，その中に含まれる炭素や窒素の同位体比を測定し，生前摂取した食事の違いからも，生前の個人差から縄文時代中期・後期の社会が，かなり複雑である可能性が示されている。人骨の同位体分析は，特殊な光合成回路をもつ雑穀では炭素13の割合が多く，海産物では炭素13と窒素15の割合が多い特徴がある。食料資源が有する同位体比の特徴は，骨に残存するコラーゲンの同位体比として，それぞれの食料資源が寄与する割合を反映する。古人骨の同位体分析は，個人の食生活について陸上資源・海産物・雑穀などが寄与した割合についての定量的な個人情報を提供できる点が重要である。縄文時代後期の千葉県祇園原貝塚では，同時代に生存した個体群のなかで個人の食生活に大きな個人差があることが示された[6]。

　もしも墓に副葬された装身具が何らかの階層性を示すものであれば，集団全体のなかで装身具を着装した埋葬人骨で復元された食生活で偏りが生じている可能性が想定できる。大規模な墳丘墓が成立する古墳時代は，金属器に代表される副葬品からも階層化した社会であることは明らかだ。古人骨の同位体分析では，その社会的地位が食生活にも及んでいることが示されてきた。例えば，福島県灰塚山古墳の成人男性と山形県戸塚山137号墳の成人女性では，炭素同位体比は類似する値を示すが，窒素同位体比は非常に高いという偏った結果を示した[7]（図1）。この傾向は，水田の嫌気的環境によって重たい窒素同位体を多く含む水稲の特徴と一致しており，古墳に埋葬された個体は多くの米を食べていたと解釈された。

　縄文時代には，副葬品の有無や風習的抜歯などに個人差があるものの，古墳時代のような階級差を明確に示す証拠はほぼ存在しない。そのため，腰飾などを着装するリーダーも，血縁関係で権力が受け継がれる階級ではなく，個人の優れた資質によってえらばれた存在だと想定されている。このようなリーダーの出現は社会の複雑化を示唆するが，リーダーの力によって「社会的な財産が不平等に分配される社会」[1]であることが確認できてはじめて，「階層社会」が出現したといえる。もしも，古墳時代と同様に縄文時代に装身具着装個体で特異な食生活の傾向が見られれば，食資源分配の不平等を示すとの解釈もできるだろう。

・・・・・・装身具共伴・着装人骨

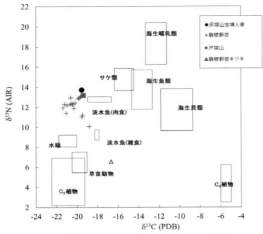

図1 炭素・窒素同位体比に示された古墳被葬者
（灰塚山古墳・戸塚山137墳）の食生活の特徴（註7）

## 2 装身具着装個体の食生活

### (1) 有吉南貝塚

　縄文時代中期に形成された東京湾東岸の集落では拠点集落と中・小規模集落がまとまって，2つの広域集落群，すなわち都川・村田川貝塚群と奥東京湾湾口部貝塚群を形成するが[4]，千葉市有吉南貝塚は前者に属する小単位集落群の中心域を形成する拠点集落である。単一の小単位集落群のなかで対をなす拠点集落である有吉北貝塚が阿玉台・中峠式期から開始されるのに対し，有吉南遺跡の開始は加曽利EI式にまで遅れるので，有吉北貝塚の人口増加によって拠点集落が分割したと解釈されている[4]。

　隣接する有吉北貝塚からは人骨着装例はないものの，環状貝製品が出土している。バンドウイルカ下顎骨でつくられた箆状骨製品とイモガイ製の環状貝製品を伴う，熟年男性の事例が知られる。箆状骨製品は広領域集落群を，環状貝製品は小単位集落群を束ねる世話役を示すとの推測もある[8]。この個体は，竪穴式住居（354住居跡）を利用した廃屋墓に仰臥屈葬で埋葬され，頭に加曽利E1式の深鉢を被った甕被葬である。古病理理学的な所見として，潜水刺激に関係するとされる外耳道骨腫が報告されている。

　有吉南遺跡でコラーゲンの炭素・窒素同位体比が測定された人骨は9個体に限られ，分析数は必ずしも多くないが，タンパク質の多様性は祇園原貝塚などと同程度であり，主に海産物摂取量の多寡が個人差を生み出している[9]（図2-a）。興味深いことに，腰飾を着装した男性は有吉南貝塚で出土した縄文時代中期の9個体のうち，最も炭素・窒素同位体比が高い値を示しており，海産物を多く食べた個体だった。外耳道骨腫の所見もふまえると，この個体はもっぱら漁撈に従事していたのかもしれない。

### (2) 草刈貝塚

　市原市草刈貝塚は，有吉南貝塚と同じ都川・村田川貝塚群を形成する拠点集落のひとつであり，有吉北・有吉南貝塚を中心とする小単位集落群の南側に隣接する。村田川中流右岸の台地上に位置し，阿玉台式期から加曽利E2式期の約300軒の竪穴式住居からなる環状集落で，多数の人骨が埋葬された複数の墓域が確認された。今回分析対象としているこの地域に特異な腰飾としては，2点の鹿角製叉状角製品が出土しており，1点は中峠式期の202号住居から出土した6体（幼児を含む）の人骨のうち成人男性（A人骨）の腰部に着装されていた。もう1点は，叉状角製品の突起部と類似した鹿角製品が516号住居で出土している[8]。この住居跡では7体を含む合葬が確認されているが，いずれかの遺体に着装されていたかどうかは不明である。

　草刈貝塚では，B地点（8体）とH地点（2体）から出土した10体の人骨で炭素・窒素同位体比を報告したが[10]，2020年に千葉県立中央博物館で開催された企画展「ちばの縄文」にあわせて，千葉県が保管する30点の人骨を追加分析する機会を得た[11]。草刈貝塚でも，海産物摂取量には比較的大きな個人差が見られる（図2-b）。叉状角製品を着装した男性は集団の分布のなかで中央に位置しており，食生活については特徴があるとは言えない。また，516号住居に埋葬された5個体の結果は，中間的な値から陸上資源が多い傾向を示した。一方，イノシシ牙製の腕輪を着装した壮年男性（207号B人骨）が，これまで分析した40個体中で最も高い同位体比を示しており，海産物を多く摂取していたと考えられる。

### (3) 根郷貝塚

　鎌ケ谷市根郷貝塚は，有吉南貝塚と草刈貝塚が属する広領域集団とは異なる奥東京湾湾口部貝塚群に属す，縄文時代中期中葉に形成された住居址32軒を含む拠点的な環状集落である。阿玉台IV式の浅鉢が埋設されたJ-5号住居址からは，6個体の合葬された人骨が発見された。そのなかでも

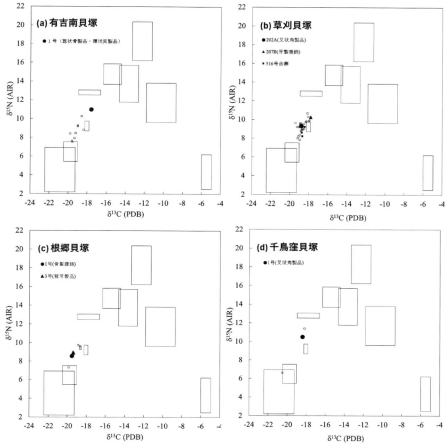

図2 炭素・窒素同位体比に示された縄文時代中期装身具着装人骨の食生活の特徴

壮年男性である1号人骨にはバンドウイルカ骨製の腰飾が伴っており，また3号人骨にはイノシシ牙製の腕輪が伴っていた。

根郷貝塚出土人骨では8個体中7個体で炭素・窒素同位体分析を実施しており，海産物に強く依存した個体は見られないが，有吉南貝塚や草刈貝塚と同様に海産物利用の多寡には個人差が認められた[12]（図2-c）。そのなかで，クジラ骨製の腰飾を伴った1号人骨の同位体比は中間的な値であった。また，イノシシ牙製腕輪を着装した3号人骨も類似した平均的な分析結果を示しており，どちらの個体も特徴的な食生活を有していなかったことが示された。

**(4) 千鳥窪（千鳥久保）貝塚**

今回の主たる分析対象である東京湾東岸から離れるが，東京湾西岸の多摩川左岸の台地上に位置する東京都大田区千鳥窪貝塚から出土した，勝坂式期の「鳥形短剣」あるいは「鳥嘴形骨角器」は，草刈遺跡などから出土した叉状角製品に共通する特徴が指摘されている[4,8]。東京湾東岸の腰飾の文様にみられる勝坂式土器の系譜とあわせて，東京湾東岸における中期拠点集落の形成に西関東の集団が深く関わった証拠とされるので[4]，叉状角製品の類例として比較する。

東京大学総合研究博物館に補完されている千鳥窪貝塚人骨のうち，千鳥窪4（UMUT130010）が骨角器を伴った1号人骨（熟年男性）に相当する。この個体のコラーゲンの炭素・窒素同位体比の傾向は，これまで分析した千鳥窪貝塚人骨のうち，縄文時代中期の放射性炭素年代がえられた5体のなかでは海産物を多く摂取していた（図2-d）。本研究で議論した東京湾東岸の遺跡から出土した人骨と比べても，海産物摂取が多い傾向があると認められる。

## 3 まとめ

縄文時代中期中葉の拠点集落で確認された類型化した腰飾を着装した2個体と，関連する装飾品を着装した人骨で，食生活の特徴を確認した。箆状骨製品と環状貝製品の腰飾2種を着装した有吉南

#### 表1 装身具着装個体がもつ食生活の傾向
(カッコ内は関連製品を伴う個体)

| 遺跡 | 尖頭篦状骨製品 | 環状貝製品 | 叉状角製品 | 猪牙製品 |
|---|---|---|---|---|
| 有吉南貝塚 | 海洋的 | – | | |
| 草刈貝塚 | | – | 中間的 | 海洋的 |
| 根郷貝塚 | (中間的) | | | 中間的 |
| 千鳥窪貝塚 | | – | (海洋的) | |

貝塚の個体は，集団のなかで最も海産物を多く摂取していた。一方，叉状角製品を着装した草刈貝塚の個体は集団内で中間的な値を示し，食生活に特徴があるとはいえなかった。しかし，草刈貝塚ではイノシシ牙製の腕輪（あるいは垂飾）を着装した個体が集団のなかでも特異的に高い炭素同位体比を示しており，海産物を多く摂取したと考えられる。さらに，篦状骨製品とは異なり施文や尖頭加工がないが鯨骨製の腰飾を着装した根郷貝塚の個体も陸上と海洋のいずれかに偏る食生活ではなかった。根郷貝塚では，イノシシ牙製の腕輪を伴った根郷貝塚の個体でも同様の結果が得られた。一方，叉状角製品の祖型と考えられる骨角器を伴う千鳥窪貝塚の人骨は，海産物が多い食生活を特徴とする。

　結果を表1にまとめると，東京湾東部でみられる3種の腰飾をはじめとする装身具の共伴は，単純に食資源利用の偏りとは対応しない。いくつかの事例で偏りが見られる場合は，陸上資源ではなく，海洋資源をより多く摂取した個体である点は共通している。縄文時代に社会の階層化が生じていた可能性を，民族事例との対比で議論した渡辺仁では，狩猟指向の家系が漁撈指向の家系よりも社会的に優位になる傾向を想定した[13]。もしも，腰飾を着装したリーダーでみられた食生活の偏りが生業と対応しているならば，有吉南貝塚や草刈貝塚，千鳥窪貝塚でみられた海産物を多く利用した装飾品着装事例は，渡辺が想定した縄文式階層化社会モデルとは対応しない。むしろ，縄文時代中期の東京湾東岸では土器片錘が多く出土していることを考えると，網漁による集団漁撈に関わるリーダーが社会的な地位も得ていた可能性を指摘できるだろう。

　社会における階層性を「社会的な価値が不平等に分配される社会」[1]と定義するならば，埋葬遺体における装身具という社会的価値の有無は階層性の証拠であるという考え方もある。渡辺新は，草刈遺跡B区202号住居の合葬例に着目して，幼児が早世したことによって，叉状骨製品を世襲するリーダーの系譜が途絶したと想像を膨らませる[8]。一方で，中期中葉の拠点集落を中心とした集落構造の等質性

を重視する西野は，リーダーの存在は形成期には顕在化するが安定期には消滅しており，階層化に直接つながらないと指摘する[4]。本研究で確認したように，腰飾を着装した個体の食生活が必ずしも特徴的な偏りを示さないことから，東京湾東岸の縄文時代中期中葉におけるリーダーは食資源の分配を差配する役割ではなかったと想像される。腰飾の副葬で示される個人差は，限定的な社会的場面において強く発現する成層構造ととらえるのが適切であり[3]，墓制のみならず食生活においても特異な傾向を示した古墳時代の墳丘墓埋葬者とは大きく異なる。

　**謝辞**　本研究は科学研究費補助金（20H01376, 22H00020）の研究成果の一部である。

**註**

1) 林　健作「縄紋社会は階層社会か」『古代史の論点4 権力と国家と戦争』小学館，1998，pp.87 - 110

2) 髙橋龍三郎「縄文社会の複雑化」『講座日本の考古学4 縄文時代（下）』青木書店，2014，pp.616 - 651

3) 山田康弘「縄文時代の墓制と装身具・副葬品の関係」『身を飾る縄文人』雄山閣，2022，pp.267 - 289

4) 西野雅人「縄文中期『腰飾』出現の背景」『千葉縄文研究』5，千葉縄文研究会，2012，pp.1 - 16

5) 犬塚俊雄「根郷貝塚第一次調査の出土状態について」『鎌ケ谷市史研究』8，鎌ケ谷市郷土資料館，1995，pp.26 - 33

6) 米田　穣「古人骨の同位体分析から縄文社会を考える―千葉県祇園原貝塚出土人骨の放射性炭素年代測定と炭素・窒素安定同位体分析―」『科学で読みとく縄文社会』同成社，2022，pp.47 - 72

7) 米田　穣「灰塚山古墳出土人骨の年代測定と安定同位体分析」『灰塚山古墳の研究』雄山閣，2023，pp.219 - 226

8) 渡辺　新「東京湾岸域に風靡した帯佩具―千葉県草刈貝塚出土の叉状角製品を商店に―」『身を飾る縄文人』雄山閣，2022，pp.31 - 50

9) 米田　穣「縄文人骨及び動物骨の同位体分析」『千葉県東南部ニュータウン40―千葉市有吉南貝塚―』都市再生機構・千葉県教育振興財団，2008，pp.392 - 397

10) 米田　穣「草刈遺跡から出土した縄文時代・古墳時代人骨の同位体分析」『千原台ニュータウンXXVI―市原市草刈遺跡（I区）―』都市再生機構千葉地域支社・千葉県教育振興財団，2011，pp.369 - 372

11) 千葉県立中央博物館 編『令和2年度企画展 ちばの縄文』2020

12) 米田　穣「鎌ケ谷市根郷貝塚・中沢貝塚出土人骨の同位体分析」『鎌ケ谷市史研究』24，鎌ケ谷市郷土資料館，2011，pp.47 - 56

13) 渡辺　仁『縄文式階層化社会』六興出版，1990

# 骨角製装身具類における痕跡学的研究

鹿又喜隆 KANOMATA Yoshitaka
東北大学教授

> 近年の痕跡学的研究の動向を紹介し，実践研究事例から，実用的な骨角器と装飾品では，製作技術が異なっていた可能性を示す

骨角器の痕跡学的研究は海外では分析事例が蓄積されているのに対して，国内では実験・応用研究ともに十分な蓄積がない。とくに高倍率法による研究はほとんど認められず，骨角器の製作や使用について，推定の精度を高めるための体系的な実践が求められる。そもそも「痕跡学」という用語は，フランス語の「trace」とギリシャ語の「logos」による造語と思われるが，実際は著名なソビエト連邦の犯罪学者で法史家である M. N. Gernet が法律辞書を編纂する際に，法医学用語として最初に使用したものである[1]。その後，その手法は考古学のみならず科学界で広く応用されてきた。また，日本を含む諸外国では「痕跡学研究」と「使用痕分析」という用語を同義語とする傾向にあるが，その理解は学史的には正しくない。ソ連の研究者で痕跡学の父とされる S. A. Semenov 以来の伝統に基づけば，ハンマーによる製作・加工痕跡から，使用，運搬，埋没後表面変化までを含む各種の痕跡を総合的に理解するのが本来の形である[2]。したがって，痕跡学的研究では，製作痕のみ，あるいは使用痕のみを扱うのではなく，両者を含めた総合的な実験と，応用研究が必要となる。Semenov のその著書を見れば，第3節が Bone であり，非常に多様な骨角製品の製作，使用の痕跡が示され，具体的な使用法が復元されていることがわかる。本研究では主に高倍率法実践による限られた事例を示すのみであり，研究の余地を多く残している点を予めお断りしておきたい。

## 1　海外の研究事例

日本国内では有機質資料が残存し難い土壌環境であるため，海外の骨角器の痕跡学的研究に比べて基礎研究が立ち遅れている。そのため，最初に海外の事例を参照して，国内研究の課題を明らかにしたい。

骨角器の製作と使用による摩耗に関する研究は，1970年代半ばから1980年代後半にかけて活発に行われるようになった。レプリカの骨角器を使った実験では，皮革の穿孔，魚の鱗取り，魚の頭のビーズ細工と網作り，鍬としての使用，土器の平滑化，シロアリ塚掘り，トウモロコシの皮むき，タトゥー，カサガイの岩からの剥がし取りや殻からの抉り出しなど，さまざまな骨角器使用の実験研究が蓄積されている（出典の詳細は[3,4]を参照）。また，使用痕分析では皮なめし（乾燥，生），白樺樹皮曲げ，植物珪酸体を含む植物の加工，イグサの加工など，すでに多くの蓄積がある。同様に，使用動作と運動方向に関する使用痕として，縦方向の衝撃と圧力，柄付け，平滑化，穴あけ，穿孔，彫刻，間接打撃，回転運動などの実験研究がみられる。そして，摩擦学的原理と痕跡のパターンの調査に基づく，科学的に一貫したアプローチによる骨角器研究は，はるか昔の人類活動に対して光を当ててくれる有望な方法であることが指摘され，一方でいくつかの課題も示された。1980年代後半までに進んだ骨角器の痕跡研究は，その後10年間停滞し，2000年以降に復活する[4]。それは走査型電子顕微鏡（SEM）の普及や顕微鏡画像技術の質の向上が理由である。現在までに，骨器の摩耗パターンにおける共通認識として，①皮革加工による丸みを帯びた微細表面形状や短い（深い）線状痕の特徴，②植物繊維加工による細かく浅い線状痕が点在する表面の特徴など，いくつかの数的・質的差異の存在が一般的に合意されている[4]。

骨角器分析の障害として，第一に，標準化された方法論的プロトコルが存在しないこと（研究者間で分析方法が異なること）があげられる。使用機器は多様であり，倍率も1,000倍から10倍，そして目視まで様々である。照明を含む観察・記録の条件も異なり，痕跡の二次元画像の公開方法も定まっていない。さらに用語の不統一の問題もある。

このような問題を解決するために，筆者自身は国内でも研究蓄積のある石器使用痕分析「高倍率法」を応用することを提案している。すなわち，骨製や角製のレプリカ道具を作成し，落射照明付き金属顕微鏡（50〜500倍）で観察・記録し，出土遺物と比較する方法である。落射照明であることは，照明条件を一定化させるため，ほかの研究者

の追認や再現性を担保できる。また，高倍率の顕微鏡を使うことで，観察能が向上し，解析精度が自ずと高まる。海外では反射率変換イメージング（RTI）技術等が提案されているが[3]，方法論の確立と普及を待つ必要がある。

## 2 実験研究の事例

筆者は鹿角製品や骨製品の製作と使用の実験を行い，その結果を公表している[5]。その一連の研究では，研磨技術と摩耗痕の形成に関わるメカニズムを広く理解することが目的であった。すなわち，剥片石器の使用痕光沢から，磨製石器や石製装飾品の研磨痕・装着痕，そして骨角製品の研磨痕・使用痕までを広く検討し，トライボロジーの概念に基づき[6]，分析精度を向上させ，痕跡形成を合理的に理解したい。そこで，長く研究を行ってきた石器使用痕のみならず，磨製石斧の研磨・使用実験[7]，玦状耳飾の製作・使用実験[8]を追加してきた。骨角器の研究もその一部である。そして，砥石を使用した骨角研磨の実験と応用を進めている[9]。

さて，筆者が実施した鹿角12点，骨30点分の製作・使用実験では，乾燥状態と水漬け状態の2つの条件で行い，加工を想定した接触物は頁岩製剥片，黒曜石製剥片，砂岩製砥石，鹿皮，鉄であった。また，使用を想定した接触物は鹿角，木，皮，イネ科植物，貝，土器，粘土，竹，泥岩である。

応用研究と対応させるため，いくつかの特徴的な製作痕跡を記せば，以下のものがある（図1）。

　　ケズリa：細粒の砥石による研磨痕
　　ケズリb：頁岩や黒曜石などの石器で削った痕跡。
　　ケズリc：肌理の粗い砥石による研磨痕。

## 3 応用研究の事例

宮城県大崎市の北小松遺跡は縄文時代晩期中葉から弥生時代前期にかけての遺跡であり，低地部から骨角器を含む動物遺体が豊富に出土した。それらの保存状態は良好であり，痕跡学的分析に適していたため，詳細な観察を行った[10]。分析対象は完成に近い19点の骨角器である。資料の観察では，落射照明付き金属顕微鏡（オリンパスBX51M）とデジタルマイクロスコープ（キーエンスVHV-1000）を使用した。

最初に金属顕微鏡下で，主に100倍を使って観察した。まず，素材の元々の表面が残っているのか，加工面であるかの判断が必要ある。次に，加工痕の観察であるが，北小松遺跡の骨角器の観察

ケズリa：細粒砥石で研磨　ケズリb：頁岩製剥片で削り　ケズリc：粗粒砥石で研磨　キザミ：頁岩製剥片で切込み

図1　骨角の製作・使用実験で生じた痕跡

を通して，いくつかの研磨パターンを理解できた。一つめは細い線状痕が並行する「ケズリa」である。二つめは幅20μm以上の線状痕が並行する「ケズリc」である。三つめは幅100μmで深い単発の線状痕であり，「キザミ」と分類した。キザミは必ずしも完全な平行とはならず，単独で見られる場合や，交差する場合もある。このキザミに関しては，北小松の事例を参考に新たな実験を追加した。その結果，遺物に見られる装飾的なキザミは，深く幅広であり，1ヵ所に集中的にキザミを入れたと考えられる。それに対し，骨角器の表面の広い範囲に多数の浅い「キザミ」を連続的に入れる場合には，1ヵ所につき10ストロークに満たない軽度のキザミを繰り返していることが実験的に復元された。遺物では，それらのキザミはその後のケズリによって消されかけている。

そこで，ケズリとキザミの重複に関する実験を追加した。それによって，連続的な直交や斜行のキザミの後に，細粒の砥石を使って平行のケズリaを行う工程が多くの資料で理解できた。この特徴的な技法を「横キザミ・縦ケズリ技法」と仮称し，実験による検討を行った。直交キザミを面的に連続させた後に，砥石で削ると，短時間で骨の厚みを薄く減らすことができた。おそらく，骨角器の効率的な加工技術のひとつであろう。

また，ヤスと根挟み，着柄式刺突具には，細粒砥石での研磨「ケズリa」がほとんど認められなかった。すなわち，実用性の高い道具では，緻密な砥石による研磨が行われなかった可能性がある。このように実用的な骨角器と非実用的な装飾品では，製作技術が異なっている可能性が窺えた。

## 4 型式学的分類と機能的分類の齟齬

型式学的に分類された「簪」のうち1点は，先端部に直交の線状痕（回転穿孔の使用痕）が確認され，実用品である可能性が示唆された。使用痕では，簪2点の先端部は摩耗によって加工痕が不明瞭になることが確認された（図2）。この摩耗の成因として，髪との接触が想定される。現状では髪を対象とした使用実験は行っておらず，課題が残る。また，「刺突具」は5点あり，そのすべての先端部に直交の線状痕や光沢面が確認された。つまり，型式的な分類上の「刺突具」は，実際には穿孔具として使用されたと考えられる。同様に，「針状製品」1点にも，穿孔の機能を想定できる

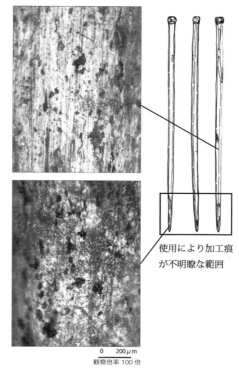

図2　簪の製作痕・使用痕

ものがあった。このように機能研究によって，形態・型式学的分類を見直すことができる。

また，使用痕光沢が確認された骨角器が4点あったが，被加工物を推定するのは現段階では難しい。少数の実験事例から評価すれば，木の穿孔の光沢面に最も類似するが，今後，実験事例を増やしてから改めて検討する必要がある。

さらに，刺突行為を示す衝撃剥離痕の可能性のある剥離面や欠損が認められた資料が3点あった。これらの器種は根挟み，着柄式刺突具，針状製品であり，器種的なまとまりはない。今回の分析対象にはなっていないが，衝撃剥離の可能性がある欠損品が本遺跡にはほかにも確認される。そのため，それらを含めて刺突行為の可能性を検討する必要がある。同時に，骨角器の刺突実験が不可欠となるため，今後の実験研究の成果を踏まえて，改めて検討したい。

また，装飾品の場合，赤彩が施されることがあるが，時間の経過に伴い，多くが剥落してしまう。北小松遺跡の顕微鏡観察では，骨角器のわずかな窪みに赤色顔料が残存することがあり，赤彩の有無をより確実に観察できるという副産物的な効果も得られた。

## 5　展望と課題

### (1) 展　望―多様な骨角器の分析に向けて―

　筆者は現在，宮城県石巻市に所在する沼津貝塚の骨角器の分析を進めている。ここからは多様な骨角製品が出土しており，それをカバーするだけの実験研究を蓄積することが急務である。材料の面では，歯牙製や貝製をはじめ，奇形鹿角など，未だ実験資料をもたない遺物が存在する。とくに装身具類は，多様な材料と彫刻方法，彩色方法を有している。これまでに実施した実験は実用品の整形や加工を想定したものであるため，極めて基礎的な実験段階に留まっている。今後は，遺物の観察から推測される彫刻・研磨方法を導き出し，実験条件を確定させたい。この遺物観察と実験の反復によって徐々に研究精度を向上させるというヒューリスティックアプローチの実践を通して，骨角器の痕跡学的研究の地盤を確立させたい。

　また，装身具の使用痕には手ずれ痕や皮膚や衣類，紐との接触痕が想定される。実際に骨角製装身具を身に付けての痕跡形成はかなりの時間を要する。そのため，皮膚（皮）や髪（毛），布，紐との接触実験という基礎的作業の実施により，それぞれの接触対象による痕跡の違いを明らかにしたい。

### (2) 課　題

　本論では現在までに公開された情報をもとに，骨角器の高倍率法による痕跡学的研究の事例をまとめた。国内の研究を端的に言えば，実験研究と応用研究のいずれもが不足しており，多くの課題が残されている。応用研究を行った北小松遺跡の骨角器をみても，その材料はシカやイノシシの長管骨，中手骨，鹿角であったため，それに対応した実験を実施したが，実際に骨角器に使用される素材はさらに多様である。そのような多様な素材に応じた基礎実験の蓄積が不可欠である。また，加工痕では遺跡内の出土品との関係性の検討が求められる。とくに実際に出土した砥石の検討は行われていないため，どのような肌理の砥石があったかの確認が不足している。また，石器での加工を想定した実験を行っているものの，北小松遺跡出土石器の中で骨角を加工した可能性のある使用痕をもつものは，石匙2点，石錐3点，両面加工石器1点であった。しかもそれらの機能は骨角の切断や穿孔が主であり，骨角器を削る作業を想定できるものはほとんど認められなかった。このような状況から，遺跡内で骨角器が製作されたのか，あるいは骨角器の製作工程のどの段階が行われたのかを解明するには至っていない。応用研究においては遺跡内での活動を復元できるような総合的な研究が求められる。それが本来の痕跡学研究の形であり，意識的に実践することが期待される。

　実践事例を見ると，資料の化石化（風化，齧歯類による齧り痕を含む）や踏み付け痕，堆積物との摩耗，遺物洗浄による摩耗など，遺物研究特有の問題が介在している[11]。そのような各種事項に関する痕跡学的研究は不十分であり，実践研究の精度を高めるためには各項目の研究蓄積が求められる。こうした課題に継続的かつ組織的に取り組むことで，骨角器痕跡学の基盤が形成されると期待している。

### 註

1)　Майлис Н.П., *Трасология и трасологическая экспертиза*. Москва, 2015

2)　Semenov S. A., *Prehistoric Technology*.（Translated by M. W. Thompson）London, Cory, Adams & Mackay, 1964

3)　Desmond A. *et al.,* Documenting Functional Use‐Wear on Bone Tools: An RTI Approach. *Journal of Computer Applications in Archaeology*, 4(1), 2021, pp.214‐229

4)　Stemp W. J. *et al.,* Surface analysis of Stone and Bone Tools. *Surface Topography: Metrology and Properties*, 4, 2016, pp.1‐25, doi:10.1088/2051‐672X/4/1/013001

5)　鹿又喜隆「研磨技術の痕跡学：骨角器」『東北大学文学研究科研究年報』68，2019，pp.37‐63

6)　鹿又喜隆「石器使用痕光沢面の形成過程に関するトライボロジーによる理解」『文化』75―3・4，2012，pp.125‐140

7)　Kanomata Y. *et al.,* Stone Tool Functions in the Preceramic Period at the Loma Atahualpa Site in Ecuador. *Bulletin of the Tohoku University Museum*, No.20, 2021, pp.21‐40

8)　鹿又喜隆・佐藤みなみ「石巻市羽黒下遺跡の玦状耳飾の製作技術に関する実験考古学的研究―高倍率法―」『復興関係調査で拓かれた地域の歴史3　新たにわかった！宮城の縄文時代』2022, pp.63‐72

9)　鹿又喜隆「有溝砥石の機能に関する相谷熊原遺跡における実践的研究」『歴史』143，2024，pp.1‐17

10)　鹿又喜隆「第17章 北小松遺跡出土資料における痕跡学的分析」『北小松遺跡―田尻西部地区ほ場整備事業に係る平成22年度発掘調査報告書―』（第2分冊 分析編）宮城県文化財調査報告書254, pp.363‐385

11)　Bradfiel J. The Technology and Microwear of the Bone Tools from Broederstroom, and Early Iron Age Site in the Magaliesberg, South Africa. *Azania: Archaeological Research in Africa*, 59‐3, 2024, pp.374‐395

✎ 最近の発掘から

# 横穴式石室の2人の被葬者

**島根県出雲市上塩冶築山古墳**
（かみえんやつきやま）

**坂本豊治**
出雲弥生の森博物館

## 奥山誠義・北井利幸・河﨑衣美・中尾真梨子・小倉頌子
奈良県立橿原考古学研究所

### 1 古墳の概要

上塩冶築山古墳は，島根県出雲市上塩冶町に所在し，出雲平野南部ほぼ中央の微高地上にある6世紀末（TK43型式期末）頃の円墳である。規模は直径約46mで，同時期の出雲地域では大形の古墳に分類できる。墳丘には葺石はないが，円筒埴輪，須恵器の甕や子持壺が並んでいた。墳丘内部の横穴式石室は，精美に加工された切石で築造されている。奥行は14.6mあり，山陰で最長の石室である。墳丘と石室の規模は，王族が埋葬されたと推定される奈良県の藤ノ木古墳や赤坂天王山古墳に匹敵し，出雲平野を治めた豪族の墓と推測される。1924（大正13）年には墳丘が国史跡となり，さらに2018（平成30）年には出土品140点が国の重要文化財に指定されている。

本稿は，この古墳から出土した赤鞘の大刀について紹介し，現状想定し得る被葬者像について報告する。

### 2 出土品の科学調査

2022（令和4）年4月から6月にかけて奈良県立橿原考古学研究所附属博物館で，リニューアル記念特別展『八雲立つ出雲の至宝』が開催された。この展示に出雲弥生の森博物館から約60点の資料が貸し出され，これを契機に奈良県立橿原考古学研究所と出雲弥生の森博物館の共同研究が始まった。この共同研究は，当古墳や奈良県藤ノ木古墳出土品などの金工品を最新の科学機器を使って調査し，当時の技術を明らかにすることが目的である。科学調査では透過X線撮影，蛍光X線分析，光学顕微鏡観察，三次元形状計測などを行い，奈良と出雲で計10回の調査を実施した。

調査成果は，出雲弥生の森博物館2024年春季企画展「科学の力で解き明かす出雲の歴史」で公開した。また，出雲科学館，イオンモール出雲，JR出雲市駅アトネスいずも，奈良県立橿原考古学研究所においてパネル展も開催し，好評を得たところである。

### 3 赤鞘の大刀の構造

赤鞘の大刀は，正式には「金銀装捩環頭大刀」と呼ばれる装飾大刀である。

光学顕微鏡観察の結果，次のような鞘の構造が明らかになった。①目の粗い織物を鞘木に巻く。②幅約5〜6mmの細い布を①の上に巻く。③赤色顔料（水銀朱）を②の上に塗る。水銀朱は膠などに溶いて塗ったと想定する。④透明な液体（漆か）で赤色顔料を固め

る。刃部側に⑤細い幅の金銅板をあて，⑥金銅鋲で留める。部分的に⑦目の細かい織物を5重に巻き，その上に⑧金銅板をあて，⑨金銅鋲で留める。蛍光X線分析により鞘木の赤色顔料は水銀朱，捩環頭と鞘尻が銀板で飾られていたことも明らかになった。さらに，⑩大刀を包んでいた織物やそれらを結んでいたと推測する組紐についても情報を得た。

これまで肉眼観察を中心に調査されてきた大刀を，最新の科学機器で調査した結果，古墳時代のものとしては初めて確認された「赤鞘」で，かつ，鞘木に織物を巻いた列島内にはほかに例のない構造であることがわかった。この大刀は，金・銀・赤の3色で飾られており，古墳時代の金工品復元研究において，重要な発見となった（以上は，JSPS科研費21H04369の成果である）。

似た構造の鞘は，京都大学総合博物館所蔵の中国の鉄製長剣，2振で確認できる。鞘に織物が巻かれていること，その上に塗布された黒漆の被膜を確認できること，年代分析により前漢代のものであると報告されている[1]。赤鞘ではないが，似た構造の大刀が存在するのである。また，漢代の鞘には中段やや上に赤漆を塗布して彩色する事例もあるようだ。京都大学総合博物館所蔵の2振は，上塩冶築山古墳例より700年以上も古いため，直接的な系譜を想定することはできないが，今後，中国や列島内で近い時期の類例が発見されることを期待する。

### 4 2人の被葬者像

2つの石棺と副葬品から2人の被葬者について検討してみたい。この古墳は今から138年前の1887（明治20）年に石室が発見され，豊富な副葬品が出土した。発見の様子は，「古墳発見之序次」や絵図，研究者による聞き取りなどが残っており，副葬品の出土位置もおよそ推定されている[2]。

横穴式石室は羨道と玄室からなり，玄室には大小2つの石棺が安置されている。大石棺は，玄室の中央，左壁沿いにあり，凝灰角礫岩を刳り抜いて造られた家形石棺である。長さ2.80m，幅1.45m，高さ1.74mを測る大形品だ。

小石棺は，長辺が玄室の奥壁に接し，右側壁に寄せて置かれている。凝灰角礫岩を刳り抜いて造られた家形石棺で，長さ2.10m，幅1.42m，高さ1.37mを測る

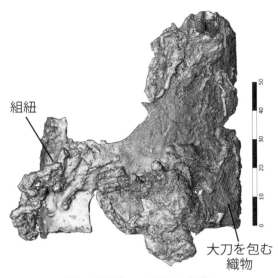

図1　鞘尻片の3次元CG画像

図2　小石棺の被葬者像

中形品である。

　これらの石棺には横口が開いているため，遺体はこの横口から棺の中へ運びこまれたようだ。また，両石棺とも石室の入口より大きいため，遺体を入れた石棺を石室内へ運びこんだわけではない。つまり，石室構築と同時に2つの石棺が安置されていたのである。これらの点を踏まえると，当古墳のメインの被葬者は奥壁側の小石棺ではなく，石棺規模が大きい大石棺と判断できる。したがって，大石棺の被葬者は，出雲平野の大豪族と推測できる。一方，小石棺には大石棺に埋葬された人に次ぐ人物が埋葬されたと推測できる。

　記録などから副葬品の出土位置を推測すると，大石棺内から金銀装円頭大刀のほか，大刀と須恵器が出土したようだ。また，新羅産と推測される銀装馬具の出土位置は不明であるが，小石棺に金銀装馬具が伴うのでこれらは大石棺に伴う副葬品と推定できる。

　小石棺内からは，金銀装捩環頭大刀（赤鞘），大刀，玉類，金銅冠，鉤状鉄製品，須恵器が出土したようだ。石棺の蓋の上には，金銀装馬具が置かれていた。これらの出土状況から，金ピカの冠や金・銀・赤で飾られた赤鞘の大刀を纏い，さらに金銀で飾られた飾馬に跨った被葬者像が復元できる。

　2人の被葬者の副葬品を比べてみよう。通常，金銀装捩環頭大刀は，金銀装円頭大刀よりも高い権威を示すとされている。また，馬具も大石棺は銀装，小石棺は金銀装であり，小石棺の方が豪華である。小石棺の馬具（十字文鏡板付轡）は列島各地で出土するが，これらの尻繋には大形の雲珠や杏葉が伴うことはほとんどない。小石棺の馬具にはそれらがあり特別なセットだと言える。さらに金銅冠や金銀装捩環頭大刀（赤鞘）も伴うことを踏まえると，被葬者は大和で高い地位に付いていた，あるいは功績をあげ，これらを下賜され

た人物と推測できる。以上のことから，小石棺の被葬者は，大和の大王や王族に長く仕え，かなり出世した後，豪華な品々を携えて出雲に帰郷した人物だったのであろう。赤鞘の大刀は，捩環頭大刀の権威をさらに高めたものと推測され，被葬者像を考えるうえで重要な発見となった。

　最後に，上塩冶築山古墳の最大の特色は，墳丘・石室・石棺・出土品それぞれの保存状況の良さにある。そのおかげで，日本に古代国家が誕生する前夜の地方と倭王権の関係を読み取ることができるのである。今後も考古学的研究，科学的研究を続け，その成果を公開していきたい。

**註**

1) 坂川幸祐「濱田耕作将来漢代鉄製長剣の紹介とその保存・活用について」『京都大学総合博物館ニュースレター』61，京都大学総合博物館，2024
　　坂川幸祐・村上由美子「京都大学総合博物館所蔵漢代鉄製長剣の炭素14年代測定」『地域と交流の考古学』日本考古学協会2024年度島根大会実行委員会，2024

2) 島根県古代文化センター『上塩冶築山古墳の研究』島根県古代文化センター調査研究報告4，1999

**引用・参考文献**

坂本豊治編『上塩冶築山古墳の再検討』出雲弥生の森博物館，2018
坂本豊治・奥山誠義・北井利幸・河﨑衣美・中尾真梨子・小倉頌子「出雲市上塩冶築山古墳出土「赤鞘の大刀」の構造」『地域と交流の考古学』日本考古学協会2024年度島根大会実行委員会，2024

## 最近の発掘から

# 若宮大路周辺遺跡群出土の木造人物像

神奈川県鎌倉市若宮大路周辺遺跡群

小野田　宏
株式会社 博通

## 1　遺跡の所在地と周辺の様相

本遺跡が所在する鎌倉市は神奈川県の南東部，三浦半島の基部西側に位置する。西に藤沢市，北東に横浜市，東に逗子市が三方に隣接し南には相模湾が広がっている。鎌倉市街地は，南向きに開口した小高い丘陵と谷戸と呼ばれる丘陵に幾筋も切り込んだような谷あいが多く，相模湾に注ぐ滑川により形成された谷底の沖積地で，所謂三方を山に，一方を海に囲まれた特徴を持っている。

遺跡名称の若宮大路周辺遺跡群とは，鎌倉中心部を南北に走る若宮大路を中軸にして南北約 1.0km，東西約 0.5km に亘る範囲となり，本調査地は北西角付近に位置する。

本調査地は鶴岡八幡宮から南西に約 400m，遺跡名称の由来となっている若宮大路が西方に約 250m，頼朝の父義朝の旧邸跡地に北条政子が栄西を招いて創建した寿福寺から南東に約 100m の位置にある。

遺跡名称となっている若宮大路とは，鶴岡八幡宮前から由比ヶ浜へ一直線にのびる八幡宮への参詣道で，鎌倉旧市街地中心部の南北中軸線となったとされる道で，京都の朱雀大路になぞらえて造営されたという。『吾妻鏡』には，寿永元年（1182）3月源頼朝が妻北条政子の安産祈願のために参道を築造したとある。

## 2　発掘調査成果の概要

今回の調査では，13世紀中葉から14世紀後半までの遺構面を8面検出した。検出遺構は溝，建物址（板壁建物，竪穴建物，掘立柱建物），井戸，土坑，柱穴，据甕などを検出した。検出された遺構からは，本調査地が屋敷地の一画であるという様相を呈しているといえるであろう。周辺の調査成果からも同様に建物等が検出されていることから，一帯が武家屋敷が立ち並ぶ地域であったといえる。

出土遺物は，かわらけ，火鉢等の土器，渥美，常滑，

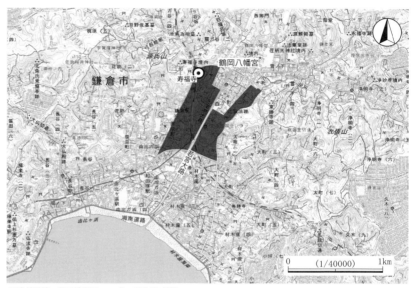

国土地理院　電子地形図25000を一部改変・加筆

図1　若宮大路周辺遺跡群範囲

瀬戸等の国産陶器，瓦，鞴羽口，土錘等の土製，舶載陶磁器類，銅銭，釘，刀子，腰刀，紡錘車，耳掻き，火打ち金等の金属製品，砥石，硯，滑石スタンプ等の石製品，木造人物像，舟形，漆器等の木製品，笄等の骨製品が出土している。

本稿では，鎌倉市内で他に出土した類例のない木造人物像（カラー写真1・2・3）について詳述したい。

なお，現在報告書刊行に向けての整理作業中につき木造人物像の計測値，見解などは現時点のものであり，今後，検討によって変更が生じる可能性があることを予めご承知いただきたい。

## 3　木造人物像

木造人物像は，本遺跡の第2面（年代観は14世紀中葉）から第3面（14世紀前半）までの掘り下げ作業中に出土した（図2・カラー写真4）。頭部と体部は少し離れた場所から別々に出土した。

木造人物像の形状は，頭部と体部が別材で作られており，一材製の頭部を体部に差し込む構造の差し首の技法で製作され着脱式となっている。

頭部は比較的丈の高い巾子冠を被る。顔の描写は緻

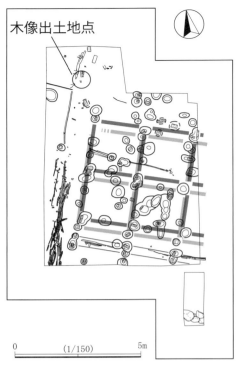

図2 第3面遺構配置図

密に彫られており，目は見開いていて，口は閉じている。鼻はやや高く，ごく浅い鼻孔を穿たれている。頬は左右の頬ともにまるく張っている。頭部の差し込み部分（頸部）には5mm程の大きさの孔が穿たれており，製作過程で頭部を固定するのに使用されていたと考えられる。

体部は装束を纏っており，袍・指貫を着用している。着衣も頭部と同じように緻密に彫られており，衣服の襞もしっかりと表現されている。

右腕は袖口を絞って，腰～臀部付近にあり，右手は胸のあたりの袍の中にあると思われる。左腕は肘から先を欠いた状態であり，表面は滑らかな加工がされ，別材で接ぐように仕上げられている。

両脚の内側は左手同様に滑らかな加工がなされており，何かに嵌まるように仕上げられている。足元には沓，鐙を履いていると見られる。人物像の臀部付近には2mm程の大きさの貫通していない浅めの孔が穿たれている。また人物像の体勢はやや前傾した状態で何かに跨っている姿勢を取っているように考えられる。

今回の像と類似する像を二体挙げたい。一体目は，奈良文化財研究所刊行の「奈良文化財研究所紀要2014」(http://hdl.handle.net/11177/6330)の中で調査が行われている，鳥取県東伯郡三朝町の三徳山三佛寺所蔵の木造勝手権現騎馬像である。報告されているB像は別材で製作された馬に跨った神像で，馬像と離れたB像は脚を開いた状態にある。二体目は，福岡県築上郡吉富町の八幡小表神社所蔵の，木造女神騎牛像（伝神功皇后）である。女神像と黒牛像は別材で製作され，女神が黒牛に跨り，手綱を握っている。こちらは牛に跨った神像で，牛像と離れた女神像は脚を開いた状態にある。何れの像も足を開いた状態が，本遺跡出土の人物像と類似している。ただし上記の像はどちらも背筋を伸ばした姿勢であるのに対し，本遺跡の像はやや前傾した姿勢であることに差異がある。

前述したことから推測できることは，今回の木造人物像は棹立ちをした状態の馬に跨っていた像であった可能性が考えられるが，現時点では何かに跨っていたと留めて今後の検討としたい。欠けた状態の左手の肘から先は跨っていた下の像と接いでおり，臀部付近の穿孔は，下の像に突起物があり人物像と固定するのに使用されていたと考えられる。

【木造人物像　法量】
（＊写真や3D実測データを使用して筆者が計測）
像高（冠頂～爪先）：約13.2cm　冠際高：約11.3cm
　座高：約7.9cm　冠頂－顎：約3.8cm 冠頂－頸（差込部含む）：約4.9cm　面長：約1.7cm 面幅：約1.8cm
　耳幅：約1.9cm　面奥：約2.1cm 肩幅：約4.4cm
肘張：約6.6cm　胸奥：約3.7cm　腹奥：約4.3cm
腰－爪先：約9.2cm 脚張（＊脛付近の最大幅）：約8.5cm　右脚張（＊脛付近の最大幅）：約1.8cm　左脚張（＊脛付近の最大幅）：約1.8cm

### 引用・参考文献

伊東史朗総監修・監修『神像彫刻重要資料集成【第三巻】関西編二』図書刊行会，2016

伊東史朗総監修・八尋和泉監修『神像彫刻重要資料集成【第四巻】西日本編』図書刊行会，2018

伊東史朗総監修・長岡龍作監修『神像彫刻重要資料集成【第一巻】東日本編』図書刊行会，2021

鎌倉市教育委員会『鎌倉の埋蔵文化財27』鎌倉市教育委員会，2024

河鰭実英編『有職故実図鑑』東京堂出版，1971

白井英二編『鎌倉事典』東京堂出版，1976

文化庁監修『重要文化財第5巻［彫刻］（5 木造―神像・肖像他）』毎日新聞社，1974

吉川　聡・児島大輔『奈良文化財研究所紀要2014』独立行政法人国立文化財機構奈良文化財研究所 2014

＊株式会社O.S.Cサービスの協力の下，3Dスキャン画像・実測データの作成を行った。

横穴式石室（羨道から玄室を望む）

🗝 最近の発掘から

古墳時代初!! 赤鞘の大刀を確認

# 島根県上塩冶築山古墳

構成／坂本豊治　写真提供／出雲弥生の森博物館

上塩冶築山古墳の出土品の金銀装捩環頭大刀は，木製の鞘が良好に残存している。2024（令和6）年3月，デジタルマイクロスコープ等により，鞘に織物が巻かれ，その上に水銀朱が塗られていることを確認した。古墳時代の赤鞘の大刀は，これまで確認されておらず，当時の金工品の製作技術を解明する上で極めて重要な成果を得ることができた。

赤鞘の大刀が出土した横口を有する小石棺

赤鞘の大刀の実物と復元品（右，全長約123cm）

島根県
上塩冶築山古墳

鞘が良好に残存する大刀片

③赤色顔料（水銀朱）を塗る。

②幅5～6mmの織物を巻く。

①目の粗い織物を鞘木に巻く。

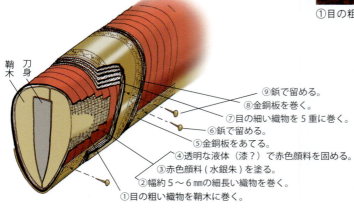

赤鞘の大刀の構造模式図

⑨鋲で留める。
⑧金銅板を巻く。
⑦目の細い織物を5重に巻く。
⑥鋲で留める。
⑤金銅板をあてる。
④透明な液体（漆？）で赤色顔料を固める。
③赤色顔料（水銀朱）を塗る。
②幅約5～6mmの細長い織物を巻く。
①目の粗い織物を鞘木に巻く。

鞘木　刀身

デジタルマイクロスコープを使った観察

若宮大路周辺遺跡群　第2面全景（南から）

## 📝 最近の発掘から

装束を纏った「木像人物像」が出土

# 神奈川県
# 若宮大路周辺遺跡群

構成／小野田宏朗
写真／鎌倉市教育委員会提供

本遺跡は都市鎌倉の南北中軸線で鶴岡八幡宮の参詣道である若宮大路の西方に位置する。鎌倉時代中期から南北朝時代には武家屋敷地の一角であった。14世紀前半の遺構面を検出作業中に鎌倉市内では他に出土した類例のない装束を纏った木造人物像が出土した。

竪穴建物内検出　囲炉裏
部分的に焼け焦げた箇所を確認できる。

若宮大路周辺遺跡群　第3面全景（南から）

神奈川県
若宮大路周辺遺跡群

1. 木造人物像

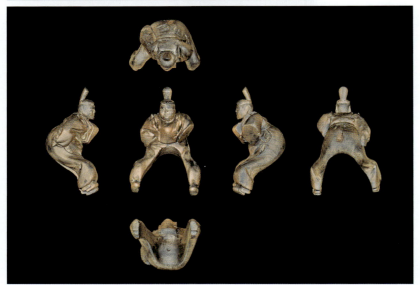

2. 3Dスキャン画像展開図　（全体）
臀部に穿たれた浅めの孔を確認することができる。

3. 3Dスキャン画像展開図（頭部）

4. 木造人物像の出土状況

リレー連載 考古学の旬 第29回

# 石人石馬はなぜ壊されたのか
## 群像を樹立する葬送儀礼の背景

東京国立博物館 河野一隆（かわの・かずたか）

東アジアをめぐる情勢のもと，近畿と九州の死生観と葬送儀礼を読み解き，石人石馬の破壊と埴輪群像祭祀の成立の背景を探る

## 1 群像樹立の葬送儀礼

　筑紫君磐井の乱とは，倭国が東アジア国際情勢と連動し政治・経済システムを樹立し，国家形成を加速した意義だけでなく，古墳文化の観念が転換する大画期だった。磐井の墳墓である福岡県岩戸山古墳は，『筑後国風土記逸文』では次のように記されている。

　　筑後風土記に曰はく，上妻の縣の南二里に筑紫君磐井の墓墳有り。高さ七丈，周り六十丈。墓田は南・北各六十丈。東・西各五十丈。石人・石盾各六十枚。陣を交え行を成す。周を匝りて四面・東北の角に當りて一別区有り。衙頭と号す。その中に石人あり。従容に地に立てり。号して解部と曰ふ。前に一人有り。裸形にして地に伏せり。号して偸人と曰ふ。（生けりし時猪を偸みき。仍りて罪を決れむとす。）側に石猪四頭有り。賊物と号す。（賊物は盗物なり。）彼處に亦石馬三疋・石殿三間，石蔵三間有り。古老これを伝へて雄大迹天皇の世に當りて，筑紫君磐井，豪強暴虐にして皇風に優ず。生平の時，預め此墓を造りき。俄にして官軍動發りて襲を欲するの時，勢の勝まじきを知りて，独自豊前国上膳の縣に遁れて，南山峻嶺の曲に終りき。是に於て官軍追尋ぎ蹤を失ひき。士怒泄まず，石人の手を撃折，石馬の頭を打ち堕しき。古老伝曰く，上妻の縣に多く篤き疾有るは蓋しくは茲に由るか。

　現在，北東部に張り出した別区と呼ばれる場所は「衙頭」と記され，裁判の有り様を再現した石製品が配列されていた。しかし，乱後に磐井を取り逃したことに憤慨した継体大王の軍勢は，石人石馬の手足を叩き落としたとされる。『筑後国風土記逸文』の書きぶりは，九州独自の古墳文化に対してきわめて冷淡だ。寿陵（生前造墓）は大王に対する不遜な行為にほかならず，ましてや近畿では考えられない九州固有の石製群像を古墳表飾として樹立した磐井は，あたかも近畿がリードしてきた古墳文化の破壊者のように著されている。敗戦を機に磐井への反感が一気に噴出し，傍若無人な石人石馬の破壊行為に及んだ，という理解もさもありなんと感じられる。

　筑紫君と連携した在地首長勢力層の広がりを示すと考えられている石人石馬は，まず，5世紀前半に大分県臼塚古墳など短甲のみを表現したものが登場した。次いで，5世紀中葉になると武装石人が現れる。福岡県石人山古墳や同石神山古墳では，三角板革綴短甲を表現した石人が古墳に樹立されるが，群像を構成しない。石製品が多種多彩になり，人物造形を含む群像化した契機は岩戸山古墳の築造だ。興味深いのは，岩戸山古墳が築造された6世紀前半には，埴輪群像の方も古墳表飾としての整備が進展する。代表例が大阪府今城塚古墳だ。小澤太郎（久留米市文化財保護課）によると，今城塚古墳と岩戸山古墳は墳形プランが相似し，同様に群像を樹立した古墳表飾を有している。

**図1　岩戸山古墳の扁平石人**
（東京国立博物館所蔵，ColBase（https://colbase.nich.go.jp/）より）

105

違いは前者が土（埴）製，後者が阿蘇溶結凝灰岩製という点にすぎない。このように考えると，6世紀前半には埴輪にせよ石人石馬にせよ，群像化した造形品を古墳に樹立し，見せつけるといった古墳表飾に共通する動きが顕在化したことは疑いない。それなのに，なぜ石人石馬の方だけが破壊されねばならなかったのか。磐井個人への憎悪や九州固有の文化への嫌悪という説明に止まらず，その思想的背景について古墳文化に通底した死生観の立場から追究するのが本稿の目的である。

## 2 通過儀礼としての葬送
――富雄丸山古墳の葬送儀礼――

2023年1月25日，新聞やTVは奈良県富雄丸山古墳出土品のニュースが列島を席巻した。富雄丸山古墳は，古墳時代前期後半に築造された国内

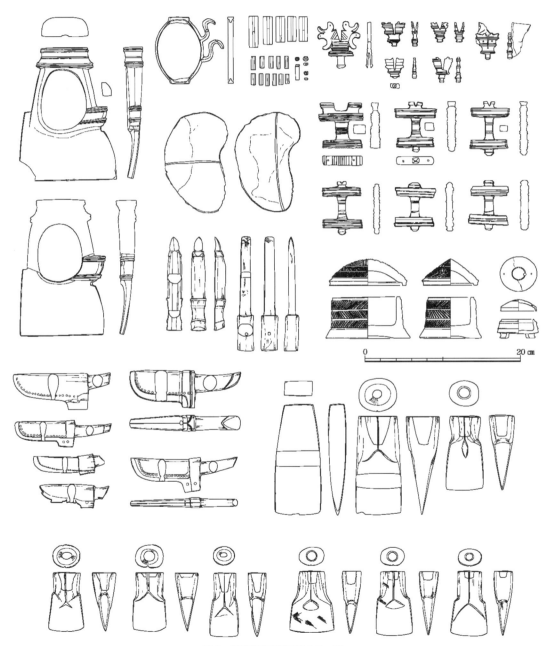

図2　富雄丸山古墳の出土品一覧
（京都国立博物館蔵，奈良市教育委員会『富雄丸山古墳発掘調査報告書1―第1～5次調査―』2022, p.2より）

最大規模の円墳で径109m。北東に造出を持ち，外表に葺石・埴輪を備える。中心主体は長6.9mの割竹形木棺を被覆した粘土槨で，明治時代に盗掘され数多くの副葬品が流出した。それらは石製品・鍬形石・合子・管玉・銅製品など（京都国立博物館所蔵）や三角縁神獣鏡3面（天理大学附属天理参考館所蔵）が伝えられ，発掘調査による出土品には武器類・鉄製品類・巴形銅器・形象埴輪がある。京都国立博物館所蔵品は守屋孝蔵旧蔵のコレクションで，1957年に一括で重要文化財に指定された。1972年の奈良県立橿原考古学研究所の発掘調査では，出土した鍬形石片が京都国立博物館の鍬形石と接合した。1982年には墳丘の一部が調査され，2017年以降は奈良市教育委員会による3次元航空測量が実施されている。2022年，造出に粘土槨が検出され，古墳時代工芸技術の頂点を極める蛇行剣と鼉龍文盾形銅鏡が出土し注目を浴びたことは記憶に新しい。

ところで，石製模造品研究の中で本墳の位置付けは避けられない。富雄丸山古墳出土の石製模造品には，刀子形石製品・斧頭形石製品・鑿形石製品・鎌形石製品など農具や工具がある。鍬形石などの腕輪形石製品や碧玉合子などの石製品とは区別され，神祭りに用いられた石製祭具である。少量の大型精巧品から同種多量の小型粗製品に変遷し，写実的な富雄丸山古墳例は近畿地方に展開する石製模造品でも現存最古例に該当する。まさに中期古墳文化を特徴づける石製祭器の儀礼を創出した古墳と言って良く，古墳時代の神祭りを考えるうえで欠かせない時代を先取りした古墳だ。

この最古型式の石製模造品には，柄を装着した表現と柄を付けず利器本体のみの二者がある。前者には刀子・鉇・鑿，後者には斧・鎌・剣があり，刀子はほとんどが鞘入りの状態を写す。一方，斧と鎌には柄を付けられたものはなく，実際に柄を装着した形跡も無い。石製模造品のうち普遍的な刀子・斧・鎌のうち，刀子と斧・鎌との表現が異なる点はたいへん興味深い。

そこで，模倣対象となった鉄製農工具の機能に着目し，表現の差異が生じた原因をさらに深く考察してみたい。まず，柄が付けられた刀子・鉇・鑿は工具だ。刀子は，アイヌのマキリのように呪術性を持つため，工具の機能だけに止まらないが，すべからく物質を切削，加工して何かを生み出すために不可欠の道具である。この一方で，柄の無い斧・鎌・剣は切断するための道具である。換言すると刀・鉇・鑿はモノを生み出し，斧・鎌・剣はモノを断ち切るものだ。この道具に込められた意味が，柄を付ける，付けないといった表現の差異に起因するのではなかろうか。この表現差を手掛かりに，古墳の葬送儀礼を支えた死生観に迫ってみたい。

葬送儀礼を一種の通過儀礼として見たとき，その儀礼手順にも意味が込められているとみるのは自然である。古代，人間が死亡するとまず死の認定が必要とされた。いわゆる魂呼ビ（タマヨビ）と呼ばれる儀礼で，死者の耳元や屋根の上などで死者の名を呼んで覚醒をうながす。しかし，蘇生が不可能と悟ると魂鎮メ（タマシズメ）と呼ばれる儀礼に推移する。この葬送儀礼については，「切断」，「移行」，「統合」という3段階の儀礼を経過する。切断儀礼とは，死者の肉体と魂を完全に切り離し，遺骸を埋葬という形で処理した後でも死者の霊魂が共に消滅しないようにするものだ。移行儀礼とは，遺骸から切り離された霊魂が浮遊する不安定な段階である。現世に生きる人間の側にとって最も危険な段階にあたり，すみやかに続く儀礼を行わなければ行き場を失った霊魂が人間に悪さをしかねないと考えられた。そこで，最後の統合儀礼によって，新たな霊魂が社会を守護する祖霊へと組み込まれる。通過儀礼としての葬送儀礼は，以上3段階の意味が込められると考えてよかろう。

このように考えた場合，切断儀礼には斧・鎌・剣が，移行儀礼には石枕と石製立花が，統合儀礼には刀・鉇・鑿が用いられたという推測が成り立つのではなかろうか。たとえば，千葉県東寺山石神2号墳では，粘土槨内に納められた2基の石枕と石製立花のうち，一部に土中で生活できないネズミ歯跡が検出された。人間が傍にいてはネズミが活動できないため，埋葬前の「移行」儀礼は人間が近付かない安置期間が確保されていたと推定で

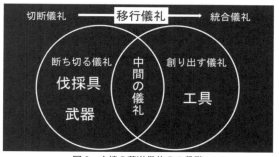

図3　古墳の葬送儀礼の3段階

きる。統合儀礼後に埋葬されるにあたっては，葬送儀礼に用いられた祭器は一括して副葬されている。

　つまり，古墳で展開された葬送儀礼は，次のように復元できそうだ。まず，人が死亡するとタマヨビの儀礼で蘇生が促される。この段階は，死の認定以前のため石製祭具は用いられない。しかし，完全に死亡したと認定されると，斧・鎌・剣を用いた切断儀礼が執行される。こうして遺骸と霊魂が分割された後に，遺骸は石製立花を立てた石枕に寝かされる。その次に霊魂を祖霊の中に編入するため，刀子・鉇・鑿を使った統合儀礼が行われる。こうして，死者の霊魂は落ち着く場所を見出し，タマシズメの儀礼が完了する。最後に，役割を果たし終えた遺骸が土中に埋葬され，密閉・護持されることによって葬送儀礼が完了する。考古学だけから接近するには限界があるが，石製祭器の形と通過儀礼の意味が関連するという立場をとるならば，以上のような葬送儀礼の意味付けができるのではなかろうか？

## 3　初葬の不可侵
### ―九州系横穴式石室の死生観―

　遅くとも富雄丸山古墳が築造された前期中葉に確立したこの死生観は，竪穴系埋葬施設と共に主として東日本の古墳文化として定着した。竪穴系埋葬施設の場合，遺骸を収納するための穴を掘り，棺を安置させた後，石室であれば上に天井石，木棺や石棺を直葬する場合には粘土や土砂で被覆して埋葬が終了する。その後，万一，死者が発生して同じ古墳を再利用せねばならなくなった場合には，再度，上から墓穴を掘り直さなければならなかった。地上には埋葬位置を示す標石のようなものがあったのかもしれないが，完全に同じ位置に掘り返すことは難しかったはずだ。したがって，先行する埋葬施設を破壊しなければならず，心ならずも祖先の遺骸を傷つけなければならなかった。たとえ，それが共同体の始祖となった存在であったとしても。

　この一方で横穴系では，望むと望まざるにかかわらず新たな埋葬のたびに，先行する被葬者の遺骸を必然的に目撃することになる。それが血縁者であればなおさらのこと，葬送儀礼の参列者には祖先からの系譜を意識せざるを得ない体験がもたらされたことだろう。すなわち，横穴式石室は，否が応にでも先祖との強い繋がりを再認識せざるを得ない場所なのだ。とくに4世紀後半には玄界灘沿岸に導入され，各地に波及した九州系横穴式石室でも遺骸護持の死生観は保たれていた形跡がうかがえる。たとえば，福井県二子山3号墳では6世紀前半に築かれた前方後円墳で，横穴式石室の調査で埋葬遺体の数と配置が判明している。この石室は床面の礫敷直下の整地土のしまりが悪く，遺骸の位置で床面が長方形状にわずかに沈下している。このため，石室主軸に直交し奥から順に4体の遺骸を確認することができた。木棺は小口側

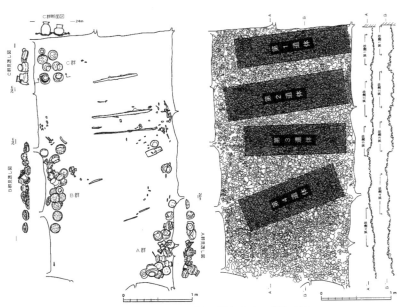

図4　二子山3号墳の遺物出土状況（左）と床の礫敷（右）

の側板を床に押し込んで埋込み固定する，主として丹波（中丹）地域で見られる方式で，石室内部まで遺骸を搬入した後に組み立てた木棺へと移し代えられた。このため，すでに置かれていた副葬品は木棺構築に際して片付けられてしまったが，なぜか奥壁側の1体は手つかずのままだった。つまり，本墳築造の契機となった初葬遺骸は乱されなかったことが確認できた。これを，九州系横穴式石室に特徴的な初葬不可侵の死生観と名付けたい。横穴式石室の中でも奥壁沿いは墓室の中で最も神聖な空間であり，装飾古墳の多くで奥壁最下段石材に主要図文が施されることからも，装飾で飾られた死者との対面こそが，九州系横穴式石室での葬送儀礼で欠かせない要素であったことを裏付ける。要するに九州系横穴式石室では，乱されない遺骸との対面こそ最も重要な儀礼だったのだ。

### 4 初葬の不可視
―畿内系横穴式石室の死生観―

これと対照的な死生観が近畿の横穴式石室，いわゆる畿内系横穴式石室に根付いている。古墳時代の近畿地方中央部を「畿内」と呼ぶことは適切ではないが，横穴式石室研究では「畿内系」と呼ばれることが多いため，便宜的にこの呼称を使いたい。九州から遅れること約1世紀近く，5世紀後半に大阪府高井田山古墳に登場したものが畿内系横穴式石室の最古例だ。これに先行して大阪府塔塚古墳や同藤の森古墳でも横穴式石室が確認されているが，これらは九州の影響下に成立した石室形態だ。高井田山古墳の石室構造上の特徴は，九州ではなく同時期の朝鮮半島の百済の横穴式石室と類似する。近畿地方の横穴式石室研究者は玄室から入口側を見て右手に袖があるものを右片袖，左手にあるものを左片袖と呼んでおり，初期の畿内型横穴式石室には右片袖が多い。そして，初葬の被葬者の占有空間は九州のような奥壁沿いではなく玄門の左側，右片袖の石室では入口からは見えない死角になった部分にあたる。九州系横穴式石室の初葬の被葬者は，石室主軸に直交配置されるのに対し，畿内系では主軸並行に置かれるのが大きな違いである。もちろん，畿内系横穴式石室でも奥壁平行に初葬の石棺が置かれた京都府物集女車塚古墳のような例外もある。しかし，多くの畿内系横穴式石室の場合は入口の閉塞施設を取り

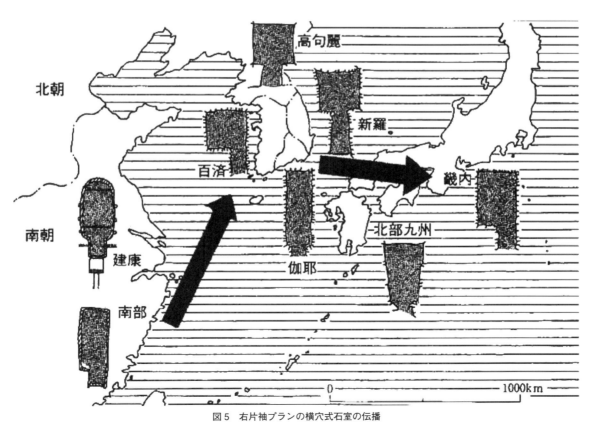

図5　右片袖プランの横穴式石室の伝播

外しても入口から棺は見えないのが普通である。これは，九州で奥壁沿いに被葬者を目撃するのとは対照的だ。初葬遺骸を見せないことを意図した，初葬不可視の死生観と名付けたい。

したがって，畿内系横穴式石室は北部九州から伝播したのではない。以前から指摘されてきたように百済熊津期の宋山里型石室と類似し，その系譜は百済に求められる。ところが，倭同様に，百済の場合も横穴式石室は，遅くとも5世紀後半に登場する外来墓制なのだ。朝鮮半島でいち早く横穴式石室を導入したのは高句麗中期の都であった集安で，広開土王（好太王）あるいは長寿王の墓に比定される将軍塚や大王陵の埋葬施設は横穴式石室だ。百済では，4世紀に造営された石村洞階段式積石塚など墓制面で高句麗の影響が認められる。しかし，かりに百済熊津期へ高句麗から伝播したなら，大同江流域に展開する平壌型石室と類似した両袖形の横穴式石室が初源的形態として百済に登場したはずだ。ところが実際は，宋山里型石室は右片袖かつ穹窿天井で，平面正方形で隅三角持ち送り天井を持つ平壌型石室とは大きく隔たっている。そこで，倭と百済で5世紀後半に右片袖の横穴式石室（畿内型横穴式石室・宋山里型石室）が出現する理由は，高句麗ではなく朝鮮半島に先行して横穴式の墓制を採用した中国南朝から人の移動に伴う葬送観念の伝播と推定する。中国考古学ではこのような右片袖の平面形態を有する墓室は刀形墓と呼ばれ，福健・浙江地域に集中する。『三国史記』では，百済と南朝は頻繁に交渉し，百済を通じて倭にも南朝系渡来人が流入したと伝えられ，南朝南部の造墓工人が王陵に規制された両袖形磚（塼）築墓と差別化をはかるために，故地の墓制に倣って東夷世界に普及させたのが右片袖の横穴式石室と私は考える。

古墳時代後期の親族構造を踏まえると，中期以前とは異なり畿内系横穴式石室に埋葬されたのは家族だった。いわば家族葬を展開するための舞台である。漢代にそれまでの葬送儀礼を体系化した『儀禮』士喪令では，埋葬に先立つ大斂儀礼で廟の西階に柩を置き，埋葬まで安置すると規定されている。つまり物理的な死が公的に認知される前の，古墳時代の切断・移行・統合という3段階の通過儀礼のうち移行儀礼にあたり，死者が生者との境界領域に位置する非常に危険な状態だった。九州系横穴式石室が，統合儀礼後の遺骸を展示する場

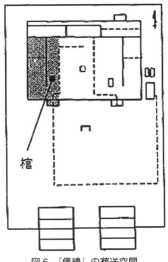

図6　『儀禮』の葬送空間

だったのに対し，畿内系横穴式石室は移行儀礼にあたるもので新たな霊魂を祖霊へ組み込む前だったのだ。それでは，九州系と畿内系の横穴式石室の儀礼の中で社会的な死の位置づけがなぜ異なってしまったのか，この問題を追究するために，死生観から離れて近畿地方中央部の大王と九州の在地豪族が関与した神祭りの側からアプローチしたい。その格好の舞台が，玄界灘に浮かぶ神体島，宗像・沖ノ島である。

## 5　公開から秘匿へ──公共性の喪失──

神祭りの歴史的展開を考察する時に，宗像・沖ノ島の宗教的評価は避けて通れない。沖ノ島祭祀は，17・21・22号などの岩上祭祀から始まり古墳時代前期中葉を遡らない。沖ノ島祭祀は最初から倭王権による直営の性格が強い。沖ノ島祭祀が始まる頃，近畿地方中央部の主要古墳群が大和東南部から北部（佐紀盾列古墳群）や西部（馬見古墳群）へと首長墓系列が大きく変動する時期と重なる。さらに副葬品組成も，中国的なものから朝鮮半島に系譜が求められるものへと変質する「神功・応神紀の時代」であり，中期古墳への胎動が始まっている。さらに，地方の首長墓系譜に大きな変動が看取される。とくに注目されるのは，丹後・越前・伯耆など日本海側各地の潟湖に臨む位置に巨大前方後円墳が出現すること，瀬戸内にも拠点的に，墳形プランや埴輪製作技法に近畿地方中央部と共通する首長墳が登場すること，さらには畿内の四至を定めるかのように，東播磨や伊賀，和泉などに単独首長墳が出現することである。要する

に交通の要路を倭王権が押さえたことのランドマークとして，畿内型古墳を築造させたかのようである。これは，広開土王碑文が示すごとく，半島経営の本格化と無縁ではないだろう。古墳時代は中央－周辺の関係が成立し，古墳文化と非古墳文化（続縄文文化，貝塚後期文化）との境界が闡明となった時代でもある。近畿地方中央部を中枢とする倭王権が主導した古墳文化への帰属意識の高まりと共に境界に対する意識が高まり，古墳に匹敵する神体島として沖ノ島祭祀が登場した。

このように，沖ノ島祭祀が当初から国家的性格をもって登場したとすると，岩陰祭祀，半岩陰・半露天祭祀の段階はどのように考えられるのだろうか。そのために，まず岩陰祭祀の祭祀具の系譜を考えるために，金製指輪を取り上げてみよう。この指輪は大韓民国・皇南王塚南墳に類例があるように新羅系と見ることに異論は少ない。この段階を特徴づける玉虫の羽を刺した帯金具なども新羅系である。岩陰段階すなわち6世紀の新羅は，積石木槨墳による王陵が最盛期を迎えており，版図を広げつつあった。高句麗に圧迫して南下を続ける百済とは対照的に，加耶への影響力を強めていた。沖ノ島祭祀における新羅色の強調は，北部九州と新羅との連携を想定させるものがある。ところで，6世紀における九州と新羅の関係から想起されるものに，筑紫君磐井の乱がある。『日本書紀』によると筑紫君磐井は新羅と通じて半島への大王による派兵を妨害したことが，磐井討伐の要因であったと語っている。磐井の乱の結末は大王側の勝利に終わり，筑紫君葛子は糟屋屯倉を献じて終息を迎えたとされている。この糟屋屯倉で大きな発見があった。福岡県船原3号墳の前庭部で検出された埋納土坑である。この埋納品についての総合評価はひとまず将来的課題だが，新羅系遺物が顕著であることは注意される。さらに大野城の周辺でも，集落や古墳群から新羅系遺物が陸続と出土しており，北部九州と新羅との繋がりは6世紀後半を迎えてますます強まっていると言っても過言ではない。かりに，磐井と新羅との繋がりを絶つことが磐井の乱の目的であったとすれば，大王政権の目論見は外れたとみて良いだろう。しかも，沖ノ島祭祀を見ても，記紀が語っているように百済との強い繋がりをうかがわせるものはむしろ少なく，新羅との繋がりが顕在化している。このように考えてくると，岩陰段階以降の祭祀は国家祭祀を一層強めたと見るよりも，宗像氏など力を付けた九州の在地豪族が沖ノ島祭祀を奉斎したと見る方が適切であるように思われる。確かに，金銅製馬具や指輪など造形的に優れたものも少なくないが，新羅系遺物の比重の高さは国家祭祀とみるより，北部九州の在地首長の役割を大きく評価した方が説明しやすい。

沖ノ島祭祀は一見すると死生観とは無関係のように見えるけれども，儀礼の執行主体が大王から在地豪族主体となったことを示しており，このような公的祭儀から私的儀礼への変質は，横穴式石室の儀礼が家族葬的な色彩を強めたことと軌を一にする。葬送儀礼は参列者が看視する墳頂の公開

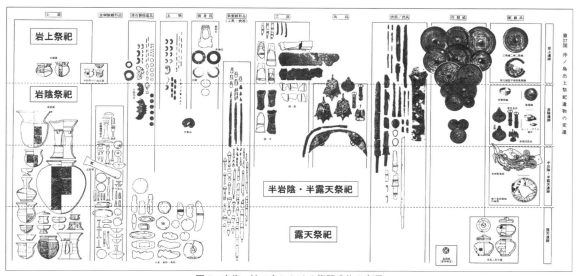

図7　宗像・沖ノ島における祭祀遺物の変遷

111

空間で行われるものから，石室周辺の限られた参列者にのみ開かれた秘匿空間で行われるように変わる。儀礼の秘儀化によって参列できる人数の数が限定されてしまうと古墳築造に必要な共同体との紐帯は急速に失われ，社会的意義も喪失した。いわば，古墳時代の後半期に表面化するのが祭祀儀礼における公共性の喪失だ。このため，造墓活動が急速に低下するのは必定である。

## 6　群像祭祀の成立の意味

　以上の検討を踏まえると，6世紀前半に群像祭祀が成立する背景には，次のような複合的な要因が考えられる。まず，出発点となる古墳祭祀は，通過儀礼に基づくタマヨビ・タマシズメが主たる機能で，タマシズメ後の遺骸は竪穴系埋葬施設内部で護持されねばならなかった。この思想は日本列島でいち早く横穴式埋葬施設を導入した九州系横穴式石室にも採用され，奥壁平行の初葬者が最も大事な遺骸として保持され，飾られねばならない初葬不可侵の死生観が根付いていた。一方，5世紀後半に百済熊津期横穴式石室を採用した畿内系横穴式石室は，初葬者を会葬者から見えない位置に棺を配置する初葬不可視の死生観に立脚していた。初葬不可侵の死生観は統合儀礼まで済ませた遺骸を収納する舞台としての意味を九州系横穴式石室に与えたし，初葬不可視の死生観は移行儀礼で中断した遺骸収納施設である畿内系横穴式石室という形で具現化した。その背景には南朝南部から百済を経由して近畿地方中央部の王権中枢にまで到達した死生観の東アジア交流があった。なぜ，このような違いが生じたかを考察すると，葬送儀礼だけでなく，神祭りにおいても公共性が喪失することが注目される。参列者が限定され秘儀と化すことで，葬送に家族葬的色彩が強まるのは必然だった。その結果，社会全体で支えられてきた造墓活動のモチベーションは急速に低下せざるを得ず，古墳は大王や在地豪族層の私的営為と化した。しかし，それではとうてい造墓に不可欠な労働や副葬品の製造のために必要な労働力を集約させることはできなかった。

　そこで求められたのは，葬送儀礼を可視化して，数多くの社会成員に古墳築造の前提となった社会的紐帯を展示するための群像祭祀だったのではなかろうか。継体大王の戦略は，埴輪群像祭祀の浸透を通じて倭王権のイニシアティブを浸透させよ

うとしたが，ひとり磐井だけが九州固有の素材による独自解釈を行った。沖ノ島祭祀を倭王権の手から在地豪族に取り戻したように，九州在地首長による古墳文化を支えた死生観への軽視は，倭王権にとって許容しがたいものであったに相違ない。なぜなら，埴輪以外の要素で群像を構成したのは，岩戸山古墳だけだったからだ。墳形の相似からうかがえるように，かつて磐井は継体擁立に加担した勢力のひとつだった公算が大きい。ところが，このような磐井の行動そのものが不遜な行為として目に映った。社会的紐帯の再生の切り札として継体が打った起死回生の一手である埴輪群像に対する磐井の独自解釈が，乱の引き金の一つになったという本論の見解も，古墳文化の観念を踏まえればあながち荒唐無稽とばかりは言えまい。

### 引用・参考文献

太田宏明「畿内型石室の変遷と伝播」『日本考古学』15，日本考古学協会，2003

大塚恵治「鶴見山古墳と武装石人 ― 八女古墳群での位置付け ― 」『考古学ジャーナル』545，ニューサイエンス社，2006

小澤太郎「岩戸山と今城塚 ― 二つの前方後円墳における平面形態の比較試論 ― 」『史紋』1，史紋編集委員会，2003

小田富士雄「石人石馬の系譜」『古代史発掘』7，埴輪と石の造形，講談社，1974

小田富士雄編『沖ノ島と古代祭祀』古代を考える，吉川弘文館，1988

河野一隆「右片袖の思想」『古代學協會四国支部第9回徳島大会資料』古代學協會，1995

河野一隆『装飾古墳の謎』文藝春秋社，2023

下垣仁志『古墳時代の国家形成』吉川弘文館，2018

高浜町教育委員会『二子山3号墳発掘調査』高浜町教育委員会，1989

近つ飛鳥博物館編『埴輪群像の考古学』，青木書店，2008

春成秀爾編『世界の中の沖ノ島』季刊考古学別冊27 雄山閣，2018

森岡秀人「追葬と棺体配置」『関西大学考古学研究室開設参拾周年記念考古学論集』関西大学考古学研究室，1983

森下浩行「日本における横穴式石室の出現とその系譜」『古代学研究』111，古代学研究会，1986

森下浩行「畿内大型横穴式石室考」『考古学と地域文化』同志社大学考古学シリーズ刊行会，1987

森貞次郎「筑後国風土記逸文に見える筑紫君磐井の墳墓」『考古学雑誌』41 ― 3，日本考古学会，1956

連載
私の考古学史　第20回

# ただひたすらモノを見る

明治大学名誉教授
石川日出志
（いしかわ・ひでし）

　新潟県立新発田高校2年生だった1971年，一日だけ発掘調査に参加したことがきっかけで考古学の道に入った。それから54年。考古学の理論も論理も分からぬまま考古資料に没入してきた。多くの方々に叱咤や助言をいただき，また学内・外の雑用をこなす中でやっと考古学や社会の一端が分かるようになった気がする。弥生時代を専門とし，北海道から長安までの同時代資料を同じレベルで検討したいと思ってきた。人さまから見れば単なる徘徊にすぎないだろう。でもモノ好きはどうしようもない。そして…今春定年退職。

## 考古学との出会い

　1954年11月27日，新潟県北蒲原郡水原町（現阿賀野市）生まれで，農家育ち。西には水田ばかりが広がり，東は畑と里山。田畑と野山を駆け回った経験は考古学する上で大いに役立った。
　考古学への道は新発田高校地歴部に始まる。地歴部の同級生・阿部朝衛さん（現帝京大学）はとうに考古学好きで，顧問の考古学者・関雅之先生に発掘に参加させてと繰り返し訴えていた。しかし先生は，「高校生を発掘に連れ出すと人生を誤る」と断る。ようやく2年の秋に一日だけOKが出た。村上市滝ノ前遺跡で，3基の竪穴住居跡の調査だった。後日，出土資料が高校に運び込まれ，放課後に土器を水洗することに。馬毛ブラシで洗うと土器にジグザグ模様が現れたので，先生に訊くと「図書室で自分で調べなさい」。教えられた『日本考古学講座』4（弥生時代）の「東北」を見ると，同じ文様の土器が天王山式土器とあった。この瞬間，「俺は考古学！」。一学年下の田中耕作さんも加えた3名がこの道に進み，先生の懸念は的中した（笑）。

## 師による初期設定

　一浪ののち1974年に明治大学に合格したので関先生に報告すると，次のように助言された。①『日本の考古学』全7巻を徹底的に読み，旧石器時代から中世までの考古学を学びなさい。②学史を学びなさい。③発掘された遺跡は分布が偏るから，発掘資料だけでなく戦前からの採集品にも注目しなさい。④資料を徹底的に観察しスケッチしなさい。⑤すぐに実測と測量ができるようになりなさい。①〜④は生涯の指針となったから初期設定ともいえる。
　入学してみると授業はつまらなく，必修科目以外はほとんど出なかった。おんぼろアパート3畳間に籠って，ノートをとりながら『日本の考古学』第1・2巻（先土器・縄文時代）を4・5月にクリア。初めは旧石器時代に狙いを定めたので，一誠堂書店の2階で買ったF.Bordes : *The Old Stone Age* にも挑戦したが，これは早々に挫折。
　実家の裏で自分が見つけた横峯A・B遺跡が，その年の秋に土取りに先立って緊急調査されることになった。幸いにも，学費値上げ闘争で大学はロックアウトとなり，ほぼ全日程発掘に参加できる。それどころか調査担当者は，「僕は中世が専門で，縄文には関心がないから石川君が好きなように掘っていいよ」というではないか。それからが大変で，数冊の発掘調査報告書を参考にして，竪穴住居をどう掘り，記録するかを考えて調査した。その後，帰省のたびに遺物図面をつくり原稿を作成して提出したら，安田町教育委員会が予算化して1981年に報告書が刊行された。

**関雅之先生**（左）と
2017年6月5日見附市にて。（撮影：田中耕作さん）

113

## 弥生時代への開眼

横峯A遺跡は，縄文時代晩期後葉の土器を伴う竪穴住居跡1基と，縄文時代後期～弥生時代後期の土器片が見つかった。B遺跡は，当時新潟県で初の縄文時代中期集落の全面発掘だった。

A遺跡でまとまる縄文時代晩期後葉の土器は，県内の資料だけでは理解しきれず，福島県の馬目順一さんの『一人子遺跡の研究』（1970年）を参照した。B遺跡の中期土器は多彩で一括資料もある。出土土器を群として捉える寺村光晴先生の方法（『栃倉』1961年）に惹かれ，『福島大学考古学研究会紀要』第1号（1972年）の丹羽茂さんの見事な卒業論文に心酔した。当時新潟県内では小林達雄さんの火焔土器研究が躍進中だったが，一時期十数器種ある中で火焔土器の2器種だけに注目する点は違和感がある。だから，卒業論文は縄文時代中期土器を取り上げたかった。しかし3年生の終盤になって冷静に考えると，完形土器が多数ある中期では2年かけても卒論は完成しない。これを断念して横峯A遺跡関連の縄文時代晩期後葉～弥生時代中期の土器ならば破片が多いのでクリアできるだろう。この妥協がのちに弥生時代が専門となる分岐点となった。

卒論の対象が定まれば指導教授も決まる。大学入学以来，近づいたら火傷するからと避けていた杉原荘介先生が指導担当となったのには困惑した。しかも2名だけで，もう一名は8年生の吉野一郎さんなので，実際の指導は毎回一対一。

折しも栃木県出流原遺跡の調査報告書作成が始まり，院生に交じって学部生で私だけが土器実測を命ぜられた。考古学陳列館嘱託の星山（現藤崎）芳樹さんが縄文土器の専門家で，縄文原体の観察や実測図・トレースの表現などを細かく教わった。星山さんと共謀して，破片拓本では杉原先生は収録してくれないからと，重要な土器破片はむりやり復元図にした。でも杉原先生が須和田式土器をA・B類に二分し，三角・菱形連繋文をもつA類を古くすると主張したのには困った。土器を検討するのに文様図形しか見ていないのだ。須和田式問題は大学院に進学しても先生とは平行線をたどった。

でも，視野を広げる上では杉原先生はとても有難かった。修士までは主に東日本しか扱わなかった私に，博士課程に合格した直後に，次の課題に

杉原荘介先生（1966年）
（Ⓒ 明治大学博物館）

直ちに取り組むよう命じた。①九州における弥生土器の形成過程，②古式土師器，③弥生時代青銅器，④朝鮮半島の無文土器と青銅器，⑤中国における稲作起源。間もなく先生の青銅器の資料調査で九州に同行するので③から始め，同時に②のそれぞれ研究史を点検した。主要論文を読み込むのと並行して，考古学陳列館が所蔵する青銅器と古式土師器を観察する。古式土師器の研究史は，教員と院生の勉強会に招聘した置田雅昭さんが1975年に作成された一枚の「布留式土器研究小史年表」がとても役立った。④は博士2年目に福岡の力武卓治さんとともに杉原先生の訪韓に同行して，国立中央博物館で松菊里遺跡の遼寧式銅剣，高麗大学校・崇田大学校・光州博物館・慶州博物館・釜山大学校などで青銅器と土器をじかに観察・実測したのが刺戟的だった。

## 先達からの叱咤

先輩や先達から何度も叱咤された。大学2年秋から，古代集落・千葉県山田水呑遺跡の整理作業に参加した。大学を卒業したら郷里の新潟で考古学を続けると決めていた。当時多賀城跡の調査研究が体系化しつつあり，新潟県内でも古代遺跡の研究が本格化するはずだからその基礎体力作りになると思ったのである。もう実測は一人前の気でいたが，初日に私の実測図をみた金子真土さんのひと言は，「どのように製作されたか瞬時に読み取れないのでは実測図ではない！」。それから毎日，学界の先端を行く土器研究の金子さんや土器・集落研究の松村恵司・石田広美さんを見て，大学院に進まねば新潟でさえ通用しないと気づいた。

運よく大学院に進学できた最初のGWに、先輩に誘われて長岡に向かった。二次会のスナックで、高校時代から知る関先生の後輩の金子拓男さんが「お前なんか大学院に行くタマじゃねえ」。滅入るよりも、二度とそう言われないよう勉強せねばと思った。博士課程に進んだ春、杉原先生の福岡での資料調査に同行した際にも似たようなことがあった。先生が帰ったあと県職員の酒井仁夫さんから「東京や関東で弥生をやって何の意味がある?! 楽浪土器が出る福岡のような地でやるのが弥生研究なんだ」と。唖然としたが、漢王朝の側からみれば、目くそ鼻くその物言いであり、大陸の考古学を学び、東日本からと挟み撃ちすればよいと気づかされた。その後も別の方から「石川の編年は粗くて従えない」、「石川の考古学はけっして科学的でない」と批判された。

**村尻遺跡再葬墓の実測**
右は国島聡氏。（撮影：田中耕作さん）

## 縄文・弥生土器と再葬墓

高校時代から縄文時代後・晩期土器になじみ、自宅裏の遺跡で発掘した縄文時代中期・晩期〜弥生土器は色や質感まで今でも記憶は鮮明だ。しかし学部1・2年次の横峯A・B遺跡以後、しばらくは自ら調査・分析する遺跡には恵まれなかった。だから、大学院時代に新潟県の3遺跡の資料と格闘できたのは嬉しかった。1979年の新潟県鳥屋遺跡の発掘で縄文時代晩期後葉、1981年の村尻遺跡の発掘で弥生時代前期〜中期前葉、1982・83年の寺地遺跡の整理作業で北陸系の縄文時代晩期の土器群である。鳥屋遺跡を軸に、中部から東北南部までの浮線文土器型式群の再編を試みた。村尻遺跡は、出流原遺跡の報告書作成の際に再葬墓研究は調査時の遺構観察が必須と痛感したことから実現した試みだった。それまでの再葬墓研究は調査後の土器の検討でしかなかったし、遺構の調査は不備だらけだった。寺地遺跡では、北陸の晩期土器研究の方法論的不備に難渋しつつ格闘して挫折した。ただし鳥屋遺跡で気づいた焼けた獣骨は、村尻・寺地両遺跡の焼けた人骨に注目することに繋がり、これが縄文時代後・晩期から弥生時代への墓制の連続性を解く糸口となった。

## 在外研究

20代の悪戦苦闘が続く博士後期課程3年目の秋、他学科で流れた人事枠があるからと助手に応募して採用される。任期満了後はどうするかと悶々とする助手の最終年度4年目にまたも棚ぼた人事で、専任講師の道が開けた。32歳で受け持ったクラスは個性的な面々が愉快で、テニュア（終身雇用資格）取得も有難かった。しかし自分が明治大学の考古学の専任教員たりえるのかと悩む日々でもあった。それが解けたのが36歳の時の在外研究だった。

韓国を希望したが、小林三郎さんが「韓国に行くなとは言わない。逆回りで行くと面白いぞ」と言うので即決。アメリカ・西欧諸国を経てロンドンからソウル入りした。この9ヵ月の遊動で、モノの観察を徹底する自分の作法でよいのだと気づく。

国立アメリカ歴史博物館の展示ではエクアドルのValdivia土器を観察。縄文土器の文様と対比してあるのに破片の向きがデタラメだった。アメリカインディアン博物館で見た南・北アメリカ各地の土器と民族資料、アメリカ自然史博物館などでみたアフリカや南太平洋の民族資料から、土器の地域色や石・貝斧の着柄を学んだ。ボストンのCopp's Hill墓地で17世紀後半から19世紀初頭の墓碑を型式学的に整理して、金関恕さんが『日本考古学を学ぶ』2（1979年）で紹介したDeetzとDethlefsenの研究を精緻化できたのは自信となった。英国では、北端のSkara Brae遺跡からブリテン島西南端のLand's Endまで、各地の新石器〜鉄器時代遺跡を巡った。hill fortをはじめとする鉄器時代文化は、ユーラシア東端の弥生文化や環濠集落と対比して考えた。

韓国では釜山大学校の鄭澄元先生に受け入れていただき、安在晧さんの助言も得て全国の無文土器を詳しく観察した。櫛目文土器から無文土器への推移、松菊里式土器や粘土帯土器をどう理解するかを考えた。一番注目したのは、無文土器の型

115

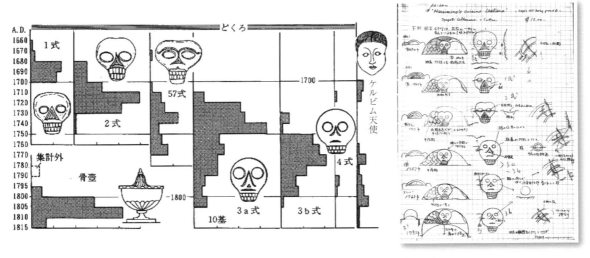

ボストン：コップズ・ヒルの墓碑編年（左，著作③より）と石川メモ（右）
どくろ表現などの特徴を明解に型式分類し，墓碑に刻まれた没年と照合し，さらに翼表現や墓碑形態の特徴との相関も検討した。

式変化は西日本弥生土器とまったく異なり，編年がきわめて難しいが，後期無文土器の途中から併存する楽浪由来？土器はこれとはまったく異なることだった。石器も各地で観察し，松菊里式土器に特徴的な三角石刀（石庖丁）は刃付けがすべて右手用だと気づく。

在外研究期間中，ニューヨークとロンドンの日本書店で文庫・新書を漁り，貪り読んだ。その中に鹿野政直『日本近代化の思想』（文庫版，1986年）があり，過去に起こった事柄を後追いで説明する歴史学でよいのかという問いは考古学にも通じ，刺戟的だった。

放浪の在外研究9ヵ月に作成したノートは15冊になる。当時，博物館は薄暗いか写真撮影不許可のためスケッチばかりだったからでもある。懐かしくて今でも時々ページをめくる。

## 文化の地域性を考える

在外研究が当初の予定より1年早まったため，多くの無理が伴った。春成秀爾さんに誘われて参画した『図解・日本の人類遺跡』（1992年）の分担も出発までに完了できず，残った原稿をロンドンから送った。この本の担当箇所で一つの苦悩があった。弥生時代の「道具の組合せ」の項で，朝鮮半島と九州の土器を貼り込んだ結果，沖縄の資料を納められなかったのだ。それを悔いて，鈴木公雄さんと共編の『新視点 日本の歴史1』（著作④）で「弥生文化の北と南」の一文を収録し，以後，『農耕社会の成立』岩波新書（著作⑥）などでも，弥生文化とその周囲をつねに等価に扱うよう改めた。この観点は鹿野史観の採用でもある。

鹿野史観は，弥生文化の理解にも直結する。従来の議論は，大学の師である杉原先生も，弥生時代研究の枠組みを構築した小林行雄先生も同様で，西高東低の弥生文化観である。これをクリアする方法は，すでに山内清男氏が『日本遠古之文化』（1932-33・39年）で示していた。小林先生の弥生時代の前・中・後期3大別は，弥生文化が九州で形成されて東方に分布圏を広げ（前期），それが各地に定着して地域性が生まれ（中期），次いでその地域性が解消されて（後期）古墳時代文化形成に至るという文化史区分である。

これに対して，山内清男氏の縄文時代土器型式の早・前・中・後・晩期5大別は，細別土器型式群を便宜的にまとめたもので，文化現象はそれを基準として解明していくものである。そして各地の土器型式は，在来の伝統と隣接地域の影響から形成され，両者が織りなす独自の特徴をもつ。弥生文化も縄文からの伝統，大陸からの新しい要素，独自の要素で形成されると考える。この思考法を各地に適用すればよい。上の岩波新書に掲げた，「地域文化の形成・推移，地域文化の相互関係」という図解も2000年までにできた。各地の地域文化がどのように形成され，変遷を遂げ，相互に関連し合うのかを読み解くのは，歴史学であれば当然の思考法である。

## 弥生土器を読み解きたい

この思考法は，弥生土器型式の検討の積み重ねから自然に育ったものでもある。きっかけは修士1年の1978年の春，新潟県下谷地遺跡の調査に参加した折，小松式土器が多数を占める中に，中国地方に由来する口縁部内面に貼付突帯を巡らして片口とする壺や，東海西部の岩滑式に由来する受口口縁壺を見出したことにある。また1980年に調査が始まった埼玉県池上遺跡では，杉原先生の須和田式A・B類土器に，北陸の小松式，北信の栗林I式，東北南部の南御山2式が共伴し，各地の編年対比だけでなく，隣接・遠隔地の土器型式どうしの影響関係を読み解かねばならないと気づいた。仙台平野の桝形式が，福島県域の南御山2式や東関東にも影響を与えるなど，多くの実例がある。

これは何も東日本に限ったことではない。私が代表をさせられた「弥生土器を語る会」(1989年～)で，岡山の弥生土器を観察して，中期前葉に在来伝統を打ち消すような外来の土器製作技術が採用されると気づいたり，田崎博之さんが主導した「土器持寄会」(1994～2000年)で九州の遠賀川式土器を観察すると，瀬戸内方面に影響を与えたのは板付式など福岡平野ではなく遠賀川流域のようだといったことも同様である。

どの時代であれ，土器研究は編年細分にばかり目が向いて，土器型式理解の精度を上げることや地域を越えた土器型式間関係を読み解くことがなおざりになりがちだと感じる。さらに，土器型式と他の文化要素がどう連動するのかも併せて考えるべきであろう。

## ある日突然金印へ

自分は先史考古学者だから，金印など文字資料は学ぶけれども発言はしないと決めていたのに，2010年10月末に突如「漢委奴國王」金印研究を開始した。新書で金印に触れた際，三浦佑之氏の『金印偽造事件』(2006年)が話題となったが考古学者は誰も疑わないと記した。ところが，鈴木勉氏が『「漢委奴國王」金印・誕生時空論』(2010年)で論証するように，江戸時代の偽物だと三浦氏から信書で指摘されたのだ。直ちに中国古印関係文献を徹底収集して検討を開始。その際，神保

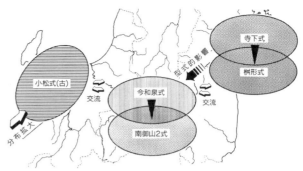

**東北地方南部の土器型式間関係模式図**（著作⑤より）
仙台平野の桝形式土器が福島方面に強く影響して南御山2式が形成される。これにより福島方面の再葬墓が姿を消す。

町に中国書籍専門の古書店が何軒もあって助かり，大学院時代から集めていた漢代墓葬の調査報告に印の出土例がいくつもあって驚いた。2年後に江戸時代には製作できないと判断し，以後4回にわたって公開で直接意見を交わした。しかしいまだ平行線らしい。

図譜や図録だけでは限界があり，中国の専門家の助言と実物資料の観察が必須だった。そこで以前から交流のある南京大学の賀雲翺先生にお願いして，南京博物院や六朝博物館蔵資料，古印研究の最先端を行く孫慰祖先生の指導を受けつつ上海博物館蔵資料を観察，明治大学日本古代学研究所の石黒ひさ子さんの支援を受けて，長沙や広州でも墓葬出土資料を実見した。孫先生を招聘した際にご一緒して岩手県立博物館蔵太田夢庵旧蔵印，印研究の同志となった湖南師範大学の朱棒さんと寧楽美術館蔵印の調査も行った。この金印の字形と蛇鈕形態は後漢前期と特定でき，印面一寸は後漢代の墓葬出土尺の一寸に合致する。金属組成も漢代金製品の測定例とまったく矛盾がない。鈴木氏は「印面がデザインできれば」江戸時代にこの金印をつくれるというが，三浦氏が贋作に関わったとする藤貞幹が『好古日録』に引用した「親魏倭王」印影の「王」字は，前漢代の字形である。確かな後漢前期の字形を貞幹がデザインできない証拠だ。

もはや真贋は決着がついた。今は，中国古代印の鈕形や字形などの型式学的検討と，それに基づく諸類型の空間（墓葬内の位置，地理分布）分析などを行う「璽印考古学」によって印研究に新局面を開く取組を続けている。50代後半になってまったく新しい自分の研究課題ができたのはとても幸せなことだ。

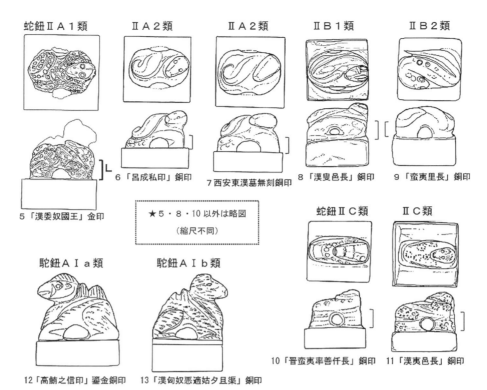

**蛇鈕の型式分類**（著作⑦より）

「漢委奴國王」金印の蛇鈕は，当初ラクダ形で製作されたのち，上部が蛇形に再加工された。これにより秦代以来の蛇鈕形態が激変し，その特徴が後漢・魏・晋代に継承される。

## 学史とこれから

こうして顧みると，専門的な学びは大学1年の旧石器時代から始まり，卒業論文から弥生時代に標的を絞り込んでいった。しかし，関心が赴くままいろんな時代や課題に手を出した。弥生時代に関しては石器も青銅器もすべてを扱うつもりで来た。もっとも新しい対象は，主眼が型式学的方法の検証にあったとはいえ，17～19世紀のボストンの墓碑群である。大学卒業後は郷里に戻るのが目標だったことも，時代を問わずなるべく広く学ぼうとした理由だろう。しかし，何のことはない，関先生の初期設定そのものだ。学史研究もそう。新しい課題に取り組む際は必ず研究史を徹底した。さらに在外研究でそれまでの呪縛が解けてからは，自分が依拠してきた考古学的思考の土台を確認するために，日本考古学史をひとつのテーマとしてあれもこれもと調べ続けている。

しかし，私はモノに始まる考古学に軸足がある。ある資料検討会の折，「石川さんは土器を見てるんだね。僕は土器型式を見てるんだ」と私を嗤った方がいた。でも私は，土器を見て悩む。既設の土器型式の精度など決して高くはないのだから。また，老齢になると思わぬ方面に関心が向かう方も過去にあったが，私はそうはなりたくない。モノを見続けて，自分の考えを少しずつずらしていきたい。一歩ずつでいいから。

———— 文中・図で取り上げた主な著作 ————

① 『横峯A遺跡・横峯B遺跡』安田町教育委員会，1981年（川上貞雄氏ほかと共著）
② 『村尻遺跡Ⅰ』新発田市教育委員会，1982年（田中耕作氏ほかと共著）
③ 「暦年代の分かる型式変化の実例―USAボストン市コップズヒル墓地を訪ねて―」『北越考古学』5，北越考古学研究会，1992年
④ 『新視点 日本の歴史』1 原始編，新人物往来社，1993年（鈴木公雄氏と共編）
⑤ 「南御山2式土器の成立と小松式土器との接触」『北越考古学』11，北越考古学研究会，2000年
⑥ 『農耕社会の成立』岩波新書，岩波書店，2010年
⑦ 「蛇鈕印の璽印考古学」『古代学研究紀要』34，明治大学日本古代学研究所，2025年

現状レポート 第2回
これからの博物館と考古学
－博物館法改正を受けて－
REPORT 3

## 遺跡と博物館とまちづくり

宮坂　清　MIYASAKA Kiyoshi
星ヶ塔ミュージアム矢の根や

星ヶ塔遺跡の観光体験ツアー（下諏訪町観光振興局提供）

本稿では，長野県下諏訪町に所在する「下諏訪町埋蔵文化財センター星ヶ塔ミュージアム矢の根や」（以下，矢の根や）での取り組みを紹介しながら，博物館と考古学のあり方を考えてみたい。

### 1　館の設立経緯

本題に入る前に，筆者の簡単な経歴について触れておきたい。筆者は1988年から埋蔵文化財担当者として下諏訪町教育委員会の生涯学習係に所属していたが，2008年に文化財部門が博物館に移管され，下諏訪町立諏訪湖博物館・赤彦記念館（以下，諏訪湖博）に勤務することになった。その後，2025年3月に退職し現職に至っている。

諏訪湖博へ異動した頃手掛けていたのが，縄文時代の黒曜石採掘遺跡である星ヶ塔黒曜石原産地遺跡（以下，星ヶ塔遺跡）の調査であり，遺跡の重要性から国史跡指定を目指して少しずつ活動をしていた。その後，2011年から国史跡指定に向けた調査・研究を進めて，2014年に星ヶ塔遺跡の総括報告書を刊行，同時並行で国史跡指定の申請手続きを行い，2015年3月に史跡指定となった。さらに同時並行で，文化庁の補助金を得て埋蔵文化財整理室をリニューアルして星ヶ塔遺跡のガイダンス施設を整備，2017年4月に矢の根やがオープンした。

### 2　館の体制と特徴

矢の根やは，下諏訪町地域開発公社が指定管理者となって運営している観光施設の「下諏訪今昔館おいでや」（以下，おいでや）の敷地内にあるため，おいでやとの一体的管理のために指定管理施設となっている。開閉館や受付など日常的な管理は指定管理者が行い，展示など学芸業務を諏訪湖博職員が行っている。諏訪湖博は教育委員会の所管であったが，2020年に観光との連携を深める観点から町長部局の産業振興課に移管されており，観光施設との連携がスムーズに行われている。

矢の根やの特徴としては，縄文時代晩期の黒曜石採掘坑を原寸大で復元した大型ジオラマをメイン展示とする，星ヶ塔遺跡のガイダンス施設であることがまず挙げられる。加えて，館に隣接して諏訪地方で唯一の前方後円墳である県史跡青塚古墳があることから，青塚古墳を紹介する施設にもなっており，2階のテラスからは開口している古墳の石室を目の前に見ることができる。さらに埋蔵文化財センターでもあることから，町内の遺跡出土資料を展示しており，小さな考古博物館ということができる。

### 3　考古学に関するこれまでの取り組み

現在矢の根やで力を入れて取り組んでいるのは，星ヶ塔遺跡の観光体験ツアーである。下諏訪町観光振興局が星ヶ塔遺跡の観光活用を模索していた2021年の夏，タイミングよくNHKの人気テレビ番組で諏訪の黒曜石や星ヶ塔遺跡が取り上げられることとなった。これをチャンスととらえ，観光振興局が星ヶ塔遺跡の観光ツアーを造成，テレビ番組放送直後に販売を開始して，好評を得て2024年秋まで実施を続けている。

この観光ツアーは，矢の根やの見学と星ヶ塔遺跡を訪れる日帰りプログラムと，矢の根やと星ヶ塔遺跡を見学し，下諏訪町内に宿泊して，翌日以降星ヶ塔産黒曜石の流通先である山梨県方面や新潟県方面など，県内外の遺跡や博物館を巡る宿泊プログラムが用意されている。2024年までの4年間で全国各地から939名の参加者をお迎えしている状況である。

119

## 4　博物館法改正に伴う考古学としての対応

　ここでは，今回の博物館法改正のポイントの一つである，地域の多様な主体との連携・協力による文化観光など地域の活力向上への寄与について，上述の星ヶ塔遺跡の観光体験ツアーをもとに述べ，考古学の対応の一端を示しておきたい。

　星ヶ塔遺跡の活用方法については，諏訪湖博の事業としてバスハイクを想定する程度であり，観光ツアーなど考えたこともなかったが，星ヶ塔遺跡を観光活用したいという観光振興局のプロジェクトマネージャー（当時）が現れたことと，前述のテレビ番組が後押しとなって観光ツアーの造成に至った。

　この観光ツアーのポイントは学びを目的とした観光であり，遺跡や博物館では実際に発掘調査をした担当者や，日頃資料に触れている学芸員による臨場感あふれる解説がある，というのがウリであり，ツアーの付加価値となっている。参加者のアンケート結果でも，実際に発掘や研究に携わっている人が苦労話などをまじえながら，熱く語ってくれたことに感激しさらに興味が湧いた，という感想が多く寄せられている。解説がセットされているツアーに参加することで，博物館や遺跡で普段とは異なるリアリティのある体験ができ，深い学びにつながることが期待される。そして，そこにもっていくためには，多様な主体との連携，この場合，観光事業者との連携が必要となる。ほかの業種の人々と連携するということに不安はつきまとうが，博物館や遺跡を多くの人々に知ってもらい，楽しんでもらう一つのあり方として，文化観光との連携は取り組む価値があると考えている。

## 5　博物館と考古学の関係性と未来像

　星ヶ塔遺跡の観光体験ツアーでは，矢の根やで黒曜石や星ヶ塔遺跡のことを解説し事前学習をする。ここで，これから遺跡に向かうワクワク感を高め，マイクロバスに乗って山に向かい，舗装されていないガタガタ道の林道を登り，約30分で標高1,500mの静寂につつまれた遺跡にたどり着く。そしていよいよ縄文時代の黒曜石採掘遺跡に足を踏み入れる。

　するとそこには，矢の根やで見学した黒曜石が，地表にあまた散らばっており，原産地遺跡の迫力を体感できる。また，矢の根やでは星ヶ塔の黒曜石が日本の各地に運ばれている流通の軌跡を，大型の床面グラフィックで解説するが，この事前学習があるからこそ，星ヶ塔遺跡の現地に立ち，ここで採掘された黒曜石が各地に旅立っていったというストーリーをリアルに想像することができる。このように，矢の根やと星ヶ塔遺跡との体験がつながって，より深い理解や感動をもたらしている。

　こうした点からすれば，博物館は遺跡へいざなう入口であり，考古博物館の最大の特徴は，館の展示で学びが完結するのではなく，館の展示と遺跡・フィールドとを一体的に学ぶところにある，と考えられそうである。

　こうした博物館と遺跡の連携は，史跡だけでなく，記録保存され消滅した遺跡でも可能である。建物が立っていたり，道路の下になっていても，周辺の地形や風景から当時の様子を想像することができるだろうし，博物館にあった土器はここから出たんだ，と実感できれば，その場所やまちを見つめる眼差しは変わるであろう。

　歴史まちづくりを提言している西村幸夫氏は，まちづくりの根幹に「地域の将来に夢をもち，地域の環境に誇りをもてることが欠かせない」とし，そのために第一にやるべきこととして「身の回りの資源，資産に真剣に目を向け，地域を見直すことを通して地域と向き合うこと」を挙げ，「地域の歴史や文化，自然を掘り下げるなかで，自分たちにとって自慢のできるものや誇りと思える物語に出会うはずだ」と述べている。そしてその「地域資源の物語」が観光へつながっていくと語っている[1]。

　こうした視点からすれば，博物館と遺跡の連携が歴史まちづくりや観光まちづくりにとって要になりそうだ。

　筆者は，発掘調査に追われていた若い頃，観光畑の先輩職員に「この町は遺跡で食っているわけではない，埋蔵文化財は開発を遅らせるだけでムダな存在だ」と言われたことがある。あれから30年。星ヶ塔遺跡の観光体験ツアーに全国各地から多くの方が訪れ，遺跡や博物館を楽しむ姿を見て，埋蔵文化財が観光やまちづくりに役立つことを肌で感じている。30年前はこんな未来が来るとは想像していなかった。だから今伝えたい。埋蔵文化財は未来にとって必要なのだ。だから，われわれはがんばるのだ。

### 註
1)　西村幸夫『文化・観光論ノート　歴史まちづくり・景観整備』鹿島出版会，2018

# REPORT 4

## 兵庫県立考古博物館
―ふれる・体感する 考古学のワンダーランド―

岡本 一秀 OKAMOTO Kazuhideo
兵庫県立考古博物館

山本 誠 YAMAMOTO Makoto
公益財団法人兵庫県まちづくり技術センター

図1 シンボルマーク

### 1 館の設立経緯

兵庫県では，1980年代以降，大規模開発に伴う数多くの遺跡発掘調査によって，重要な発見が相次いだ。当館は，多くの県民が本物の遺跡・遺物に触れることによって得ることのできる，先人たちが残した「知恵」と「生きる力」への「驚き・発見・感動」を，身近な歴史文化遺産への関心へと結びつけることができる博物館を目指して設立した。1974（昭和49）年に開園した県立の史跡公園「播磨大中古代の村」（国史跡大中遺跡）に隣接地に，2005（平成17）年10月に開館した。

シンボルマーク（図1）にはモチーフとして，優しさと親しさ，愛らしさに満ち，将来に希望を託す「こどもの手」を使っている。下方への手は「過去を探る手」，上方への手は「未来をつかむ手」を表現した。過去の営みをとおして未来を創造するため，「Past & Future」の言葉とともに，過去と未来の中間に位置するのが当館である。

### 2 館の体制と特徴

大きく4つの役割をもたせ，実践している。

A：「見る・試す・館じる」―体感できる博物館―
「驚き・発見・感動」をコンセプトに，考古学が明らかにしてきた地域文化を素材とし，双方向的な展示・体験学習を実施し，体感できる博物館としての役割を担っている。常に小学校高学年の児童が理解できる内容を念頭にして，展示や体験メニューを計画・開発・実施している。
　主なもの：ハンズオン展示・発掘プール・古代体験プログラム・播磨大中古代の村

B：「学ぶ・考える」―学べる博物館― 生涯学習・学校教育との連携である。展示・体験学習で得られた経験をさらに深め，地域文化への理解と関心を高めるための学習活動を支援し，県内各地で地域文化の保護・活用を担う人材を育成する役割を担っている。
　主なもの：博物館ボランティア（"考古楽者"）・ひょうご考古楽倶楽部・博物館学実習・各種インターンシップ・

C：「行く・見つける」―「現場へと誘う博物館」―
博物館から，遺跡・遺物を埋蔵する「現場」へ直結させ，来館した人々を地域文化に満ちあふれる「現場」へと誘う役割を果たしている。
　主なもの：考古学情報プラザ・発掘調査現地説明会・発掘調査速報会・『ひょうごの遺跡』・ひょうごチャンネル

D：「調べる・創る」―探求する博物館― 県民の参画と協働による最先端の調査・研究を行い，地域文化の成り立ちを探求するとともに，新たな地域文化を創造する役割を担っている。
　主なもの：竪穴住居復元プロジェクト・古代米プロジェクト・『研究紀要』

### 3 考古学に関するこれまでの取組み

A：大中遺跡保存活用計画の策定と史跡再整備
史跡公園の開園から約50年もの年月が経過した結果，樹木は順調に生育・繁茂し，閉鎖的な空間や死角が発生するなどの問題が生じた。そのため2019（令和元）年度に『史跡大中遺跡保存活用計画』を策定し，復元竪穴住居の再整備，樹木の伐採・剪定などを実施し，保全に努めている。

B：古代官道に関する調査研究 兵庫県では，駅家の遺跡が全国で初めて明らかとなっただけでなく，国指定史跡「山陽道 野磨駅家跡」がある。「古代官道調査委員会」を設置し，駅家や道路跡の発掘調査を実施。

C：窯業遺跡に関する調査研究 兵庫県は古代より窯業生産の盛んな地域であったので，生産・流通・消費のそれぞれの観点から窯跡の考古学的調査や，文献調査，古陶磁学的調査などを通じて総合的な研究を行い，兵庫の焼き物が果たした役割について検討。

D：大中遺跡調査研究・活用プロジェクト 過去

121

図2　史跡大中遺跡

に行われた調査成果を再検討すると共に，近年増加してきた同時期の周辺遺跡の発掘成果と比較検討することで，大中遺跡の再評価を実施。

**E：竪穴住居復元プロジェクト**　当館関係者以外に，国立明石工業高等専門学校生らが連携し，史跡公園にて定期的な活動日を設定。木材切出し，茅刈り，木組み，茅葺きまで一連の作業を実施。

**F：古代米栽培プロジェクト**　博物館ボランティア，近隣学校などと協力して博物館近隣の実験水田で赤米などの栽培実験を実施。

**G：『研究紀要』**　博物館職員の研究活動の成果をまとめ，年1回発行。

## 4　博物館法改正に伴う考古学としての対応

博物館法改正で求められている「地域社会への貢献」や「他の施設との連携」について触れてみたい。

**A：学校展示と出前授業**　当館には毎年100校近くの小学校が来館するが，その大半は館周辺に所在する学校である。このため，来館実績の無い地域の小学校を対象とした学校展示では，校区内に立地している遺跡から出土した資料を1ヵ月程度，学校内で展示し，児童や保護者に身近な所にも遺跡があることを知ってもらう機会を創出する。出前授業では，実物に触れてもらうことにより感動を醸成すると同時に，博物館内で普段展示されることが少ない資料も活用できる。また考古学に親しみを持ってもらうことで，将来の文化財行政の担い手となることを期待している。

**B：古代体験研究フォーラム**　2016(平成28)年までは古代体験フェスティバルの一連事業として，出展参加団体相互の「事例報告会」を開催していたが，2020(令和2)年からは発展的に継承して，「古代体験研究フォーラム」をオンライン会議型式で開催している。

2021(令和3)年度テーマは「知的障がい・発達障がいのある子どもも楽しめるワークショップデザイン」で，講演5本，参加者113名であった。内容は特別支援教育専門家による講演，先進的プログラム実施の博物館職員による事例紹介，トークセッションで構成した。

**C：古代体験フェスティバル**　博物館が所在している地元自治体(播磨町)主催の大中遺跡まつり(毎年11月の第1土曜日)開催に合わせて，古代体験フェスティバルを開催している。2022(令和4)年度は古代体験のブース35ヵ所(県内外から21団体)，体験参加者は約5,000人であった。

## 5　博物館と考古学の関係性と未来像

**A：史跡公園再整備での出来事**　2019(令和元)年，「史跡大中遺跡保存活用計画」に基づいて，開園以来の大規模な植生再整備(樹木伐採)を実施した。伐採作業中，日頃から公園を利用している県民から「古代の森の破壊だ」とお叱りを受けた。公園としての整備開始前は水田や畑であった場所で，弥生時代から保存・維持されてきた「古代の森」ではない。人工の森であっても公園整備後，約50年間という年月の経過により，県民にとってはかけがえのない「古代の森」となっていた(図2)。

**B：価値の多様性**　桜の名所になっている各地の城跡で，「石垣の保存」か「桜の保存」かといった議論が起こっている。石垣内部に桜の根が張りめぐらされ，強風で桜が強く揺さぶられると石垣は崩落してしまう。石垣上の桜は，城郭の役割を終えた明治以降に植えられたものが大半であるため，文化財保護の視点から，石垣保全のために桜を伐採する。一方，毎年桜の開花を楽しみにしていた近隣住民にとっては，文化財としての石垣保全よりも桜の保存が優先され，石垣上の桜の伐採は，「自然・景観破壊」となるのである。

未来に向かって，博物館や文化財を取り巻く様々な環境で，価値の多様性から生じる矛盾・対立をどのように解決すべきであろうか？

現代社会では，大切に思うものは様々で，SNSを通じて感覚的に発信される莫大な「価値の多様性」が存在し，文化財の保護・活用に関しても無視できない。重要なのは敵対する価値を否定することでもなく，敵対する価値を排除・攻撃することでもない。文化財保護の立場からの丁寧な説明，丁寧な議論を通じて，価値の調和を図るために努力することである。自身の信念・経験に誇りを持ち，その努力を諦めることなく，遺跡や文化財の保護・活用を未来に託すことであると，強く信じている。

**引用・参考文献**
兵庫県教育委員会『県立考古博物館(仮称)基本計画』2004。兵庫県立考古博物館編『史跡大中遺跡保存管理計画』2020

# 書評

陳　有貝 著

## 台湾考古学

A5判　184頁
2,600円
2024年8月刊
雄山閣

　日本からわずか百km余りの距離にある隣国・台湾。しかし，台湾の考古学についてはほとんど日本国内で知られていなかったのではないだろうか。そうした中，満を持して刊行されたのが本書である。

　本書は12章より成り，台湾考古学の学史から各時代の概要，原住民文化と考古学との関わり，台湾と周辺の東アジア大陸および琉球列島との関わり，そして人類史上の重要トピックの一つであるオーストロネシア語族の起源地としての台湾をめぐる問題について，広範に記述されている。とはいえ専門的で詳細な議論に終始するのではなく，各論点を簡潔にまとめているという印象だ。そのため全体のページ数は178ページと短めで，まさに入門書としてもうってつけの体裁となっている。

　本書の内容であるが，第1章「台湾考古学の道」，第2章「台湾考古学研究史」，第3章「台湾考古学の研究法」では主に台湾考古学の学史について述べられている。その中では，初期の台湾考古学を開拓した研究者として，鳥居龍蔵，国分直一，鹿野忠雄らの名前が挙げられている。一方で戦後の台湾考古学は，張光直や李光周といった，欧米の文化生態学やニューアーケオロジーの影響を受けた研究者に先導されたというところが興味深い。

　第4章「台湾の旧石器時代」，第5章「新石器時代のはじまり」，第6章「新石器時代の概要」，第7章「鉄器時代」は，それぞれの時代の様相について記述されている。とりわけ興味深いのは新石器文化の様相であり，初期の大坌坑文化（約6,000〜4,500年前）は海洋資源への依存が高いのに対し，後続する赤色細縄文土器文化からは生業の中心は農耕となり，イネの存在も確認されるようになる。さらに著者は，その背景にかつて中尾佐助，佐々木高明が提唱した「照葉樹林文化」の広がりがあるとの仮説を提示する。

　第8章「台湾考古学と原住民」では，台湾の原住民（先住民）と考古学との関わりを述べている。近年の台湾では原住民文化の復興が進み，部族ごとの歴史や伝統への関心も高まり，それを探る手がかりとして考古学が重要視されているとのことだ。これは，今日でも社会の中に一定数の原住民がいる（全人口の2%ほど）台湾の状況をよく表している。

　第9章「台湾と東アジア大陸の先史時代の関係」，第10章「台湾と琉球列島」では，台湾と周辺地域との関係が論じられている。端的にまとめると，台湾は東アジア大陸からの影響を段階的に受けているのに対し，琉球列島との間には相互にほとんど関係性が認められないということだ。台湾と琉球列島の間には，目に見えない境界線があるのだろうか？

　同様のことは，第11章「オーストロネシア語族の起源地と台湾」でも述べられている。東南アジア島嶼部からオセアニアに至る広範囲にわたっての，オーストロネシア語族の言語集団の拡散は，人類史的にも重要なトピックの一つであり，ピーター・ベルウッドやジャレド・ダイアモンドらが論じるところである。言語学的にはオーストロネシア語族の起源地は台湾にあり，近年の遺伝学的研究もそれを支持している。しかし考古学的に見ると，台湾とその以南の東南アジア島嶼部・オセアニアとの間には，ほとんど関連が認められないという。これについて本書では，前者と後者はいわゆる「親子」関係ではなく，共通の祖先から分かれた「兄弟」であると論じる。

　そして終章では，オーストロネシア起源論をはじめとする従来の台湾考古学の扱いは，台湾自身の主体的な性格が見落とされてしまっていたことを指摘し，台湾を出発点とした研究による「新たな台湾論」が必要であると主張して本書の締めくくりとしている。

　以上，駆け足ではあるが本書を概観してきた。このように本書は，台湾考古学の学史や研究成果を参照する手引きとして重宝するものになるだけでなく，オーストロネシア起源論に関しても重要な見解を表明しており，それは国際的にもインパクトを与えるものだろう。このような文献を日本語で読むことが出来るのは日本人読者にとってはありがたいことであるが，その背景には著者が日本の考古学にかける期待があるように思うのは，評者のうがった見方であろうか？　だとしても私たち日本人の考古学者も，この重要なトピックについて何らかのリプライをすべきなのではないだろうか？

（石村　智）

# 書評

野口　淳・村野正景 編
## 博物館 DX と次世代考古学

A5 判　200 頁
2,640 円
2024 年 9 月刊
雄山閣

　インターネットが広く社会に浸透した現在，国民の学習活動や文化芸術活動に資する観点から約70年ぶりに改正された改正博物館法第3条第1項第3号に「博物館資料に係る電磁的記録を作成し，公開すること」が追加された。交付通知には「インターネットを通じた情報提供と教育や広報，交流活動の実施や展示・鑑賞体験の提供のために資料をデジタル化する取組みを含むこと」が明記されたことによって，博物館業務に資料のデジタル化や公開，活用が強く求められることとなった。
　本書は，2023年創設の公立小松大学次世代考古学研究センターで同年企画されたセミナーシリーズ第1回「博物館DXと次世代考古学」のテーマがタイトルになったもので，セミナー登壇者を軸に，これから歩を進めなければならない博物館DXについて，理論や制度，実践，技術の観点から取り上げた出色の一冊といえよう。
　本書は4章によって構成される。
　第1章「博物館DXの理論と制度」では，同センター長の中村誠一氏が「次世代考古学とは何か」と題して，ホンデュラス共和国において文化遺産国際協力の要として実施してきた3D考古学，文・理・医の融合考古学，進化したパブリックアーケオロジーを軸にした実践例から，本書の主題である次世代考古学のコンセプトが述べられている。制度に関しては，文化庁の中尾智行氏が「改正博物館法」の内容確認と博物館界におけるデジタル化の現状，学習利用やネット社会における新たな活用方法の提案などについて具体例を交えながら論じる。加えて朝倉由希氏が文化政策の立場でその変遷を整理し，近年の動向を踏まえた上で，資料の保存から活用へのパラダイムシフトにおけるDXの位置付けや国際的な視点での可能性を示唆する。
　第2章「博物館DXの実践と展開」では，野口淳氏を皮切りに9名の論者によってそれぞれの立場で実践例を中心にまとめられている。近年の3D考古学の旗頭たる同氏の論考では，やや思いの強い点もあるが，「博物館の障がい」として「現物第一主義」が学徒や研究者，一般市民の資料へのアクセスを阻害する要因となっていることを指摘し，DXを用いた様々なARの活用事例から博物館資料のオープンアクセス化への転換を主張する。村野正景氏は，博物館資料のデジタルアーカイブ化から博物館DXに向けたロジックの必要性を主張し，デジタルアーカイブ化が目的にならないように博物館ミッションに基づいた博物館DXへの道筋をつける必要性を説きつつ，村野氏が実質的に推進してきたDXの取り組みが紹介されている。一方，三好清超氏は，市民との共働実践による博物館収蔵資料のデジタルアーカイブ化について1,000点を超える石棒の3D化から公開までの実践活動を紹介する。つづいて佐久間大輔氏が，自然史資料のデジタルアーカイブ化に関して，目的に応じたレベルの設定について論じている。デジタル資源の開発を示唆する「展示空間を豊富なデジタル情報を探すための入り口，いわば学術世界への見出しとなり得ないか」という発想は興味深い。矢野桂司氏，赤間亮氏は，立命館大学アートリサーチセンターがおこなってきた在外日本文化資源のデジタルアーカイブのDB化や独自のポータルDBの運用に加え，「ヴァーチャル京都」の運用実践を紹介している。阿児雄之氏は，ジャパンサーチの機能と活用，連携方法についての具体例をあげ，複数のデジタルアーカイブとの連携の重要性を説く。西山剛氏は，北野天満宮史研究の定本である『北野文叢』のデジタルアーカイブ化の方法と活用の方向性について述べ，岡崎敦氏は，DX時代の資料・情報管理専門職について，オープンデータの扱いと資料情報の質保証，公共性の拡張等の視点から論じ，加えてDX時代の専門職の養成に関して，国際的な動向を踏まえて提言を加える。
　第3章「最新のDX技術」では，関連企業を中心とした14名の論者によってDXにおける様々な最新の機器による技術が紹介されている。
　第4章では，関雄二氏をモデレーターとして「博物館DXのいまとこれから」をテーマに中村誠一氏，中尾智行氏，朝倉由希氏，村野正景氏，野口淳氏の5名によって博物館DXの評価と位置付け，博物館DXと人材育成，国際協力，連携についてディスカッションが記録され，これからの博物館DXの推進に大いに示唆を与える内容となっている。

＊

　以上，本書の要点を紹介したが，博物館DXを推進する勘案事項として日本の博物館界における資料のデジタルアーカイブ化の総体的な遅れがあげられる。現実的には国からの予算配分など思い切った改善策なくして，その進展は見込めないことも考慮していかねばなるまい。
　　　　　　　　　　　　　　　　　（内川隆志）

## 論文展望

選定委員(50音順):谷口康浩・時枝　務・溝口孝司・山本孝文

---

### 平野力也・海部陽介
### 縄文時代人骨における人為損傷の新報告と既存3例の再検討
Anthropological Science
(Japanese Series) 132巻1号
p.1〜p.16

---

古人骨に見られる人為損傷(道具によって肉体を損壊した痕跡)は,過去の戦闘行為や儀礼行為を探る手がかりとなる。これまでに報告されてきた縄文時代人骨の人為損傷例を集成した研究からは,弥生時代に比べて縄文時代での頻度は低く,武器は石斧や弓矢や槍が用いられたと推察されてきた。しかし統一基準に基づいた人骨の観察による包括的調査はなされておらず,未報告の人為損傷が存在する可能性や,暴力行為以外に由来する人為損傷が含まれている可能性があるといった課題が残されている。

このような背景の中で,筆者は1920年発掘の羽島貝塚出土人骨(岡山県)の額に楕円形の孔が存在することを発見した。この孔は典型的な人為損傷の特徴を示しているが,過去の報告では人為的とはみなされていなかった。そこで報告済みの人為損傷3例(千葉県・加曽利南貝塚1例,愛知県・保美貝塚2例)の再検討と合わせて,法医人類学の基準から肉眼観察とCT画像により損傷を診断することにした。

その結果,各事例の損傷はいずれも鈍器による打撃や,硬くて尖った物体(刺器)の刺入による損傷形態を示していた。刺器による穿孔は膨らんだ楕円形の輪郭で,骨表面に対してほぼ垂直に開いていたことから,断面形状が扁平な石鏃が遠方から飛来して貫通した孔というよりも,鹿角や骨角器で至近距離から狙って刺突したことによる可能性が高い。またいずれの損傷も,骨が弾力性を保持している状態,つまり死亡の前後に生じた特徴を示していたが,暴力による受傷なのか,死後まもなくの遺体を儀礼などの目的で損壊したものかの判別は,現時点ではできなかった。

今回検討した新例のほかにも未報告の事例があるかもしれず,縄文時代の人為損傷の実態解明のためには,人骨の観察による包括的調査によってデータを蓄積し,損傷形態,埋葬状況などから総合的に背景を探っていく必要がある。

(平野力也)

---

### 御堂島　正・吉川耕太郎
### 円筒下層式期の土坑墓に副葬された石鏃と異形石槍
古代第151・152合併号
p.35〜p.65

---

石器製作において,玉髄・珪質頁岩などの隠微晶質な珪質岩の中には,硬質で剥離が困難なものも多くあるが,加熱処理することによって岩石そのものの剥離に関する性質を改善することができる。加熱処理によって剥離が容易になった石材を用いて,熟達者が技量を発揮して製作した石器は,威信財や副葬品として扱われた可能性がある。加熱処理後に剥離した面は光沢を帯びるという特性を手掛かりとして,秋田県池内遺跡などの円筒下層式期の土坑墓から出土した石鏃と異形石槍について,加熱処理の可能性を検討するとともに,衝撃剥離痕跡や形態的特徴を分析し,被葬者に関する考察を行った。

その結果,副葬された石鏃や異形石槍は加熱処理されたものであり,副葬石鏃には,使用されたものも少数あるが,多くが未使用の完形品で,均整のとれた技術的にも優れたものであった。それらの多くは,副葬にあたって熟達者が念入りに製作したものと推定される。異形石槍についても,池内遺跡の捨て場出土のものと土坑墓出土のものとの比較を通して,前者が非熟達者,後者が熟達者の製作によるものと考えられた。

一方で,土坑墓に多数副葬された石鏃の形態組成をみると,土坑墓ごとに斉一性のある形態上のまとまりが複数認められた。これらは,同一製作者によって一度に製作されたことにより,結果として斉一性の高い形態になったものと考えられ,多数副葬の石鏃には複数の製作者によるものが含まれていると解釈した。

これらから,副葬された石鏃や異形石槍は,被葬者が生前に使用し,または威信を示したものではなく,埋葬の際に主に石器製作の熟達者でもある狩猟仲間が被葬者の高い狩猟能力や事績を敬慕して副葬したものと推定した。円筒下層式期は,優れた狩猟能力と経験を有したリーダー的な人物と,仲間から一目置かれて敬意を集める狩猟の名人が存在した社会であったと考えた。

(御堂島　正・吉川耕太郎)

---

### 中尾　央
### 弥生時代中期北部九州大型甕棺の楕円フーリエ解析
—甕棺形状の時空間変動について—
日本考古学第59号
p.21〜p.39

---

本稿は弥生時代中期北部九州における代表的な埋葬具である甕棺に焦点を合わせ,その形状を時空間的に検討したものである。

具体的には早良,福岡,三国丘陵,朝倉,筑紫の5つのエリア(詳細な地域は論文を参照)に関して,弥生時代中期の甕棺,橋口編年で言うKⅡa式からKⅢb式までの甕棺を対象に考察を行った(総数は3,378個体である)。

手法としては,この時期・地域の甕棺の二次元実測図について,本稿では楕円フーリエ解析と呼ばれる数理解析を行った。楕円フー

リエ解析とは二次元の輪郭形状を定量化する手法であり，定量化された形状については，主成分分析を行って甕棺形状の時空間動態を検討した。

その結果，KⅡa〜KⅡb式までは，各地域の間で甕棺形状のばらつきについてそれほど大きな差異は見られなかったが，KⅡc〜KⅢc式になると徐々に地域ごとの差が目立つようになっていった。この結果には次のようなが解釈が可能だろう。

まず，弥生時代北部九州に関しては，これまで玄界灘沿岸の福岡・早良エリアを中心とし，それ以外の地域を周縁とみなす傾向が強かった。この見方に従えば，甕棺形状も同じように玄界灘沿岸エリアとそれ以外の地域で差が見られてしかるべきだが，KⅡa・KⅡb式ではそのような差が見られなかった。

また当該期・地域の争いの状況とも比較して考えることもできる。KⅡc・KⅢa式期に殺傷人骨の頻度が増加することから，とくにこの時期に集団間の争いが高い頻度で生じていたことが示唆されているが，甕棺形状の地域差が増加するのは，こうした争いがきっかけで集団間の関係が変化したからかもしれない。ただその一方，KⅡc・KⅢa式期の形状差がそれほど大きくないことを踏まえると，争いそのものがそこまで深刻なものでなかった可能性も指摘できるだろう。　　　（中尾　央）

---

柏瀬拓巳

**集落遺跡から見た古墳時代内海社会像の検討とその形成過程**

考古学研究第71巻第2号

p.24 〜 p.47

---

本稿は，茨城県南部霞ヶ浦周辺の古墳時代前期社会では内海を通じた水上交通が重視されたという言説を，集落動態の分析から検討したものである。

近年の茨城県南部の古墳時代研究では，当地における古墳時代社会は，巨大な内海やそれに流入する大規模河川を用いた水上交通が重視されていた社会であったことが指摘されており，筆者はこうした言説を「水上交通重視社会論」と呼称した。そしてこの理論は，いずれも古墳の分布などを主として言及されているが，その具体相・形成過程についてはいまだ不明な点が多いことを指摘した。こうした状況を踏まえ，本稿では，茨城県南部の古墳出現期を対象として，発掘調査成果が蓄積されている集落遺跡の動向の分析・検討を通じて「水上交通重視社会論」がどこまで説得力をもつものなのか，またそうした社会はどのように形成されたのか検討した。

その結果，弥生後期後半には内海・大河川主流路沿岸に集落遺跡が集中的に見られなかったのに対し，古墳時代前期前葉には集落分布の拡大とともに，内海・大河川主流路に集落分布の中心が移ったことを明らかにし，前期古墳が多く築造された前期後葉には集落が内海・大河川主流路沿岸部に限定的に分布する傾向が強くなることを明らかにした。

筆者は，これらの現象を，前期古墳の立地の限定性や手工業関連遺跡の存在から，当地の古墳時代前期社会における水上交通の重要性を示すものと解釈し，「水上交通重視社会論」を補強するものと理解した。　　　（柏瀬拓巳）

---

田尻義了

**大学出土の病院食器について**
—近現代考古学への試行—

琉球大学考古学研究室
開設30周年論文集

p.119 〜 p.130

---

本論文は，近現代の考古資料の研究運用の方法を探ることを目的としている。近現代遺跡から出土する遺物に関する研究はあるが，大量生産・大量消費が特徴のこの時代では，器種の組み合わせを含む様式的な理解が重要である。そこで本論文では，戦前の帝国大学を含む全国の大学病院から出土した食器資料を網羅的に集成し，比較検討を行った。その結果，器種構成や産地，製作業者，納品業者との関係について明らかにしている。

具体的には，九州大学，京都大学，東京大学，大阪大学，北海道大学，徳島大学，広島大学，金沢大学，熊本大学の9校から出土した資料を分析した。病院食器の基本的な器種構成は，碗，碗蓋，小碗，小碗蓋，皿，湯飲みであることが判明した。また，京都大学，大阪大学，金沢大学では重ね物の皿が出土しており，これは上方料理との関連性を示唆している。

製作業者については，陶磁器の産地が近くにある場合はその産地の製品が使用されていたが，産地がない場合は遠隔地から製品が持ち込まれていたことがわかった。その後，各地の病院食器は美濃焼の特定大手業者の製品に統一され，全国的にシェアを拡大していたことが，出土品と製品カタログの比較から確認された。

納品業者については，大学病院に関連する財団法人が製品の発注や納品を行っていたことが明らかとなった。また，この納品方法が全国の大学病院に波及していった過程も確認できた。

本研究は，近現代の出土資料を考古学的に扱う難しさを克服し，文献史や経済史だけでは得られない新たな知見をもたらした。近現代考古学の試みとして，本論文が一助となれば幸いである。

　　　（田尻義了）

# ■報告書・会誌新刊一覧

**■琉球大学考古学研究室開設30周年記念論文集** 琉球大学考古学研究室 2024年7月 A4判 293頁
起源探索ではない視点から見た琉球列島の人類史研究のポテンシャル―南琉球先史時代の特異な文化形成に関する新たな比較地域文化研究の可能性―――――山極海嗣
弥生時代中期から後期における集落動態―北部九州を対象とした一考察―――――無津呂健太郎
滑石製腕輪形石製品の製作技術にかんする一考察―「特異な彫刻文のある」腕輪形石製品を対象に―――――久永雅宏
牛頸窯跡群の工人集落―生産関連の遺構と遺物―――――石木秀啓
琉球列島における貿易陶磁器出土量の実態―――――瀬戸哲也
琉球列島の土のグスク・城郭遺跡について―――横手伸太郎
「高麗陶器」という名称をめぐって―全面施釉普及時期に関する予察―――――主税英徳
熊本県における15～16世紀の土器―――――出合宏光
明代の千戸所城に見る平面プランの形態的特徴―福建省内沿岸部の事例から―――――山本正昭
大学出土の病院食器について―近現代考古学への試行―
―――――田尻義了
福岡県遠賀郡水巻町の文化財行政の総括と今後の行方―――大坪 剛
歴史系博物館における「触れる展示」の試行―――――進村真之
鷹島海底遺跡・国史跡「鷹島神崎遺跡」の調査と保存活用
―――――早田晴樹
熊本県天草市の中世基礎資料―棚底城跡・小宮地城跡・浜崎遺跡出土遺物―――――宮崎俊輔
文化財担当者として現在の職務と今後の課題―熊本県球磨郡あさぎり町に勤めて感じたこと―
―――――秋元めい
喜界町における考古学が果たしうる役割―――――島袋未樹
与論城跡を取り巻く環境と今後の課題―――――南 勇輔

考古学手法による地方文化財行政での役割―大学で学んだことを活かして―――――崎原恒寿
平敷屋製糖工場跡―その価値と保存修理事業について―
―――――宮城伸一
米軍基地内における埋蔵文化財保護行政―沖縄市の事例を中心に―――――比嘉清和
文化財を守るために文化財を壊す―那覇市壺屋古窯群（新垣家住宅）の事例―――――吉田健太
文化財保護行政に携わって見えてきた視点―――――江上 輝
沖縄陸軍病院南風原壕の保存・活用の歩みとその課題―保久盛陽
島添大里城跡の国史跡指定がもたらしたもの―――――山里昌次
糸数城跡の保存修理事業について計画策定と今後の展望
―――――眞志喜陽子
宮古島市内における戦争遺跡への調査・利用への取り組み
―――――久貝弥嗣

**■いしかり砂丘の風資料館紀要** 第14巻 いしかり砂丘の風資料館 2024年8月 A4判 79頁
石狩市浜益区岡島にある「チャシ地名」と「チャシ」に関する一般調査の概要―――石橋孝夫

**■史峰** 第52号 坂詰秀一先生米壽記念号 新進考古学同人会 2024年5月 B5判 80頁
カリフォルニアの先住民―ワッポ族―――――関 俊彦
縄文時代後晩期の焼獣骨片をめぐる研究小史―――野坂知広
埼玉県宮代町道仏遺跡における古墳時代の砥石の検討―青木秀雄
静岡県伊場遺跡と神奈川県子易・中川原遺跡の呪符木簡考―いわき市岸遺跡の墨書土器祭祀遺構との接点―――――大竹憲治
秋田城跡・胞衣壺埋納遺構の検討―易の倉仰軸と陰陽五行説―
―――――利部 修
縄文時代中期中葉に建築された竪穴住居の尺度と規格―長野県茅野市長峯遺跡の事例―――長谷川豊
北海道北部の恵山式土器について

―浜頓別町ベニヤ遺跡の資料―
―――――乾 芳宏
北茨城市背踏窯跡について
―――――瓦吹 堅
近代遺産踏査メモ―神奈川県大磯町に今も残る煉瓦造の火葬場―
―――――鈴木一男

**■栃木県考古学会誌** 第45集 栃木県考古学会 2024年3月 A4判 97頁
茨城の考古学事情「埋蔵物録」にみる古墳発掘史―――黒崎 淳
姿川上流域の古墳時代前期の集落動向―――――今平利幸
稲積城跡の重要性―――大澤伸啓
小山市・神鳥谷曲輪跡土壙採集のかわらけ―――――鈴木一男
赤煉瓦と足尾銅山―――薄井 聡

**■古代** 第151・152合併号 早稲田大学考古学会 2024年3月 B5判 313頁
有舌尖頭器の属性からみた狩猟具の様相―――――白石浩之
円筒下層式期の土坑墓に副葬された石鏃と異形石槍―石器の加熱処理と被葬者をめぐって―
―――御堂島正・吉川耕太郎
所謂天ヶ岡の土器の再評価と周辺地域との関連性について
―――――小玉秀成
石狩低地帯南部における擦文文化初頭の集落と居住単位
―――――榊田朋広
菅原遺跡円形建物SB140の復元に係る再検討―発掘調査報告書の刊行をうけて―――浅川滋男・武内あや菜・岡垣頼和
渤海滅亡前後における刻符記号の拡散・紋様化と広域交差編年の検証―――――柳澤清一
日本煉瓦製造株式会社潮止工場跡とその縁辺―――――関口広次
日本列島における琥珀製勾玉の基礎的研究―――――瀧音 大

**■駒澤考古** 第49号 飯島武次先生傘寿記念号 駒澤大学考古学研究室 2024年5月 B5判 345頁
縄文時代中期末から後期初頭の動向―少子化・現代との比較を通して―――――今井恵昭

高地性集落論の再構築―鳥居龍蔵，八幡一郎と森本六爾の比較をもとに―……寺前直人
製作実験からみる螺旋状鉄釧の製作地……鈴木崇司
方格規矩四神鏡―後漢鏡とそれ以降……利部　修
日本列島における紫水晶の利用について―弥生時代から奈良・平安時代を中心として―……瀧音　大
柄の付く容器―特殊扁壺を中心として―……池野正男
日本古代の土器製作と性差……藤野一之
美濃須衛窯跡群における飛鳥・奈良時代の陶硯……渡邊博人
武蔵における交叉鋸歯文縁複弁8葉軒丸瓦の瓦范の移動と背景……酒井清治
12・13世紀における中国から日本への銭貨流入について―博多遺跡群出土銭貨に関する一考察―……佐藤大樹
擦文文化期における遺構外資料の出土状況について―北見市南町遺跡の事例―……市川岳朗
国指定史跡「西宮砲台」の外郭について―写真資料にみる失われた外郭―……瀬尾品太
殷墟期における青銅礼器の副葬配置について……田畑　潤
爵の命名と機能―新出土資料による再検証―……山本　堯
西周王朝王都としての周原遺跡―周原遺跡と，豊邑・鎬京・洛邑・周公廟遺跡の関係―……飯島武次
東周時代における中原地域の青銅鼎編年―洛陽盆地・豫東平原・豫西地域を中心に―……楊海東
盾持俑小考―東京大学文学部所蔵資料の紹介を兼ねて―……設楽博己
木戸孝允がみた西洋古典文化の世界―ポンペイとナポリを中心に……杉山浩平

■Anthropological Science (Japanese series) vol.132（1）2024年7月　A4判　54頁
縄文時代人骨における人為損傷の

新報告と既存3例の再検討……平野力也・海部陽介

■中世城郭研究　第38号　特集　山城の階段状削平地群　中世城郭研究会　2024年8月　B5判　326頁
戦国期の境目の一つの変遷―常陸岩瀬地方の城郭の調査を通して―……小山文好
尾張国楽田城『遺老物語』に記された「殿守」と縄張り考……高田　徹
常陸中居城周辺の城郭と堀切状遺構について……木地谷了一
武田氏領域における交通路掌握の状況―武田氏の城郭による街道封鎖の実態―……三島正之
越後・坂戸城の考察（下）―縄張図を中心とした研究史・城の歴史と構造……八巻孝夫
高柳城（新潟県加茂市）の縄張と城の役害……目黒公司
長篠合戦の布陣図……藤本正行
岡山県玉野市人浜町所在の大崎の遺構について―天正一〇（一五八二）年二月の八浜の戦いに関連して―……和田　剛
但馬国東河内城の考察―尼子再興軍の城郭を求めて―……高橋成計
島根県・松江市玉湯町の中社城館……寺井　毅

■考古学雑誌　第107巻第1号　日本考古学会　2024年10月　B5判　44頁
周堤墓形成期における粘板岩類製細形石棒の原産地に関する基礎的研究……坂口　隆
日本古代洞穴葬の一例―岡山県真庭市地蔵ヶ淵洞穴出土人骨の評価から―……遠部　慎・河野摩耶・米田　穣・畑山智史・小林謙一

■日本考古学　59号　日本考古学協会　2024年10月　A4判　102頁
日本列島におけるモモの伝来をめぐる諸問題―伝来時期，古植物学，遺存状態の検討―……水ノ江和同・工藤雄一郎・百原　新・門叶冬樹
弥生時代中期北部九州大型甕棺の楕円フーリエ解析―甕棺形状の時空間変動について―……中尾　央

弥生時代における玉の生産流通と保有―大陸化と地域性―……河村好光
オープンデータを活用した遺跡立地予測モデルの作成……石井淳平
文化財総覧WebGISによる遺跡情報の統合と活用……高田祐一

■貿易陶磁研究　No.44　日本貿易陶磁研究会　2024年10月　A4判　158頁
中国福建地区の輸出瓷器窯址の調査概況（2002〜2022年）……栗建安
福建省における宋・元代窯跡の新発見……羊澤林
最近20年の浙江地区の古窯址調査・研究動向―越州窯系を中心に……森　達也
最近20年の浙江地区の古窯址調査・研究動向―龍泉窯を中心に……徳留大輔
最近20年の江西地区の古窯址調査・研究動向……新井崇之・湯沢　丈
最近20年の広東地区における貿易陶瓷窯址の考古新発見……熊寶・李琳・胡百慧
上海青龍鎮遺跡出土貿易陶磁器の一考察……王建文
太倉焚村涯遺跡の考古発見とその認識……張志清
台湾雲林県北港遺跡出土の清朝磁器の数量分析……堀内秀樹

■地方史研究　第431号　地方史研究協議会　2024年10月　A5判　122頁
地域の遺跡を図化する，遺跡立体図……永恵裕和

■珠玉の国　新潟　ヒスイ，青玉，赤玉　令和6年度山の洲文化財交流事業シンポジウム予稿集　新潟県立歴史博物館　2024年9月　A5判　125頁
ヒスイから見た縄文社会と地域間交流……栗島義明
新潟県の石で身を飾る……橋詰　潤
ビーズがつなぐ弥生時代の新潟と長野……馬場伸一郎
東日本に伝播した弥生時代のガラス製勾玉の生産と流通……大谷宏治

古墳時代前期における水晶製玉類の流通―――一之瀬敬一
縄文社会における装身具
―――高橋龍三郎

■とやま民俗 No.102 富山民俗の会 2024年8月 B5判 20頁
近世富山城下町の人々の暮らし―近年の発掘調査成果から まじないを中心として―――堀沢祐一

■森浩一先生に学ぶ講演会資料集
海を越えての交流―杉谷四号墳の調査から半世紀を経て― 富山文化研究会 2024年9月 A4判 64頁
朝日町での森浩一先生
―――南部さおり
森浩一先生による日本海シンポジウムとその構想―――藤田富士夫
遺跡の発掘と保存―――麻柄一志
寺家遺跡の古代学―――小嶋芳孝
山陰地域の四隅突出墓の調査と研究―――坂本豊治
四隅突出型墳丘墓の調査事例報告―富山県を中心に―――泉田侑希
杉谷4号墳の築造背景と富山平野におけるクニづくり―――髙橋浩二
地域史再興―出雲と高志―
―――鈴木景二

■長野県考古学会誌 164号 長野県考古学会 2024年10月 B5判 83頁
甲信地域土製耳飾最盛期 第1篇 概観―――百瀬長秀
律令期における社宮司遺跡の官衙機能と更科郡南半部の支配体制―八幡地域に視点を当てて―
―――鳥羽英継

■信濃 第76巻第10号 信濃史学会 2024年10月 A5判 70頁
今井広亀―宮坂英式と「一種のライバル」―といわれた考古学的業績をたどる―――三上徹也

■皇學館論叢 第57巻第3号 皇學館大學人文學會 2024年10月 A5版 131頁
御薪の進献にみる紙と木簡―平安期の儀礼と木簡―――清水七妃

■古代文化 第76巻 第2号 (通巻第637号) 特輯 弥生系高地集落の再考論 補遺 古代学協会

2024年9月 B5判 146頁
平安時代中・後期の牛飼童と貴族社会―――越川真人
両漢期における礼制と緯書―芥新期・後漢初期の礼制に注目して―――三浦雄城
韓国の青銅器時代高地性集落
―――俞炳琭
『百舌鳥野耳原山陵図』について
―――山田邦和
茨城県常陸大宮市における弥生時代再葬墓の調査研究―萩野谷悟
弥生時代中期後半の自然科学的実年代はいったいどうなったのか―大阪府池上曽根遺跡の大型建物使用木柱の年輪年代再測定をめぐる学界の緊急動向―
―――森岡秀人

■古代学研究 241 古代学研究会 2024年10月 B5判 64頁
歯牙に関する考古学的研究―齲蝕と歯周疾患の検討を中心として―――長井健二
いわゆる飯蛸壺の検討―大阪湾沿岸を中心として―――樋口吉文
もう一点の国府遺跡出土玦状耳飾―――水ノ江和同・大坪志子・天野末喜

■紀伊考古学研究 第27号 特集 海浜集落からみた王権と地域 紀伊考古学研究会 2024年8月 B5判 83頁
海浜集落の検討視点―――田中元浩
魚類遺存体からみた西庄遺跡の漁掛―――丸山真史
生産地と消費地からみた製塩土器―和歌山市西庄遺跡を中心に―
―――岩崎郁実
弓矢装具の変遷と骨角器生産
―――佐藤純一
棒状石製品からみた紀淡海峡，紀伊水道における地域間交流
―――仲辻慧大
「伝統的第V様式」土器の実像
―――田中元浩
高野山小田原谷採集遺物について―――西山祐司
橋本市神野々所在極楽寺の五輪塔について―――木谷智史
和歌山市栗栖川出土の寛永通寶

―――北野隆亮

■伯耆文化研究 第25号 伯耆文化研究会 2024年5月 B5判 65頁
記録にみえる江戸時代の大山寺―大山寺御本坊西落院の絵図について―――日置粂左ヱ門
法勝寺川及び加茂川下流域の条里制度遺構について（承前）
―――岩佐武彦
大山西麓地域における弥生時代を中心とした遺跡の立地と人間活動―――京嶋 覚
幻の「夜見ヶ浜人」を追跡する2
―――根平雄一郎

■出雲弥生の森博物館研究紀要 第12集 出雲弥生の森博物館 2024年3月 B5判 38頁
「ひろげ遺跡」の再検討―髙橋 周
鹿蔵山遺跡出土奈良三彩の再検討と胎土分析―――小倉頌子・奥山誠義・黒田祐介
出雲市古文書調査の経過と展望
―――春日 瞳
新出中世棟札の史料考察―「興久」「国久」銘の棟札について
―――春日 瞳

■松江歴史館研究紀要 第12号 松江歴史館 2024年3月 A4判 96頁
伝尼子清定・経久・政久・晴久石塔について
―――岡崎雄二郎・西尾克己・稲田 信・木下 誠・樋口英行

■世界遺産石見銀山遺跡の調査研究 14 島根県教育委員会・大田市教育委員会 2024年3月 A4判 65頁
島根県最古の「皇紀元」紀年銘について―慶応三年建立の豊栄神社小鳥居―――岩橋孝典
城上神社拝殿ふすま下張り文書の調査―本殿造営における職人「備前石工」と「木挽」―
―――遠藤浩巳
美郷町・松林山定徳寺について―石見銀山百か寺の調査―
―――西尾克己・持田直人

■松江城研究 5 松江市 2024年3月 A4判 156頁

【本支城研究】慶長期の本支城体制論――――――――中井　均
【国絵図研究】幕府収納国絵図に記された「古城」―出雲国絵図を例に―――――――稲田　信
【支城城下町研究】出雲・伯耆の支城城下町――――――松尾信裕
近世「国絵図」にみる播磨・但馬の城郭・古城――――山上雅弘
慶長5年以降の備前・美作の大名領内支城群――――――乗岡　実
寛永期・備中国絵図の古城について――――――――樋口英行
近世初頭の本城・支城（安芸・備後）――――――――小都　隆
出雲国・隠岐国・石見国における近世初頭の本城・支城について―幕府収納国絵図に記載された居城と古城を参考にして―
―――――西尾克己・藤田大輔
近世初頭の因幡・伯耆における本城・支城について―寛永10年中国筋絵図をもとにして―
――――――――――濱野浩美
周防国・長門国における17世紀前半の本城・支城について
――――――――――増野晋次
堀尾期松江城下町絵図に用いられている彩色材料について
――――――――――早川泰弘
「堀尾期松江城下町絵図」の科学的分析等による新たな評価―『松江市史』編纂以降の調査成果と蛍光X線分析による彩色材料調査――大矢幸夫・村角紀子
伝松江城三之丸御殿所用の横長蓋形六目結紋釘隠について
――――――――――久保智康
松江城の石垣刻印分布調査について（3）―二之丸下ノ段東側堀石垣―――――岡崎雄二郎・乗岡　実・飯塚康行・木下　誠
昭和の松江城天守解体修理再考―矢田栄蔵が記録していた「解体調査資料」「松江城天守建設日誌」「矢田メモ」を通して―
――――――――――和田嘉宥

■松江市歴史叢書　17　松江市文化スポーツ部松江城・史料調査課　2024年2月　A4判　166頁

松江市西浜佐陀町・大墓石塔について――――――岡崎雄二郎・稲田　信・高屋茂男
松江藩御用窯における布志名焼の特徴―土屋窯の出土資料から―――――――――小山泰生
松江市矢田町勝負遺跡群の調査――――――岡崎雄二郎・丹羽野裕
松江市矢田町矢田遺跡の調査　附・来留美第4遺跡――――――岡崎雄二郎・丹羽野裕
松江市東生馬町平ノ前廃寺について―2023年報告の訂正・補訂と再検討―――――丹羽野裕

■古代吉備　第35号　古代吉備研究会　2024年4月　B5判　66頁
吉備地域における中型古墳の埴輪生産組織―天狗山古墳出土埴輪の検討から―――――木村　理
製鉄で使用する木炭の性状と炭窯の変化―――――――上栫　武
岡山県下の石造五輪塔の編年的考察――――――――吉久正見

■考古学研究　第70巻第4号（通巻280号）　考古学研究会　2024年4月　B5判　101頁
スーダンでの軍事衝突から武力紛争下における文化遺産の保護を考える――――――石村　智・関広尚世・清水信宏
大阪市文化財協会の解散と都市型遺跡調査の担い手をめぐって
――――――――――一瀬和夫
北部九州におけるヒスイ製玉類の地域性と出現過程――――小松　譲
埋葬方位研究の今とこれから
――――――――――白川美冬
『通論考古学』にみる文化財の保存・修復の思考―浜田耕作が見たローマとポンペイの発掘現場
――――――――――杉山浩平

■考古学研究　第71巻第1号（通巻281号）　考古学研究会　2024年6月　B5判　91頁
平安時代末期の土師器皿に関する実験的研究―――――舘内魁生

■考古学研究　第71巻第2号（通巻282号）　考古学研究会　2024年8月　B5判　79頁
方形区画遺構の出現と展開―関東地方を事例にして――大熊久貴
集落遺跡から見た古墳時代内海社会像の検討とその形成過程
――――――――――柏瀬拓巳

■戦乱の空間　第23号　戦乱の空間編集会　2024年7月　A4判　115頁
岐阜県大野町の大御堂城について
――――――――――石川浩治
茶臼山城の構造―――――関口和也
常陸国土浦城の屏風折りの塁線
――――――――――高田　徹
空中写真判読による三重県萱生城の縄張り考―空中写真判読の資料化に関して―――――髙田　徹
城郭から考察する内藤宗勝の動向―高浜の合戦後の宗勝の行方と末路――――――――高橋成計
海城論再び―2010年頃までの研究と正保城絵図の分析を通して―
――――――――――日和佐宣正

■古文化談叢　第90集　九州古文化研究会　2024年8月　B5判　160頁
流雲文縁方格規矩鏡の編年1（下）―内区主像A1・A2・B1・B2
――――――――――徳富孔一
回顧・大宰府史跡の調査研究（下）――――――――小田富士雄
一つの木簡史料を加えての備前国東部郡界の再考と備中国下道評の分割について――――日野尚志
中攻掩体に関する考古学的研究―3次元計測による海軍築城航空基地稲童1号掩体の調査―
――――――古谷真人・柴原聡一郎
日韓における卜占方法の比―肩甲骨と肋骨を中心に――林田卓也
韓国・慶尚南道大坪里遺跡玉房7地区の丹塗磨研土器――端野晋平
魏晋南北朝時代の「馬俑」について（下）―――――――大平理沙

報告書・会誌新刊一覧●編集協力
◎時枝　務　◎福井淳一（北海道）◎利部　修・大竹憲治（東北）◎関口慶久・村山　卓・阿部昭典・山口正紀（関東）◎河西克造（中部）◎水澤幸一・藤田富士夫・伊藤雅文（北陸）◎勝又直人（東海）◎江谷寛（近畿）◎白石祐司（中国）◎岡本桂典（四国）◎小林昭彦（九州）

# 考古学界ニュース

## 九州地方

☑ **福岡　須玖岡本遺跡の甕棺に赤色顔料!? 周辺には黒土**　春日市の調査により，須玖岡本遺跡で2023年度に発見された甕棺墓の甕の一部が赤く，周辺に黒土をまいた形跡が明らかになった。この甕棺墓から副葬品は出土しなかったものの，墓坑の大きさから身分の高い人物の墓とみられていた。調査の結果，被葬者の頭側が納められたと考えられる下甕の外面のみに赤色顔料が用いられた可能性があり，埋葬時に下甕の周辺に黒褐色の土をまいていたことも判明した。これらは死者に対する儀礼の痕跡と考えられる。今後，赤色顔料や黒色土は分析するとのこと。同遺跡は弥生時代中期から後期にかけての大規模集落「須玖遺跡群」の一部で，周辺に王墓や青銅器工房跡が集中していることから，『後漢書』などにみえる奴国の中枢部であったと考えられている。

## 四国地方

☑ **香川　快天山古墳の3基の石棺は同時埋葬**　丸亀市教育委員会の調査で，快天山古墳（同市綾歌町）の石棺3基が同時に埋葬されていたことが判明した。同古墳は全長約98.8mの前方後円墳で，同時期の前方後円墳では四国最大規模。1950年の調査によって，後円部に刳り抜き式の割竹形石棺3基が確認されていた。2021年からは墳丘と主体部の調査をしており，墳丘盛土の状況から，石棺及び石積や粘土の槨構造が墳丘盛土と並行して構築されたことが明らかになった。複数の埋葬施設をもつ古墳は確認されるものの，3基の石棺を同時に埋葬したことが明らかになった例は全国的にも珍しい。

## 中国地方

☑ **山口　柏木遺跡で古代の柱跡，鋳造所関連遺構の可能性**　山口市教育委員会による発掘調査で，柏木遺跡（同市陶）で新たに掘立柱建物や塀の一部とみられる柱穴列が検出された。同遺跡は過去の調査で古代の瓦の破片などが見つかっており，山陽道の駅家である八千駅や未知の寺院に関わる遺跡である可能性が考えられている。今回検出された柱穴は直径約70cmで，南北に4個が2.4m間隔で並んでいた。周囲から出土した土師器や須恵器，瓦などから平安時代の建物跡とみられる。同地は山陽道に近く，当時の海にも近いと考えられることから陸海交通の要衝であり，官営の銭貨生産機関である周防鋳銭司で生産された銭貨を輸送する拠点であった可能性も考えられる。

## 近畿地方

☑ **和歌山　畠山氏居館跡で新たな遺構**　有田川町教育委員会の発掘調査で，金屋土居跡（有田川町金屋）で新たに石垣や土塀などの遺構が確認された。金屋土居跡は室町幕府管領で紀伊国守護の畠山氏の屋敷跡。今回の調査範囲は土居北側の約700㎡で，鎌倉時代の掘立柱建物跡や，室町時代から戦国期の石垣などが見つかった。同地は平安時代末期から南北朝期にかけて在地の武士団・湯浅党の勢力範囲であったことから，もとは湯浅党に関連する遺構であった可能性がある。室町幕府が成立し湯浅党が没落した後に，畠山氏により再整備されたと推測される。また，石垣は堀の一部を埋めるかたちで，長さ約10m，高さ約1mにわたり自然石を積み上げて築造されており，近くに土塀や虎口を設けていた。家督争いなどで軍事的緊張が高まった時期に，居館を改修し防御を固めていることが明らかになった。1585年の羽柴秀吉による紀州征伐の後に廃絶したという。

☑ **兵庫　古代寺院・山角廃寺の存在がより確実に**　兵庫県教育委員会による発掘調査で，閉校した旧平荘小学校敷地（加古川市平荘町）から，山角廃寺の存在を裏付ける古代の瓦などが出土した。同地は加古川西岸の氾濫原に面した段丘上に立地しており，校舎新設に伴い発掘調査が行われた。山角廃寺は，同校校庭に残された塔心礎などから存在が想定されていた古代寺院。今回，軒丸瓦を含む奈良時代の瓦や須恵器，土師器などが多数出土したことにより，その存在がより確実になった。調査範囲はおよそ2,300㎡で，調査地の北東に隣接する印南山報恩寺に付属すると考えられる遺構なども見つかっている。

☑ **滋賀　全国最大級の大型の砥石が出土，中沢遺跡**　栗東市出土文化財センターによる調査で，中沢遺跡（栗東市中沢・草津市西渋川）から大型の砥石が出土した。砥石は長さ32.9cm，厚さ11.9cm，重さ7.4kg，砥面の幅は3.9〜5.2cm。県内の出土例では最も大きく，全国でも最大級だという。泥岩系の八角柱状で，各面に幅広の使用痕が確認されることから，刀や剣など大型の鉄器を研ぐのに使用されたと考えられる。付近で発見された土器片などから，弥生時代末期〜古墳時代初頭のものであると考えられる。これまでの調査で弥生時代後期前半の大型掘立柱建物跡や関連する遺物が多数確認されており，同時期の湖南地域を代表する集落であったとみられる。

## 中部地方

☑ **愛知　エベス塚古墳，島内で最古かつ最大か**　西尾市教育委員会が実施した調査により，佐久島のエベス塚古墳（同市一色町佐久島）から石室の一部と副葬品などが出土した。周囲の削平により墳丘の現状は一辺約15mの方形と

131

なっているが，本来は直径約20mの円墳であったと想定される。石室は真西に開口し，側壁・奥壁とともに板石の多段積みの構造であることが確認された。石室内からは未盗掘の石棺のほか，6世紀～7世紀に比定される須恵器や鉄刀・鉄鏃などが出土した。石棺や須恵器が据えられた面より下層から古墳築造時の床面が確認されたため，石棺や須恵器は追葬時のものと思われる。石室の特徴などから，古墳の築造は6世紀前半に遡ると考えられる。島内の古墳の多くは7世紀以降の築造とされるため，同古墳は島内最古，最大の古墳である可能性が高い。

☑ 石川　古墳時代前期の前方後方墳，南新保C遺跡　金沢市埋蔵文化財センターにより，南新保C遺跡（金沢市南新保町地内）で確認されていた前方後方墳の延長が検出された。新たに検出されたのは後方部周溝で，周溝の幅は約3.5m，深さ約0.6m。今回の調査で，墳丘長が約32mにおよぶことが判明した。現在墳丘長が明らかになっている前方後方墳の中では，周辺の北加賀地域で最大。同遺跡ではこれまでの調査で，弥生時代中期から古墳時代中期の住居跡や墳墓が多数確認されており，遺跡周辺に有力者が存在していた可能性が示唆される。

## 関東地方・・・・・・・・・・・・・・・・・・・

☑ 埼玉　中道遺跡で36,000年前の石器群，国内最古級か　志木市教育委員会による発掘調査で，中道遺跡（同市柏町）から，長さ約13.5cmの打製石斧を含む石器28点が出土した。石器群は，地表から約2mの立川ローム層第X層という富士山などを供給源とする火山灰層から出土しており，年代は36,000年前と推定される。周囲では，火を使用したと考えられる炭化物の集中域が検出されている。

☑ 栃木　下侍塚古墳で円筒埴輪の破片が出土　公益財団法人とちぎ未来づくり財団埋蔵文化財センターの発掘調査で，下侍塚古墳（大田原市湯津上）の後方部北側で円筒埴輪の破片が発見された。同古墳は，古墳時代前期の前方後方墳（現時点で全長約84m）。埴輪片の大きさはいずれも10×5cm程度で，破片の形状から，筒状の本体に三角形の穴をあけた透かし孔の縁や，突帯という帯状の装飾が確認された。赤色に彩色された痕跡もみられるという。前期の前方後方墳から円筒埴輪が出土するのは，東日本では極めて珍しい。同古墳は，上侍塚古墳と合わせて国史跡に指定されている。

## 学会・その他・・・・・・・・・・・・・・・

研究助成基金の募集　公益信託吉田学記念文化財科学研究助成基金の2025年度（第29期）研究助成対象の募集が行われている。研究テーマは文化財化学に関する研究，特に，自然科学的手法を援用した考古学研究，考古学研究に資する文化財科学研究が望ましい。募集条件は①原則として満40歳以下の研究者（大学院生を含む）による個人研究であること，②申請金額の上限は50万円とする，③申請者，及び申請課題について知悉している者からの推薦があることが望ましい，④応募できる研究テーマは1件のみとする。前年度の受給決定者とテーマは以下の通り。MACADRE Arnaud「打ち刀の鍔：防具としての検証」。締切は6月27日（金）必着。連絡先は東京都港区芝3-33-1 三井住友信託銀行個人資産受託業務部公益信託チーム 吉田学記念文化財科学研究助成基金 申請口（Tel：03-5232-8910）。

「暗赤錆ぶクロガネ，緑青吹くアカガネ～鹿児島市内遺跡の発掘調査成果展2025～」　3月20日から，鹿児島市立ふるさと考古歴史館（鹿児島県鹿児島市下福元町3763番地1，Tel：099-266-0696）にて，企画展が開催される（6月15日まで）。市内の遺跡から出土した金属器のうち，特に出土率の高い鉄と銅（青銅）を素材とした製品に焦点を当てる。また，7月に世界遺産登録10年を迎える集成館事業関連遺跡や，金属器生産に関連する遺跡の発掘調査成果あわせても紹介する。

「弥生の至宝　銅鐸」　4月26日から，兵庫県立考古博物館（兵庫県加古郡播磨町大中1-1-1，Tel：079-437-5589）にて，特別展が開催される（6月29日まで）。弥生時代の祭祀に使用された銅鐸は兵庫県内で67点が出土しており，日本一の出土量を誇る。その製作に使用された鋳型などの道具や，後世に描かれた絵図などを展示し，銅鐸について多角的に考える。また，東京国立博物館に所蔵されている銅鐸の里帰り展示も行う。

「東播系須恵器の話をしよう」4月19日から，三木市立みき歴史資料館（兵庫県三木市上の丸町4番5号，Tel：0794-82-5060）にて企画展が開催されている（6月22日まで）。平安時代後期から鎌倉時代初頭にかけて，三木の窯跡では都の寺院造営のために瓦が生産された。その一方で，日常雑器である東播系須恵器の生産も行われていたことはあまり知られていない。三木窯発掘調査で出土した須恵器と瓦のほか，窯業で繁栄した久留美荘中心部と推定される久留美遺跡の出土品もあわせて公開する。

「百済王氏─絶統を紹ぎ興す─」4月5日から，大阪府立近つ飛鳥博物館（大阪府南河内郡河南町大字東山299番地，Tel：0721-93-8321）にて春季特別展が開催されている（5月25日まで）。7世紀の東アジアは，日本では大化の改新を経て新たな国づくりが進み，

## 発掘調査・学界・その他

朝鮮半島では百済が滅ぶなど、激動の時代であった。そうしたなか倭に渡った百済の王族たち（百済王氏）がいた。現在の大阪を拠点に活躍した百済王氏の足跡をたどり、大阪の歴史や古代東アジア社会を垣間見る。

「七重塔を支えた基壇の構造」4月18日から、八尾市立歴史民俗資料館（大阪府八尾市千塚3-180-1, Tel：072-941-3601）にて、史跡由義寺跡第6次発掘調査成果展が開催されている（7月23日まで）。称徳天皇と道鏡が造営に深く関わった由義寺跡。平成30年に国史跡に登録されて以降、発掘調査が続いている。第6次調査で明らかになった七重の塔の基壇の構造やその構築過程について展示する。

「おたから、みつけ展」3月29日から、京都市京北文化遺産センター（京都府京都市右京区京北塔町中筋浦8-1 元京北第二小学校内, Tel：075-744-0942）にて、企画展が開催されている（7月7日まで）。京都市内の遺跡のうち、京都市埋蔵文化財保護課が近年実施した発掘調査の成果を出土遺物とパネル展示で紹介する。主な遺跡は、山田桜谷古墳群、北白川廃寺、上終町遺跡、植物園北遺跡、平安京跡・塩小路若山城跡など。

「実りの考古学―美濃の農耕事始―」3月29日から、岐阜市歴史博物館（岐阜県岐阜市大宮町2丁目18-1, Tel：058-265-0010）にて企画展が開催されている（5月25日まで）。弥生時代の早い時期に稲作の技術が伝わった美濃地域。県内の遺跡では弥生時代の稲作に関わる木製品や、古墳時代の水制遺構が見つかり、灌漑施設を伴った農耕が行われていたことが明らかになっている。これらの遺跡や出土した農耕具、農耕に関わる祭祀の道具を取り上げ、弥生時代以来、人々がどのように稲作と関わってきたのかを紹介する。

「原始～開館30年のあゆみ展～」3月15日から、長野県立歴史館（長野県千曲市大字屋代260-6, Tel：026-274-2000）にて、企画展が開催されている（6月15日まで）。開館からの30年間で収集した考古資料の中から、これまで展示する機会が少なかった資料に焦点を当てる。長野県の原始を、旧石器、縄文、弥生、古墳の4つのテーマにわけて展示する。

「帆立貝古墳のミステリー―三珠大塚古墳と甲府盆地の5世紀―」4月19日から、山梨県立考古博物館（山梨県甲府市下曽根町923, Tel：055-266-3811）にて、春季企画展が開催される（6月15日まで）。山梨県指定史跡に登録されている三珠大塚古墳では、豊富な副葬品が確認されているが、その詳細は長く謎に包まれていた。近年の出土品の再整理および再発掘により明らかになった成果とともに、甲府盆地で築かれた帆立貝形の大型古墳群に焦点を当てる。三珠大塚古墳群の副葬品を中心に紹介し、その被葬者像や倭王権との関係に迫る。

「小敷田遺跡―低地集落に生きた人びと―」3月1日から、埼玉県立さきたま史跡の博物館（埼玉県行田市埼玉4834, Tel：048-559-1181）にて、テーマ展が開催されている（5月25日まで）。行田市と熊谷市にまたがる小敷田遺跡は、低地に営まれた集落で、県内最古級の方形周溝墓が検出されたことで知られる。弥生時代から古代までの幅広い時代の出土品のうち、土器や農耕に関わる木製品、出挙を示す木簡などを展示し、当時の人びとの暮らしについて考える。

「もっと見たい！もっと知りたい！道訓前遺跡」3月19日から、渋川市北橘歴史資料館（群馬県渋川市北橘町真壁246-1, Tel：0279-52-2041）にて企画展が開催

されている（6月2日まで）。立体的な装飾に富む焼町土器などで知られる道訓前遺跡。国の重要文化財に指定されている道訓前遺跡出土品を中心に、遺跡の実態に迫る。

「時を翔けろ！いにしへの土浦―令和4・5年度遺跡調査の成果―」3月15日から、上高津貝塚ふるさと歴史の広場 考古資料館（茨城県土浦市上高津1843, Tel：029-826-6088）にて、テーマ展が開催されている（5月6日まで）。令和4・5年度に実施した発掘調査で出土した遺物を通して、縄文時代から中世に至るまでの土浦の歴史を紹介する。

「古代人のよそおい」3月15日から、和歌山県立紀伊風土記の丘（和歌山県和歌山市岩橋1411, Tel：073-471-6123）にて、企画展が開催されている（6月15日まで）。和歌山市内の遺跡では、縄文時代から奈良時代の様々なアクセサリーが出土している。これらの出土品や関連資料から、古代人のよそおいの多様性や込められた意味を探る。

「丸木舟ラボ―縄文の舟にまつわる4つのはてな―」3月18日から、北区飛鳥山博物館（東京都北区王子1-1-3, Tel：03-3916-1133）にて、企画展が開催されている（6月15日まで）。かつて、北区の約半分は海だった。区内の中里遺跡からは、縄文時代中期初頭に作られた丸木舟一艘が発見された。海とともに生きる生活に欠かせない丸木舟を通して、縄文の暮らしを紹介する。

「道東考古―縄文の世界―」3月22日から、釧路市立博物館（北海道釧路市春湖台1-7, Tel：0154-41-5809）にて企画展が開催されている（6月29日まで）。道東の縄文土器が勢ぞろい。一万年以上も続いた縄文の魅力を紹介する。北海道最古の土器や、土偶などもあわせて展示する。

•••• 第172号予告　　　　　　　　　　　　　　　　　2025年7月25日発売

## 特集　黒曜石考古学が拓く新たな研究の地平

黒曜石考古学の視点と方法 ……………… 池谷信之

**分析化学と黒曜石考古学**
　波長分散型 XRF を利用した西北九州における
　　黒曜石原産地の基準原石の選定 ……… 隅田祥光
　p-XRF を用いた黒曜石原産地推定 ……… 金井拓人
　晶子形態法復活の目的と成果 …………… 中村由克
　水和層研究の現状と課題 ………………… 中沢祐一

**列島原産地の開発と利用**
　北海道白滝原産地 ………………………… 鈴木宏行
　青森深浦・秋田男鹿 ……………………… 青木要祐
　伊豆・箱根原産地・栃木高原山原産地・
　　神津原産地 …………………… 諏訪間順・堤 隆
　信州原産地 ………………………………… 堤 隆
　隠岐原産地 ………………… 丹野祐一郎・今岡友佳
　姫島・針尾・腰岳原産地・阿蘇原産地 … 芝康次郎

**「黒曜石考古学」の実践**
　南関東の旧石器時代の黒曜石利用 ……… 島田和高

男女倉技法の広がりと黒曜石利用 ……… 須藤隆司
縄文時代前期後半の関東地方への信州系黒曜石の
　供給 ………………… 保坂康夫・金井拓人・池谷信之
縄文中期から後期への黒曜石供給の変化と
　社会組織 ………………………………… 池谷信之
採掘による黒曜石の獲得 ……… 大竹憲昭・大竹幸恵
続縄文社会の変容と黒曜石流通 ………… 大塚宜明
下呂石の4つの石質とその産状（Gero-Obsidian
　として） ………………………………… 平井義敏

**黒曜石研究の地平**
　黒曜岩研究の展望 ………………………… 田村 隆
　稀少で輝きを放ち、象徴的な存在
　　………………………………… ロビン・トーレンス

リレー連載：考古学の旬 ………………… 下垣仁史
　　　　　　私の考古学史 ………………… 岸本道昭
最近の発掘から・論文展望・書評

---

### •••• 編集室より

✎ 本特集号では，縄文時代の骨・角・歯・貝で製作された装身具を取り上げ，全国的な出土資料を概括し，素材や器種，他素材装身具，共伴・埋葬人骨や使用痕など多角的な視点から，最新の研究を紹介する。骨角製装身具類の研究から，どこまで縄文時代の社会様相および集団関係の変遷を明らかにできるのか。「骨角製装身具類研究のフローチャート」では，その展望がわかりやすく示されている（本誌川添氏論考15頁）。

✎ 地域の様相からは，腰飾りの複雑なレリーフや人歯の胸飾り，貝面など多様な装身具類が目を惹く。また，他素材との比較の視点も興味深い。総合的な研究が始まっている。

✎ 連載「考古学の旬」では，河野一隆氏が東アジアの葬送儀礼の変遷を背景に，筑紫君磐井の乱を検討する。連載「私の考古学史」では，石川日出志氏にモノを見続けてきた研究人生を振り返っていただいた。

✎ 次号は，分析化学，原産地推定などの進展をもとに，新たな研究展開が注目される黒曜石考古学を取り上げる。ご期待ください。
　　　　　　　　　　　　　　　　　　（桑門）

### •••• 本号の編集協力者

川添和暁（愛知県埋蔵文化財センター調査研究専門員）

1971年愛知県一宮市生まれ。博士（人類学），明治大学資源利用史研究クラスター研究推進員，名古屋芸術大学非常勤講師，『先史社会考古学—骨角器・石器と遺跡形成から見た縄文時代晩期—』六一書房などがある。

### •••• 本号の表紙

吉胡貝塚の腰飾り

縄文時代の骨角製装身具類の中でも，腰飾りは男性に伴う装身具の代表格といえる。多くは鹿角の二又部や角座部分から作られたもので，レリーフなどによる複雑な加飾や鮮やかな赤彩が施されたりもしていた。愛知県田原市吉胡貝塚では，古くから埋葬人骨に共伴するさまざまな部位への装身具着装事例が数多く見つかってきた。これらの資料の存在は，縄文時代骨角製装身具類研究の原点となっており，その意義は現在に至っても変わることがない。なお，腰飾りには骨製やイノシシ雄下顎犬歯製も知られている。吉胡貝塚では前者にはイヌ脊椎骨が使用されたものが知られ，後者には透かし孔と鍵手状の突起が特徴的に設けられているものが見つかっている。

（川添和暁）（埼玉県歴史と民俗の博物館所蔵）

---

### ▶本誌直接購読のご案内◀

『季刊考古学』は一般書店の店頭で販売しております。なるべくお近くの書店で予約購読なさることをおすすめしますが，とくに手に入りにくいときには当社へ直接お申し込み下さい。その場合，1年分の代金（4冊，送料当社負担）を郵便振替（00130-5-1685）または現金書留にて，住所，氏名および『季刊考古学』第何号より第何号までと明記の上当社営業部まで送金下さい。

季刊 考古学　第 171 号　　　2025年5月1日発行
ARCHAEOLOGY QUARTERLY　　定価（本体 2,400 円＋税）

編集人　　桑門智亜紀
発行人　　宮田哲男
印刷所　　株式会社ティーケー出版印刷
発行所　　㈱雄山閣　http://yuzankaku.co.jp

〒102-0071 東京都千代田区富士見 2-6-9
電話 03-3262-3231　Fax. 03-3262-6938　振替 00130-5-1685
◆本誌記事の無断転載は固くおことわりします
ISBN 978-4-639-03037-9　printed in Japan

*Archaeology Quarterly* No. 171

# Jomon society as seen from ornaments and ceremonial objects made of animal bone, antler, teeth or shell

## CONTENTS

**Research on bone, antler, tooth and shell ornaments and implements:**
**An approach towards the aspects of social groups** ·········· KAWAZOE Kazuaki   14

**Regional aspects of ornaments and ceremonial objects made of animal bone, antler, teeth or shell**

*Hokkaido* island: from *Jomon* to epi-*Jomon* period ·········· AONO Tomoya   19

*Tohoku* region (bone, antler, tooth objects) ·········· KAWAZOE Kazuaki   23

*Tohoku* region（shell bracelets） ·········· YAMADA Rintaro   28

West *Kanto* region and *Nagano* Prefecture ·········· YOSHINAGA Akiko   32

*Niigata* Prefecture, *Kanto* region and *Kansai* region ·········· KAWAZOE Kazuaki   36

*Tokai* region: mainly on the *Atsumi* peninsula ·········· MASUYAMA Tadayuki   41

*Chugoku* and *Shikoku* region ·········· TAJIMA Masanori   45

*Kyushu* island ·········· NAKAO Atsushi   49

**Ornaments and ceremonial objects from the perspective of specific materials and artefacts types**

Interregional relations as seen from ornaments and ceremonial objects made of antlers
·········· KAWAZOE Kazuaki   53

Production and distribution of shell bracelets made of *Glycymeris albolineata*
in the *Kanto* Region ·········· ABE Yoshiro   57

Earrings made of shark vertebrae ·········· NAKAZAWA Michihiko   61

How animal materials were used for bone and antler tool making ·········· TOIZUMI Takeji   65

**Ornaments and ceremonial objects in terms of other materials**

Phases of Green-colored Stones ·········· KURISHIMA Yoshiaki   69

Clay product modeled after layered shell bracelets ·········· TAKAHASHI Mitsuru   73

Clay pendant in middle Jomon period at *Kanto* region ·········· MIYAUCHI Keisuke   77

Clay earrings ·········· YOSHIOKA Takuma   81

**Concerning the human remains adorned or accompanied by ornaments or implements**

Burial attributes of buried human remains wearing ornaments ·········· YAMADA Yasuhiro   85

Social stratification in Jomon society based on the diet of buried human remains
wearing ornaments ·········· YONEDA Minoru/MIZUSHIMA Soichiro/SASO Aiko   89

Traceological studies of bone and antler ornaments ·········· KANOMATA Yoshitaka   93

## SERIAL

Why was *sekijin*（human shaped）and *sekiba*（horse shaped）destroyed?
·········· KAWANO Kazutaka   105

Default settings as an archaeologist by highschool teacher ·········· ISHIKAWA Hideshi   113

Published by **YUZANKAKU, Inc.**

2-6-9, Fujimi-cho, Chiyoda-ku, Tokyo 102-0071
URL http://yuzankaku.co.jp E-mail info@yuzankaku.co.jp
TEL +81-3-3262-3231 FAX +81-3-3262-6938

ISBN 978-4-639-03037-9

printed in Japan

＊本特集題および川添論文関係の英訳題については、ドイツ・ハイデルベルグ大学東アジア芸術史研究所・客員教授（Institut für Kunstgeschichte Ostasiens, Universität Heidelberg, Visiting Professor）の Ilona Bausch 氏にお願いした。

# 季刊 考古学

（年4回発行）　本体2,400円

第170号（10月刊行）　　　　　　　　　　　　　　　　本体2,400円

**（特集）考古学から古典・文学を読む**　　谷口 榮 編

古典・文学と考古学研究のいま　　　　　　　　　　　　　　　谷口 榮

インタビュー　古典・文学考古学事始め
　　―坂詰秀一先生と古典考古学―　　　　　　　　坂詰秀一（聞き手：谷口 榮）

古　代
　記・紀と考古学―崇神天皇の将軍派遣伝承を中心として―　　　森田喜久男
　大宰府と古代松浦郡―考古学から『万葉集』を読み解く―　　　菅波正人
　『日本霊異記』の三谷寺と寺町廃寺　　　　　　　　　　　　　松下正司
　『出雲国風土記』の前原坡と水鳥―前原埼の歴史風景を探る―　谷口 榮

中　世
　『吾妻鏡』の記事と遺跡からの「事実」
　　　　―古典と考古学が示す二つの「真実」―　　　　　　　　馬淵和雄
　『庭訓往来』と中世社会　　　　　　　　　　　　　　　　　　伊藤宏之
　『信長公記』と安土城天主の唐様　　　　　　　　　　　　　　谷口 榮
　琉球王朝とグスク―考古学的視点から『おもろさうし』を読む―　宮城弘樹

近　世
　江戸の暮らしと食―考古学と文献から―　　　　　　　　　　　古泉 弘
　近世文芸と考古学　　　　　　　　　　　　　　　　　　　　　古泉 弘
　『新編武蔵風土記稿』にみる中世の城跡と屋敷跡　　　　　　　深澤靖幸

古典を考古学する（『別冊季刊考古学』4,1993より再録）　　　　坂詰秀一

【リレー連載】
　考古学の旬　第28回　世界遺産初登録から30年，国際条約と国内の
　　　　　　　　　　　　文化財保護制度の邂逅は何をもたらしたか　中村俊介
　私の考古学史 第19回　発掘調査と考古学の国際化　　　　　　　宮本一夫

---

第169号　**よみがえる日本列島の古墳時代**　　　西光慎治 編
第168号　**高時間分解能古気候学の進展と考古学**　中塚 武 編
第167号　**古墳時代日韓交渉の基礎資料**　　　　　山本 孝文 編
第166号　**考古学とDNA**　　　　　　　　　　　藤尾 慎一郎 編
第165号　**古墳時代の甲冑**　　　　　　　　　　　古谷 毅 編
第164号　**キリシタン墓研究と考古学**　　　　　　小林義孝・大石一久・田中裕介 編
第163号　**埴輪からみた王権と社会**　　　　　　　廣瀬 覚 編
第162号　**鉄の考古学・最新研究の動向**　　　　　村上恭通 編
第161号　**海洋進出の初源史**　　　　　　　　　　海部陽介・佐藤宏之 編
第160号　**横穴式石室からみた古墳時代社会**　　　太田宏明 編
第159号　**飲食の風景と考古学**　　　　　　　　　谷口 榮・丸山真史 編